PSIHOLOGIE PRACTICĂ

COLECȚIE COORDONATĂ DE
VASILE DEM. ZAMFIRESCU

TREI

Cum să te iubești pe tine

PENTRU A TE ÎNȚELEGE MAI BINE CU CEILALȚI

CHRISTOPHE ANDRÉ

FRANÇOIS LELORD

Traducere din franceză de
DANIELA A. LUCA

EDITORI:
Silviu Dragomir
Vasile Dem. Zamfirescu

DIRECTOR EDITORIAL:
Magdalena Mărculescu

DESIGN:
Faber Studio

REDACTOR:
Roxana Melnicu

DIRECTOR PRODUCȚIE:
Cristian Claudiu Coban

DTP:
Răzvan Nasea

CORECTURĂ:
Elena Bițu

Descrierea CIP a Bibliotecii Naționale a României
ANDRÉ, CRISTOPHE
Cum să te iubești pe tine pentru a te înțelege mai bine cu ceilalți / Christophe André ; trad.: Daniela A. Luca. – Ed. a 2-a. - București : Editura Trei, 2011
ISBN 978-973-707-468-3

I. Luca, Daniela (trad.)

159.923

Titlul original: *L'ESTIME DE SOI. S'AIMER POUR MIEUX VIVRE AVEC LES AUTRES*
Autor: Christophe André și François Lelord

C.P. 27-0490, București
Tel./Fax: +4 021 300 60 90
E-mail: comenzi@edituratrei.ro

www.edituratrei.ro

ISBN 978-973-707-468-3

CUPRINS

Mulţumiri

Mulţumim tuturor pacienţilor, cărora le este dedicată această carte, pentru încrederea care ne-au acordat-o.

Lucrarea noastră este în egală măsură îmbogăţită prin observaţiile şi relatările lor cu privire la stima de sine şi viaţa cotidiană. Motiv pentru care le mulţumim încă o dată.

Mulţumim şi unui număr mare de colegi şi prieteni care ne-au ajutat cu sfaturile şi părerile lor pertinente, şi în special profesorului Jacques Van Rillaer. Mulţumim de asemenea profesorului Henri Lôo şi profesorului Jean-Pierre Olié pentru sprijinul constant şi prietenesc acordat acestei lucrări.

Întreaga noastră consideraţie şi lui Cristophe Guias pentru pertinentele sale remarci editoriale, şi editurii Odile Jacob, al cărei interes pentru această carte a fost foarte stimulant pentru noi.

În fine, mulţumim lui Pauline, Faustine, Louise şi Céleste care ştiu tot cât au oferit pentru această lucrare.

Introducere

„Nu mă iubesc...
Copil, visam adesea să fiu o altă persoană. Nu îmi plăcea ceea ce eram, ceea ce aveam: aş fi vrut să am alt păr, alţi părinţi, să trăiesc în alt loc. Întotdeauna mi se părea că ceilalţi copii erau mai buni decât mine: mai frumoşi, mai dotaţi, mai populari, mai iubiţi de profesori.

Ştiam bine că se putea şi mai rău. Când — rareori — mă confesam mamei, ea încerca să-mi spună: nu eşti nici cea mai nefericită, nici cea mai prost dotată. Dar asta nu era o consolare pentru mine. De altfel, atunci când mă simţeam tristă, ceea ce mi se întâmpla adesea, nu mai credeam deloc în asta: eram convinsă că sunt persoana cea mai lipsită de importanţă dintre toţi oamenii.

Adolescenţa mea a fost groaznică. Eram mereu convinsă de urâţenia mea, de diformitatea mea fizică. Aveam toate complexele de pe pământ.

Lucrurile s-au mai aranjat după aceea. Dar chiar şi acum, când un bărbat se îndrăgosteşte de mine, cred că e ceva în neregulă aici. Îmi spun că se înşeală în ceea ce mă priveşte, că este îndrăgostit de o imagine, că mi-a fost dat ca prin miracol să induc pe cineva în eroare; dar că el nu poate fi îndrăgostit de mine, de ceea ce sunt eu *cu adevărat*. Şi dacă acest bărbat îmi place, o teamă îngrozitoare mă copleşeşte imediat: dacă am avea o relaţie, nu va întârzia să remarce impostura, să-mi descopere toate defectele. Şi fără îndoială că atunci nu mă va judeca aşa cum mă judec eu. Mă va părăsi. Dar eu, cu nu mă pot părăsi. Sunt prizonieră în mine însămi, aşa că mă detest. Condamnată să rămân singură în trista-mi companie.

Şi nu am niciun serviciu pentru a mă consola. În fond, este logic: întrucât nu am crezut niciodată în mine, am vegetat într-o meserie care îmi place foarte puţin, sub capacităţile mele, în afara intereselor mele.

Nu mă iubesc...“

Tânăra îmi vorbeşte de mai bine de o jumătate de oră. În ciuda lipsei mele de experienţă — tocmai îmi susţin masteratul în psihiatrie —, simt că nu trebuie să încerc să o întrerup, nici să o consolez. Câteodată, se pune pe plâns. Se scuză pentru asta, îşi şterge lacrimile şi îşi reia mărturisirea. Ascultând-o, trec în revistă simptomele diferitelor forme de depresie de care ar putea suferi. Dar asta nu merge... Această femeie nu este deprimată, în sensul unei „boli“ depresive. Şi de aceea este mai puţin grav? Nu sunt deloc sigur de asta. Răul său îmi părea mai profund, mai intricat în istoria ei, ascuns până la cele mai profunde rădăcini ale fiinţei sale.

Pacienta mea suferea de o tulburare pe care nu am învăţat să o recunosc decât mai târziu. Drăguţă şi inteligentă, ea avea, cum se spune, totul pentru a fi fericită. Nu îi lipsea decât un singur lucru: puţină stimă de sine.

Partea întâi

Vă stimați? Stabiliți-vă propriul diagnostic

Capitolul 1
Cei trei stâlpi ai stimei de sine

„Eşti plin de secrete pe care le numeşti EU.“

PAUL VALERY

Faceţi un mic test pe apropiaţii, prietenii, colegii dumneavoastră: vorbiţi-le despre stima de sine; imediat veţi constata la ei semne de interes, ca şi cum ar fi vorba despre o noţiune importantă, care îi atinge personal. Dar cereţi-le să vă dea o definiţie cât mai precisă posibil, şi vor fi aproape incapabili să o facă... Pentru că stima de sine, deşi este una dintre dimensiunile cele mai fundamentale ale personalităţii noastre, este un fenomen discret, impalpabil, complex, de care nu suntem întotdeauna conştienţi.

Conceptul de stimă de sine ocupă un loc important în imaginarul occidental, în special în Statele Unite, unde cuvântul *self-esteem** face parte din limbajul curent. În Franţa, am preferat mult timp să vorbim de amor-propriu, dând dovadă astfel de o perspectivă mai afectivă, respectiv mai voalată, a raportului cu sine însuşi. Expresia „stimă de sine“ se vrea a fi mai obiectivă. Verbul „a estima“ provine de fapt din latinescul *æstimare*, „a evalua“, a cărui semnificaţie este dublă: în acelaşi timp, „a determina valoarea“ şi „a avea o părere despre“. Cea mai bună sinteză pe care am găsit-o despre stima de sine ne-a furnizat-o un adolescent: „Stima

* În engleză în original: autoestimare, autoapreciere. (*N.t.*)

de sine? Ei bine, este felul în care ne vedem şi dacă ne place sau nu ceea ce vedem“.

Această privire-judecată despre noi înşine este vitală pentru echilibrul nostru psihologic. Atunci când este pozitivă, ne permite să acţionăm eficient, să ne simţim bine în propia piele, să facem faţă dificultăţilor existenţei. Dar când este negativă, provoacă numeroase suferinţe şi neplăceri, care vin să perturbe viaţa noastră cotidiană. A găsi timp pentru a scruta mai bine stima de sine nu este deci un exerciţiu inutil: este chiar unul din cele mai fructuoase din câte există.

Stima de sine: ce probleme se pun

Rezervaţi-vă câteva secunde pentru a reflecta la următoarele trei serii de întrebări. Răspunsurile pe care le veţi da vor furniza bune indicii despre stima pe care v-o acordaţi.

- Cine sunt eu? Care sunt calităţile şi defectele mele? De ce sunt capabil? Care sunt reuşitele şi eşecurile mele, competenţele şi limitele? Care este valoarea mea, în ochii mei, ai apropiaţilor mei, ai persoanelor care mă cunosc?
- Mă consider o persoană care merită simpatia, afecţiunea, iubirea celorlalţi sau, din contră, mă îndoiesc adesea de capacităţile de a fi apreciat şi iubit? Îmi conduc viaţa aşa cum îmi doresc? Faptele mele sunt în acord cu dorinţele şi părerile mele sau, dimpotrivă, sufăr din cauza discrepanţei dintre ceea ce vreau să fiu şi ceea ce sunt? Sunt împăcat cu mine însumi sau adesea nemulţumit?
- Când m-am simţit ultima oară decepţionat de mine însumi, nemulţumit, trist? Când m-am simţit mândru de mine, satisfăcut, fericit?

A avea încredere în sine, a fi sigur pe sine, a fi mulţumit de sine... Există o multitudine de termeni şi expresii implicate în limbajul curent pentru a desemna stima de sine. De fapt, fiecare dintre acestea se referă la unul dintre multiplele sale aspecte.

TERMEN	DESCRIERE	SCOPUL CONCEPTULUI
A avea încredere în sine	A crede în capacitățile proprii de a acționa eficient (anticiparea acțiunii)	Subliniază importanța raporturilor dintre acțiune și stima de sine
A fi mulțumit(ă), satisfăcut(ă) de sine	A fi satisfăcut de acțiunile sale (evaluarea acțiunii)	Fără stimă de sine, nici succesele nu sunt trăite ca atare
A fi sigur(ă) de sine (1)	A lua decizii, a persevera în alegerile sale	Amintește că o bună stimă de sine este în general asociată cu o stabilitate a deciziilor
A fi sigur(ă) de sine (2)	A nu se îndoi de competențele și de punctele forte, indiferent de context	O bună stimă de sine permite exprimarea a tot ceea ce suntem, în toate circumstanțele
Iubire de sine	A fi binevoitor, a fi satisfăcut(ă) de sine	Amintește componenta afectivă a stimei de sine
Amor-propriu	A avea un sentiment prea viu al propriei demnități	Stima de sine suferă mai ales din cauza criticilor
Cunoaștere de sine	A se putea descrie și analiza cu precizie	Este important de a ști cine suntem pentru a ne putea stima
Afirmare de sine	A-și apăra punctele de vedere și interesele în fața altora	Stima de sine necesită uneori apărarea propriului teritoriu
Acceptare de sine	A integra calitățile și defectele pentru a ajunge la o imagine globală de sine, bună sau acceptabilă	A avea defecte nu împiedică a avea o bună stimă de sine
A crede în sine	A suporta traversările prin deșert, fără succes sau fără întăriri care să ne hrănească stima de sine	Uneori, stima de sine nu se hrănește prin succes, ci prin convingeri și prin imaginea de sine
A avea o înaltă valoare de sine	A fi convins(ă) că poți accede la obiective înalte	Ambiția și stima de sine sunt adesea strict corelate
A fi mândru(ă) de sine	A crește sentimentul valorii personale în urma unui succes	Stima de sine are nevoie să fie hrănită prin reușite

Aspectele cotidiene ale stimei de sine

În realitate, stima de sine se fondează pe trei „ingrediente“: încrederea în sine, concepția despre sine, iubirea de sine. O bună dozare a fiecăreia dintre aceste trei componente este indispensabilă pentru a obține o stimă de sine armonioasă.

IUBIREA DE SINE

Este elementul cel mai important. A ne stima înseamnă a ne evalua, dar a ne iubi nu suportă nicio condiţie: ne iubim în ciuda defectelor şi limitelor, în ciuda eşecurilor şi înfrângerilor, pur şi simplu pentru că o mică voce interioară ne spune că suntem demni de iubire şi respect. Această iubire de sine „necondiţionată" nu depinde de performanţele noastre. Ea explică faptul că putem rezista la adversităţi şi ne putem restabili după un eşec. Ea nu ne fereşte de suferinţă sau de îndoială în cazul dificultăţilor, dar ne apără de disperare.

Astăzi se ştie, şi vom mai vorbi despre asta, că iubirea de sine depinde în mare parte de dragostea pe care ne-a împărtăşit-o familia noastră atunci când eram copii şi de „hrana afectivă[1]" care ne-a fost împărţită cu dărnicie. „Cel mai recunoscător le sunt părinţilor mei — ne explică Xavier, un artizan de patruzeci şi doi de ani — pentru faptul că mi-au dat convingerea că eram de valoare. Chiar şi când i-am decepţionat — asta s-a-ntâmplat în timpul adolescenţei mele, atunci când mi-am ratat complet studiile şi am făcut o serie de tâmpenii —, ei bine, am simţit întotdeauna că ei nu-mi retrag dragostea lor, că erau convinşi că voi ajunge să fac ceva cu viaţa mea. Asta nu i-a împiedicat să-mi dea câteva săpuneli. Dar niciodată nu au încercat să mă facă să simt că nu eram bun de nimic."

Carenţele stimei de sine care-şi au sursele la acest nivel sunt, fără îndoială, cel mai dificil de compensat. Le regăsim în ceea ce psihiatrii numesc „tulburări de personalitate", respectiv la acei subiecţi a căror manieră de a fi cu ceilalţi îi împing spre conflict sau spre eşec. Aşa este cazul, de exemplu, acestei învăţătoare de treizeci de ani, Isabelle: „Nu mi-am putut găsi încă pe cineva cu care să-mi împart viaţa. Imediat cum se atinge un anumit grad de intimitate, încep să mă simt ameninţată. Nu ştiu de ce anume îmi este frică. În orice caz, nu mi-e frică să nu-mi pierd libertatea, pentru că nu fac nimic deosebit cu ea. Întrucât nu mă iubesc, mi se pare imposibil ca altcineva să mă poată iubi. Devin paranoică cu prietenii mei, am impresia că unul rămâne cu mine pentru sex, altul pentru apartamentul meu, pentru că este în şomaj, un altul, în fine, pentru că nu ştie ce vrea. Dar mi-e greu să cred că cineva ar rămâne cu mine doar pentru că m-ar iubi. Şi, mai ales, asta pur şi simplu mă panichează. Nu o merit şi nu voi fi niciodată la înălţime. Voi sfârşi întotdeauna prin a decepţiona".

A te iubi este tocmai soclul stimei de sine, constituentul său cel mai profund şi cel mai intim. De aceea, nu este niciodată uşor să discerni la cineva, dincolo de masca sa socială, nivelul exact al iubirii pe care şi-o poartă.

CONCEPŢIA DESPRE SINE

Părerea pe care o avem despre noi, această evaluare, fondată sau nu, a calităţilor şi defectelor noastre, este al doilea stâlp al stimei de sine. Nu este vorba doar de cunoaşterea de sine; importantă nu este realitatea lucrurilor, ci *convingerea* pe care o avem de a fi deţinători ai calităţilor sau defectelor, ai potenţialităţilor şi limitelor. În acest sens, este un fenomen în care subiectivitatea joacă un rol esenţial; observarea sa este dificilă, iar înţelegerea lui, delicată. De aceea, de exemplu, o persoană complexată — a cărei stimă de sine este adesea scăzută — va lăsa adesea perplex un anturaj care nu percepe defectele pe care ea crede că le are. „Evident — declară această mamă despre fiica ei mai mare — că noi nu o vedem cu aceiaşi ochi cu care se vede ea. Nu încetează să ne spună că se crede urâtă. Totuşi, eu am avut impresia că am o fată de şaisprezece ani, frumoasă şi inteligentă, şi tot aşa o văd şi prietenii noştri. Atunci când încercăm să discutăm cu ea despre asta, e ca şi cum nu am vorbi aceeaşi limbă."

Concepţia de sine pozitivă este o forţă interioară care ne permite să ne bucurăm de şansa noastră în ciuda adversităţilor. Nu i-a trebuit, oare, generalului de Gaulle o puternică stimă de sine pentru a lansa, din Londra, apelul de la 18 iunie 1940, atunci când Franţa era cu totul pradă în faţa invadatorilor? Viziunea despre destinul său personal se suprapunea în mod fericit cu aceea „a unei anumite idei despre Franţa"... Dacă, din contră, avem o stimă de sine deficitară, o concepţie de sine foarte limitată sau timorată ne va face să pierdem mult timp până să ne găsim „calea" noastră. Este ceea ce i s-a întâmplat Marianei: „Când mă gândesc — relatează această stilistă de patruzeci şi cinci de ani — că am pierdut doi sau trei ani încercând să fac medicina sau farmacia, chiar dacă mi-era groază de asta! Doar pentru că tatăl meu mi-o recomandase insistent! Pe vremea aceea, ştiam că nu-mi plăcea şi că studiile de artă mă atrăgeau mult mai mult. Dar nu eram atât de sigură de capacităţile mele de a reuşi în aceste profesii. Mi-era teamă să-mi încerc norocul."

Această concepţie pe care o avem despre noi înşine o datorăm mediului nostru familial şi în special proiectelor pe care părinţii noştri le fac pentru noi. În unele cazuri, copilul este împovărat inconştient de părinţii săi să împlinească ceea ce ei înşişi nu au putut sau nu au ştiut să realizeze în viaţa lor. Este ceea ce se numeşte „copilul însărcinat cu o misiune[2]". O mamă suferind de lipsa banilor îşi va incita fiicele să nu iasă decât cu băieţi din familii înstărite. Un tată care şi-a ratat studiile îşi va forţa fiul să intre la o şcoală renumită. Astfel de proiecte sunt legitime, dar cu condiţia ca presiunea asupra copilului să nu fie prea mare şi să se ţină cont de dorinţele şi de capacităţile sale. Fără acestea, sarcina va fi imposibilă pentru copil, care va fi victima incapacităţii sale de a realiza marea imagine pe care părinţii o nutreau pentru el.

Faptul că nu se ţine cont de îndoielile şi neliniştile unui copil poate provoca în el, ulterior, o profundă vulnerabilitate a stimei de sine. Să-l ascultăm pe Jean-Baptiste, un student de douăzeci şi unu de ani: „Mi-a fost întotdeauna teamă să nu-mi dezamăgesc părinţii. Tatăl meu nu a făcut studii superioare, din motive pe care nu le-am înţeles clar niciodată, în timp ce toţi fraţii şi surorile sale au diplome. Dar, de la început, el şi-a dorit mereu ca eu să fiu superior în toate. Să fiu primul la şcoală, în sport, să cânt la pian, m-a tratat întotdeauna ca şi cum capacităţile mele ar fi fost nelimitate. Asta m-a susţinut şi m-a stimulat foarte mult timp, îmi amintesc că eram un copil strălucit, de admirat. Şi simţind că asta-i făcea plăcere tatălui meu, îmi plăcea şi mie. Dar asta m-a făcut să fiu anxios, să mă tem de eşec. Chiar şi astăzi sunt copleşit de frica să nu-mi dezamăgesc tatăl. Datorită forţei cu care simţeam că el credea în mine, eram şi eu convins că meritam ce era mai bun. Sunt într-o şcoală bună, nu mă întâlnesc decât cu fete frumoase, de familie bună, mă gândesc că am o poziţie socială înaltă... Dar această concepţie despre ceea ce merit nu mă împiedică să mă tem mult de eşec: sunt hipersusceptibil şi, dacă nu realizez ceea ce-mi doresc, sunt bolnav. În fond, sunt recunoscător tatălui meu că mi-a dat această convingere că meritam ce-i mai bun şi că eram capabil de a obţine asta. Dar îmi lipseşte încă o forţă interioară, un calm pentru a rezista la adversităţi. Nu am încă certitudinea că sunt la înălţimea tuturor acestor proiecte pe care le-a avut pentru mine. O voi căpăta oare înaintând în vârstă?"

În alte cazuri, o concepţie de sine limitată îl va conduce pe subiect la o dependenţă de celălalt: poate stabili relaţii satisfăcătoare cu ceilalţi, dar se limitează la rolul de succesor, nu calcă decât pe drumuri deja explorate de alţii. Îi este greu să construiască şi să ducă la bun sfârşit proiectele sale personale. „Părinţii mei — povesteşte Pierre, 50 de ani — m-au iubit şi mi-au oferit toată afecţiunea de care aveam nevoie. Dar trebuie să fi ratat şi câte ceva, pe undeva. Nu am îndrăznit niciodată să fiu eu însumi. Am avut impresia că mi-am petrecut viaţa urmându-i pe ceilalţi. Aşteptând să-mi facă semn şi să-mi spună: «Calea e liberă, nu sunt probleme, poţi veni.» De exemplu, am urmat aceleaşi studii ca cel mai bun prieten al meu din liceu. La facultate, ieşeam adesea cu fetele de care el se despărţea. Dacă divorţa, aş fi fost capabil să mă însor cu soţia lui... Apropo de facultate, mă gândesc, retrospectiv, că aş fi putut face studii de inginerie, dacă aş fi îndrăznit. Dar am preferat o diplomă în tehnici comerciale; nu pentru că-mi plăcea, ci de teama eşecului. În profesia mea, e cam la fel: superiorii îmi reproşează lipsa de ambiţie, că nu am vederi în perspectivă, în ciuda calităţilor mele. Mă gândesc că, de altminteri, la fel s-a întâmplat şi cu părinţii mei: tatăl meu s-a cramponat toată viaţa într-o slujbă neinteresantă, mama mea şi-a sacrificat o carieră de învăţătoare care i-ar fi plăcut, pentru a rămâne acasă să se ocupe de fraţii mei şi de mine."

ÎNCREDEREA ÎN SINE

A treia componentă a stimei de sine — cu care, în plus, se confundă adesea —, încrederea în sine se aplică în special la actele noastre. A fi încrezător, înseamnă a considera că eşti capabil să acţionezi într-o manieră adecvată în situaţiile importante. Când această mamă spune: „Fiul meu nu are încredere în el.“, ea vrea să spună că el se îndoieşte de capacităţile sale de a face faţă cerinţelor muncii sale, de a fi cu ceilalţi pentru a se face apreciat etc. Contrar iubirii de sine şi, mai ales, concepţiei de sine, încrederea în sine nu este prea dificil de identificat; pentru aceasta este suficient doar să te întâlneşti frecvent cu persoana, să observi cum se comportă în situaţii noi sau neprevăzute, în care există o miză, sau dacă este copleşită de dificultăţi în realizarea a ceea ce are de înfăptuit. Încrederea în sine poate apărea deci mai puţin importantă decât iubirea de sine sau concepţia de sine, a căror consecinţă pare a fi. În parte este adevărat, dar rolul său ni se pare primordial în măsura în care stima de sine are nevoie de fapte pentru a se menţine sau a se dezvolta: micile succese cotidiene sunt necesare pentru echilibrul nostru psihologic, aşa cum sunt hrana şi oxigenul pentru echilibrul nostru corporal.

De unde provine încrederea în sine? În principal, din modul de educaţie care ne-a fost dat, în familie sau la şcoală. Eşecurile îi sunt prezentate unui copil ca o consecinţă posibilă, dar nu catastrofică, a actelor sale? Este el recompensat atât pentru că a încercat, cât şi pentru că a reuşit? Cum îl învăţăm să tragă învăţăminte din dificultăţile sale, în loc să concluzioneze că i-ar fi mai bine dacă nu ar mai acţiona? Încrederea în sine se transmite prin exemplu şi prin conversaţie. Nu serveşte la nimic să-l încurajezi pe copil să accepte eşecurile, dacă tu însuţi nu procedezi astfel. Copiii ştiu că adevăratele convingeri ale adulţilor se judecă mai mult după fapte, decât după sfaturi...

A nu te teme exagerat de necunoscut sau de adversitate demonstrează un bun nivel al încrederii în sine. „Pentru a recruta un candidat, explică acest «vânător de capete», sunt mai atent la gradul său de încredere în sine decât la cunoştinţele sale tehnice. Cum fac să testez asta? Ei bine, întrebându-l asupra punctelor sale slabe, lacunelor din CV-ul său. Căutând să-l pun puţin în dificultate, să-l destabilizez uşor... Dacă se prinde-n joc, dacă-şi asumă limitele fără a se devaloriza, şi nu încearcă nici să se protejeze, nici să contraatace pentru a se apăra, îmi spun că trebuie să se comporte astfel şi în întreprindere şi că ai săi colaboratori îl vor simţi cum îl simt şi eu.

Desigur, o insuficientă încredere în sine nu constituie un handicap insurmontabil. Dar persoanele care suferă de aceasta sunt adesea victimele inhibiției, care se simte mai ales în faptele mărunte, obişnuite, precum scrierea unei scrisori, conversarea la telefon, etc. „În fond — spune acest manager de treizeci de ani — mă gândesc că sunt în general un om simpatic, cu multe posibilități. Văd bine ce mi-ar plăcea să fac, în orice caz, sunt capabil să visez. Mi se pare posibil să acced la asta. Dar până în prezent, n-am întreprins nimic pentru a reuşi. Aş vrea, de exemplu, să încetez cu munca mea comercială şi să devin profesor. Dar ar trebui să-mi reiau studiile şi mă tem că nu voi reuşi. Şi câteodată mă îndoiesc de alegerea mea: dacă nu eram dotat pentru această profesie? Aş fi lăsat vrabia din mână pentru cioara de pe gard..."

ECHILIBRUL STIMEI DE SINE

Între aceste trei componente ale stimei de sine există în general legături de interdependență: iubirea de sine (a te respecta indiferent de ceea ce ți se întâmplă, a asculta de nevoile şi aspirațiile tale) facilitează incontestabil o concepție despre sine pozitivă (a crede în capacitățile tale, a te proiecta în viitor) care, la rândul său, influențează favorabil încrederea în sine (a acționa fără teama excesivă de eşec şi de judecata altuia).

Se întâmplă însă ca, la unele persoane, aceste elemente să fie disociate. Să luăm cazul unei concepții despre sine fragile: subiectul nu are decât o superficială încredere în sine; cum intervine un obstacol grav, sau care se permanentizează, stima de sine se prăbuşeşte. Un alt caz, cel al lipsei iubirii de sine: de această dată, subiectul a reuşit să parcurgă excepțional un drum pentru că a fost susținut de o concepție despre sine foarte bună; dar un eşec sentimental va face să se nască îndoieli şi complexe pe care le credea ascunse pentru totdeauna... Acesta poate fi, în fond, un defect major al încrederii în sine: subiectul a primit o educație perfectă, părinții săi l-au protejat prea mult, l-au iubit, l-au ferit ca să nu sufere sau să nu se confrunte prea timpuriu cu realitatea;

în ciuda acestei afecțiuni primite, el va fi victima îndoielilor permanente cu privire la capacitatea sa de a reuşi.

	IUBIRE DE SINE	CONCEPȚIE DESPRE SINE	ÎNCREDERE ÎN SINE
ORIGINI	Calitatea şi coerența „hranei afective" primită de copil	Expectații, proiecte şi proiecții ale părinților asupra copiilor	Învățarea regulilor de acțiune (a îndrăzni, a persevera, a accepta eşecurile)
BENEFICII	Stabilitate afectivă, relații deschise cu ceilalți, rezistența la critică sau respingeri	Ambiții şi proiecte pe care încercăm să le realizăm, rezistență la obstacole şi la „contrarietate"	Acțiuni cotidiene facile şi rapide, rezistență la eşecuri
CONSECINȚELE ÎN CAZUL ABSENȚEI	Îndoieli asupra capacității de a fi apreciat(ă) de ceilalți, convingerea că nu este la înălțime, imagine de sine mediocră, chiar şi în cazul reuşitei materiale	Lipsă de curaj în alegerile sale existențiale, conformism, dependență de părerile altora, slabă perseverență în alegerile personale	Inhibiții, ezitări, abandonuri, lipsa perseverenței

Stâlpii stimei de sine

STIMĂ SAU STIME DE SINE?

Unii cercetători consideră că stima de sine este de fapt cumulul mai multor stime de sine, specifice diferitelor domenii, ce pot funcționa în manieră relativ independentă unele de altele. De exemplu, putem avea o bună stimă de sine în domeniul profesional şi una mai puțin bună în legătură cu viața sentimentală. În funcție de circumstanțe și interlocutori, sentimentul valorii personale poate varia considerabil. „În munca mea — explică un inginer de patruzeci de ani — sunt un expert recunoscut, dar viața mea personală este un semieșec. Astfel, când sunt în mediul profesional, mă simt bine, știu că sunt dotat și recunoscut ca atare. Nu ezit să-mi spun părerile, uneori contrare cu ale celorlalți. Știu să-mi apăr ideile. Mă simt în largul meu când mă întâlnesc cu persoane noi, clienți sau colegi. Contactul este facil, mă simt demn de interes. Dar, ieșit din acest context, totul devine mai dur. O simt chiar și în felul în care merg, vorbesc, privesc. Mă simt mai puțin în largul meu. Am impresia că nu mai sunt întru totul aceeași persoană. Am mai multă nevoie de siguranță, iau mai puține inițiative, îmi asum mai puțin riscuri. Mă îndoiesc că aș putea să atrag femeile care îmi plac. Atunci când le vorbesc, le urmăresc reacțiile, cu impresia că detectez rapid la ele semne de plictiseală..."

La majoritatea persoanelor însă, un succes sau un eșec dintr-un domeniu va determina efecte în alte domenii. O suferință din dragoste va determina la subiectul respins sau abandonat un sentiment de pierdere a valorii personale globale. Invers, o reușită într-un anumit domeniu va da cel mai adesea un imbold stimei de sine. Astfel, scriitorul italo-american John Fante descrie cum un tânăr de optsprezece ani, de origine modestă și prea puțin răsfățat de natură, a ajuns să țină foarte mult la brațul său stâng — „Brațul" — care l-a făcut să fie un excelent jucător de baseball, restabilind în acest fel o stimă de sine, de altminteri amenințată: „Brațul îmi permite să merg înainte, acest drag braț stâng aflat aproape de inima mea (...), acest membru sfânt și binecuvântat, pe care Dumnezeu mi l-a făcut cadou; și dacă Domnul m-a creat dintr-un biet zidar (este vorba de tatăl său), mi-a oferit însă o adevărată comoară, agățându-mi această minune de claviculă[3]."

În schimb, pentru alți cercetători, este imposibil de compartimentat stima de sine: este dificil să ai o stimă bună într-un domeniu, fără ca de aceasta să nu beneficieze un domeniu învecinat. Invers, o stimă de sine mediocră într-un sector va altera cu siguranță nivelul nostru global de autosatisfacție. Astfel, stima de sine nu se poate înțelege decât ca o concepție globală despre sine însuși. Dacă această concepție este binevoitoare și pozitivă, ne va face să ne minimizăm defectele şi ne va permite să profităm de calităţile noastre. Să o ascultăm pe Laurence, o infirmieră de douăzeci şi opt de ani: „E adevărat că nu sunt o frumuseţe, mi-ar fi plăcut să fiu mai frumoasă, şi nu încerc să-i fac pe ceilalţi să creadă contrariul. Dar ştiu că pot plăcea, că am alte calităţi: sunt simpatică, nu foarte proastă, optimistă şi văd că oamenii mă apreciază. Şi atunci, ce dacă lumea nu-şi întoarce capul după mine pe stradă."

Din contră, o stimă de sine foarte fragilă ne poate face să fim foarte severi cu noi înşine, în ciuda tuturor reuşitelor, şi să devină un obstacol important în faţa fericirii. „Am impresia mi-am petrecut toată viaţa alergând după ceva inaccesibil, povesteşte acest medic de patruzeci şi opt de ani. Am fost un adolescent complexat, dar mi se părea că, dacă aş reuşi în studiile mele, aş căpăta încrederea în mine. Odată ajuns la medicină, am vrut să fiu internist, apoi şef de secţie. Am reuşit asta, pentru că mi-am investit aici toată energia: era un obiectiv foarte important pentru mine, pentru a mă convinge de valoarea mea. Dar azi, ca şi ieri, mă îndoiesc şi nu mă simt bine cu mine-însumi. Adesea îi invidiez pe colegii care se simt mai bine decât mine la reuniunile medicale sau care mi se par mai străluciţi în cercetările lor ştiinţifice. Apoi îmi spun că această cursă pentru reuşită m-a determinat să-mi neglijez cuplul şi copiii. Asta mi-a creat regrete şi m-a făcut să mă îndoiesc şi mai mult de mine. Poate că nu am făcut alegerile care m-ar fi putut face fericit."

Cum să animaţi o seară între prieteni pe tema stimei de sine

În timpul unei reuniuni între persoane care se apreciază (important!), cereţi cuiva să-şi atribuie o notă de la 0 la 20 pentru stima de sine.

Observaţi că o parte din membrii grupului pot considera jocul stupid sau indiscret. Le respectăm alegerea, pentru că nu toată lumea este obligată să aprecieze experimentele de psihologie aplicată!

Prezentaţi notele globale. Cine îşi acordă o notă ridicată? Cu ce argumente? Cine se plasează sub medie? Din ce cauză? Unele răspunsuri vă surprind? Invitaţi-i pe participanţi să le comenteze...

Procedând astfel, veţi obţine nota stimei de sine pe care fiecare vrea să o facă cunoscută altora. Calitatea argumentelor prezentate pentru a o justifica vă va da indicații despre gradul de adeziune a persoanei interogate față de spusele sale: vrea ea mai ales să ofere o bună imagine despre sine, afişând încredere şi modestie (ceea ce psihologii numesc „grad de dezirabilitate socială") sau a fost sinceră?

Observați, în sfârşit, că o parte din participanți vrea să moduleze răspunsul lor după anumite domenii: „Fizic, 8 din 20. Intelectual, 14 din 20". Ce calități pun ei pe primul loc? Şi ce anume critică? Aceste nuanțe ale autoevaluării lor nu fac spusele lor mai credibile?

HRANA STIMEI DE SINE

O tânără femeie ne spunea recent: „Mă îndoiesc adesea de mine. Sunt o mulțime de lucruri în viața mea de care nu sunt mulțumită şi pe care mi-ar plăcea să le schimb. Dar există şi momente în care mă simt *mândră* de mine, chiar dacă nu-mi place acest cuvânt. De exemplu, când îmi petrec timpul liber cu cei trei copii şi cu soțul meu. Aici, am impresia de plenitudine, de completă bunăstare, cum de altfel se întâmplă atât rar în viața noastră, dacă ne gândim bine. Mă simt fericită să văd că formăm o familie unită, să simt că ne iubim. Asta este ceva foarte primitiv, foarte emoțional, aproape animalic. Există însă şi ceva mai „rațional", şi anume satisfacția, impresia că am *reuşit* câte ceva: să am copii simpatici, chiar dacă uneori ne exasperează, deschişi față de ceilalți şi plini de viață. Cu toate acestea, am impresia că este ceva ce se datorează eforturilor mele, cel puțin în ceva care nu mi-a fost dat, ci a fost construit de mine, este o reuşită care nu a venit de la sine: să creşti trei copii, continuând să lucrezi, nu este deloc simplu."

Hrana stimei de sine

sentimentul de a fi iubit

+

sentimentul de a fi competent

De-a lungul tuturor activităţilor noastre, cel mai adesea căutăm să satisfacem două mari trebuinţe, în egală măsură indispensabile stimei noastre de sine: să ne simţim iubiţi (apreciaţi, simpatizaţi, populari, doriţi etc.) şi să ne simţim competenţi (performanţi, înzestraţi, abili etc.). În toate domeniile, aşteptăm satisfacţia concomitentă a acestor trebuinţe: oamenii politici vor să-şi exercite puterea (competenţă), dar vor să fie şi populari (iubire); la serviciu, dorim să fim experţi într-un anumit domeniu, dar să fim şi apreciaţi de colegii noştri; în cuplul nostru, nu căutăm doar dragostea celuilalt, ci vrem să ne şi admire, să ne stimeze. Din contră, satisfacţia doar a unui aspect nu ne va împlini aşteptările: a fi iubit fără a fi admirat sau stimat este infantilizant, dar a fi stimat fără a te simţi apreciat este frustrant.

Aceste alimente necesare egoului nostru sunt cu atât mai indispensabile cu cât stima de sine nu ne este dată o dată pentru totdeauna. Ea este o dimensiune eminamente mobilă a personalităţii noastre: mai mult sau mai puţin înaltă, mai mult sau mai puţin stabilă, ea are nevoie să fie hrănită regulat.

Capitolul 2
Stimă sau nestimă de sine
Stima dumneavoastră de sine este înaltă sau scăzută?

„Ros de modestie."

JULES RENARD

Ce părere vă faceți despre voi înșivă? Cum vă comportați în momentul când trebuie să treceți la acțiune? Cum reacționați la eșecuri și la succese?

Răspunsurile la aceste întrebări trebuie să vă permită să știți dacă vă estimați puțin, mult ... sau deloc*.

* Vă propunem, la sfârșitul acestui capitol, un mic chestionar prin care să vă puteți evalua rapid nivelul stimei dumneavoastră de sine.

VORBIȚI-MI DESPRE DUMNEAVOASTRĂ

ARTA DE A NU TE PUNE ÎN VALOARE

Când vorbiți despre dumneavoastră, expresiile sunt moderate. Nu vă pretindeți curajos, dar nici nu vă descrieți drept laş; nu prea gurmand, chiar dacă vă plac bunătățile; nu foarte tare în domeniu, dar nici o nulitate... Evitați afirmațiile tranşante „ador", „detest", „sunt aşa" — pe de-o parte, de teama judecății sociale („dacă vorbesc despre calitățile mele, se va spune că sunt orgolios; iar dacă evoc defectele mele, se va considera că sunt slab"), pe de alta, din cauză că nu vă cunoaşteți („de fapt, nu ştiu bine ce-mi place şi ce nu-mi place"). Probabil că nu vă stimați prea mult.[1]

Problema nu este că vă devalorizați, aşa cum face o persoană deprimată, ci că nu vă valorizați. Dacă vi s-ar oferi o listă de adjective pozitive, neutre şi negative, nu veți alege calificativele pozitive pentru a vă descrie, aşa cum fac subiecții cu o înaltă stimă de sine. Dar nu veți alege neapărat adjectivele negative. Veți avea tendința să le alegeți pe cele neutre[2].

Confesiuni şi autobiografii: două maniere de a vorbi despre sine

În opera monumentală pe care a consacrat-o creatorilor[3], istoricul Daniel Boorstin compară malițios *Confesiunile* lui Jean Jacques Rousseau cu *Memoriile* lui Benjamin Franklin.

Se pare că stima de sine a americanului era foarte înaltă, în timp ce cea a francezului era mai cu seamă scăzută.

Chiar dacă unele fragmente sunt realizate în favoarea sa, Rousseau se descrie adesea fără nicio complezență: „Ei (cititorii) să asculte confesiunile mele, să geamă la josniciile mele, să roşească la mizeriile mele". Franklin, din contră, propune saga reuşitei sale: „Cine se îndrăgosteşte de sine nu are rivali", scrie el, de exemplu.

Cum a remarcat Boorstin, scopul lui Rousseau era să se confeseze şi *să fie* sincer, în timp ce al lui Franklin era mai ales *să pară* sincer, „purtându-şi imaginea sa în bandulieră", ca un specialist modern în relații publice...

A avea o stimă de sine scăzută este un handicap în toate circumstanțele în care suntem determinați să vorbim despre noi înșine pentru „a ne vinde" (interviu pentru angajare) sau pentru a place (seducție amoroasă). Cécile, 30 de ani, consilier juridic, are zilnic această experiență: „Sunt decepționată de oameni, am impresia că preferă întotdeauna persoanele puțin cam isterice și care se dau în spectacol. De exemplu, una dintre colegele mele de serviciu este foarte populară, deși este plină de defecte. Dar ea nu ezită să le trâmbițeze, spunând: „Sunt rea de gură, ador ceea ce este frivol, etc." și, dintr-odată, oamenii o plac, pentru că nu se plictisesc cu ea și pentru că ea îi liniștește și, afișându-și pe față toanele, îi face să se simtă în largul lor. Astfel, deși mie toată lumea îmi spune că nu am defecte, eu am impresia că sunt mai ștearsă, mai cenușie și mai plictisitoare".

O IMAGINE NECLARĂ

Atunci când le punem întrebări despre ei înșiși, subiecții cu stimă scăzută de sine au nevoie de mai mult timp decât ceilalți ca să răspundă — iar uneori o fac cu o anumită stânjeneală[4]. Să fie vorba de o atitudine prudentă, de o formă de înțelepciune ce constă în a nu lua o poziție prea francă? În niciun caz. Pentru că, dacă li se cere să evalueze alte persoane, ei sunt capabili atunci să o facă rapid și să tranșeze foarte clar — ceea ce subiecții cu înaltă stimă de sine fac tocmai atunci când trebuie să vorbească despre ei înșiși...

Atunci când se descrie, subiectul cu scăzută stimă de sine nu este întotdeauna convingător. I se întâmplă chiar să se și contrazică. Impresia pe care o lasă interlocutorului are de suferit. În situația în care contextul social necesită o judecată rapidă, cum se întâmplă din ce în ce mai des în societatea noastră, în care contactele interpersonale se multiplică și se accelerează, subiectul cu stimă scăzută de sine, mai puțin coerent — chiar dacă mai nuanțat — decât omologul său cu înaltă stimă de sine, riscă mult să fie sistematic defavorizat.

Cum spunea unul dintre pacienții noștri, „în funcție de persoana care este în fața mea, mă simt capabil sau jalnic". În mod general, de fapt, persoanele cu stimă de sine scăzută sunt susceptibile de a-şi modifica discursul în funcţie de anturajul şi interlocutorul lor. Observăm că îngrijorarea lor faţă de aprobarea socială o ia adesea înaintea nevoii de a-şi afirma punctele de vedere personale (a căror validitate li se pare oricum discutabilă). De exemplu, a spune: „Nu, eu n-am fost niciodată la Operă“ atunci când se află în mijlocul unui dineu al admiratorilor lui Pavarotti, sau: „De fapt, îmi plac melodramele hollywoodiene“ în prezenţa amatorilor de „cinematograf de artă“, iată ce poate fi un indiciu al unei bune stime de sine. Cu o condiţie totuşi: ca aceste mărturisiri să nu fie afirmaţii brutale, menite să-l facă remarcat, ci ele să fie făcute cu sinceritate cordială în răspunsul la o întrebare.

Un foarte bun exemplu al acestei probleme proprie subiecţilor cu stimă de sine scăzută (sau a căror stimă de sine este redusă sub presiunea exercitată de anturaj) este Zelig, un personaj întruchipat pe ecran de Woody Allen: un bărbat fără identitate clară, Zelig se identifică la un moment dat cu interlocutorii săi, astfel că adoptă succesiv toate felurile lor de a fi, ajungând până la a le semăna fizic. Spusele lui Anne-Claire, o învăţătoare de 40 de ani, nu diferă mult: „Am încercat mult timp să mă cunosc. De exemplu, nu aveam pic de încredere în gusturile mele vestimentare. Aveam întotdeauna tendinţa să mă îmbrac la fel ca persoanele pe care le admiram. Era un fel de reflex primitiv: să adopt penajul pentru a încerca să capăt ciripitul. Făcusem deja asta când eram mică; îmi petreceam timpul imitându-mi prietenele, cu maniile lor, ticurile lor verbale, felul lor de a se pieptăna, pentru a mă simţi mai bine în pielea mea“.

STIMĂ DE SINE SCĂZUTĂ	STIMĂ DE SINE ÎNALTĂ
Au sentimentul că nu se cunosc bine	Au păreri clare despre ei înşişi
Vorbesc despre ei într-o manieră mai degrabă neutră	Vorbesc despre ei în mod tranşant
Se descriu într-o manieră mai moderată, neclară, incertă, mediocră	Ştiu să vorbească despre ei într-un fel pozitiv

STIMĂ DE SINE SCĂZUTĂ	STIMĂ DE SINE ÎNALTĂ
Țin despre ei înșiși un discurs uneori contradictoriu	Țin despre ei înșiși un discurs mai degrabă coerent
Au o părere despre ei înșiși puțin stabilă	Au o părere despre ei înșiși destul de stabilă
Părerea lor despre ei înșiși poate depinde de circumstanțe și de interlocutori	Părerea lor despre ei înșiși depinde relativ puțin de circumstanțe și de interlocutori
INCONVENIENTE Imagine neclară sau ezitantă	AVANTAJE Imagine clară și stabilă
AVANTAJE Adaptare la interlocutori, simț al nuanței	INCONVENIENTE Exces de certitudini și simplificări, riscul de a nu plăcea unor interlocutori

Ce imagine despre voi înșivă le oferiți celorlalți?

DE CE SUNT ATÂT DE PRUDENȚI SUBIECȚII CU STIMĂ DE SINE SCĂZUTĂ?

Sunt posibile multe ipoteze. Prima, asupra căreia vom reveni, este aceea că au o sărmană cunoaștere de sine. Convinși că soluțiile bune nu se găsesc în ei, ci la ceilalți, ei consacră mult timp observării celuilalt pentru a se calchia peste el și a se gândi apoi la capacitățile și la propria lor persoană.

A doua ipoteză: subiecții cu stimă de sine scăzută se tem mai mult decât ceilalți de judecata socială. Ei sunt deci mai neutri și mai prudenți atunci când vorbesc despre ei înșiși. În plus, și oarecum din același motiv, sunt mai atenți pentru a nu se înșela și a nu-i înșela pe alții, acest perfecționism determinându-i să cultive în mod excesiv nuanța și îndoiala.

Manierele de a se prezenta: atenţie la variantele educative şi culturale

Maniera de a se prezenta nu depinde doar de stima de sine şi de „modelul" pus în valoare în mediul vostru sau în cultura voastră naţională (chiar dacă acestea tind astăzi să se uniformizeze).

Englezii, adepţi ai *understatement**, le-au reproşat americanilor că sunt „lăudăroşi", în timp ce aceştia îi considerau pe englezi „ipocriţi". A-ţi povesti succesele personale era considerat ca firesc la Los Angeles, dar ai fi fost apreciat drept „prost crescut" la Londra.

Astăzi, în schimb, când ne întrunim la congresele din Statele Unite, suntem adesea uimiţi să-i vedem pe cercetătorii americani de reputaţie mondială prezentându-şi rezultatele cu umor şi modestie.

În Franţa, modelele educaţionale variază în funcţie de regiuni şi de medii. Există o anumită formă de „bună educaţie" în care subiecţii sunt îndemnaţi să vorbească cât mai puţin posibil despre sine, încă şi mai puţin despre reuşitele lor şi în care supremul rafinament constă în a-l asalta cu (falsă?) modestie pe interlocutor, care urmează la rândul lui aceleaşi reguli. La fel, lăudăroşeniile care şochează la Strasburg fac parte dintr-un joc social pe care toată lumea îl regăseşte în unele baruri marsilieze.

Pentru că ceea ce determină diferenţa nu este atât cunoaşterea de sine, cât convingerile despre sine însuşi: cu cât stima de sine va fi mai ridicată, cu atât vom avea sentimentul că ne cunoaştem mai bine, şi cu atât va fi mai contagios acest sentiment...

Prudenţa şi ezitările identificatorii ale subiecţilor cu stimă scăzută de sine pot, în contexte specifice, să se dovedească a fi avantaje. Invers, certitudinile afişate de unii subiecţi cu înaltă stimă de sine nu se vor adapta la toţi interlocutorii lor şi la toate mediile. Este adevărat, totodată, că lumea noastră nu favorizează nuanţa: o stimă de sine scăzută va reprezenta indiscutabil un handicap pentru atingerea anumitor obiective.

* În engleză, în original: adevăr spus pe jumătate; afirmaţie moderată. (*N.t.*)

Trebuie de toate pentru a face o lume...

Puneți-vă în pielea unui ziarist, a unui consultant dintr-un cabinet de recrutări sau chiar în cea a unui psiholog... Aveți o întrevedere de studiu cu două persoane. Prima răspunde rapid la întrebările dumneavoastră despre ea însăşi, utilizând, pentru a se descrie, cuvinte pozitive, luând o poziție fermă față de capacitățile sale, fiind coerentă de la un moment la altul al întrevederii. A doua, acordă mult timp pentru a răspunde la întrebările dumneavoastră, se descrie mai degrabă într-o manieră neutră decât pozitivă, emite puține păreri ferme despre ea însăşi, se contrazice uneori de la un moment la altul al întrevederii. Probabil că prima persoană vă va părea mai sigură pe ea decât a doua: veți avea dreptate să suspectați la cea din urmă o stimă de sine mai degrabă scăzută. Dar este posibil şi ca, conform trebuințelor dumneavoastră, modul de prezentare a celei de-a doua să vă convină mai mult, de exemplu dacă acordați mai multă importanță capacităților de îndoială şi de nuanță ale interlocutorului dumneavoastră.

CINE MĂ POATE AJUTA SĂ ȘTIU CINE SUNT?

Una dintre pacientele noastre, în ziua când a venit pentru prima dată la consultație, ne-a dat această explicație, la sosirea ei: „Mă caut pe mine însămi". Ea prezenta, de fapt, probleme destul de grave ale stimei de sine... Subiecții cu stimă de sine scăzută sunt adesea conştienți de această neclaritate pe care o au în cunoaşterea de sine. Îndoielile îi conduc să întreprindă de bunăvoie o psihoterapie. Bilanțul competențelor pentru şomeri (la care problemele stimei de sine sunt, după cum ne imaginăm, foarte importante) joacă câteodată acest rol de sprijin psihologic, ceea ce confirmă şi aceste confidențe ale unui „outplacer": „O parte importantă din munca noastră constă în a reda încrederea oamenilor, întrucât şomajul dă adesea o lovitură teribilă imaginii pe care o au despre ei înşişi. A-i ajuta să descopere noi abilități, sau să creadă în cele pe care le au deja, a-i determina să nu se mai îndoiască prea mult..."

Cine sunt şi ce mi se va întâmpla?

„Aveţi o mare nevoie de a fi iubit şi admirat de ceilalţi. Aveţi tendinţa de a fi critic cu dumneavoastră înşivă. Câteodată vi se întâmplă să vă îndoiţi mult de dumneavoastră înşivă. Ştiţi că aveţi mari capacităţi, pe care nu le-aţi exploatat cum ar fi trebuit..."

Ce aţi gândi despre persoana care v-ar ţine un astfel de discurs? Fără îndoială că a observat corect. Majoritatea oamenilor cărora li se furnizează un pseudoportret ţesut din elemente comune ca acestea tind să gândească că el este valid[5]. O experienţă arăta că oferind un „bilanţ astral" de acest tip la 150 de persoane care îl ceruseră (în urma unui anunţ în presă), 130 dintre ele s-au declarat foarte mulţumite şi s-au recunoscut în portretul care era, evident, acelaşi pentru toate.[6]

Cu cât ne îndoim mai mult de noi înşine, cu atât ne e mai greu să hotărâm pentru noi. Altfel spus, cu cât stima de sine este scăzută, cu atât există tendinţa spre lipsă de discernământ şi de spirit critic faţă de astrologi şi de vizionari de tot felul. Care nu pierd ocazia să abuzeze de asta...

Dar îndoielile asupra propriei persoane ale subiecţilor cu stimă de sine scăzută sunt de asemenea folosite mult mai contestabil de astrologie şi de practicile asemănătoare: preziceri, chiromanţie etc. Întrebările despre sine însuşi sunt vechi de când lumea şi încercarea de a înţelege şi stăpâni „adevărata sa personalitate" explică în mare parte succesul îndelungat al astrologilor de-a lungul secolelor. Am putea presupune că clientela lor se recrutează mai ales dintre persoanele aflate în îndoială, cu o stimă scăzută de sine. Certitudinile despre sine însuşi şi reperele securizante pentru viitor sunt astfel dispensate cu pricepere. Aşa cum agenţiile matrimoniale ar dispărea fără timizi şi detectivii particulari fără paranoici, tot aşa şi astrologii, parapsihologii şi alţi vizionari ar fi condamnaţi la faliment dacă o descoperire miraculoasă ar oferi umanităţii secretul stimei de sine...

DE CE SUNTEȚI CAPABIL?

Cu cât ne stimăm mai mult, cu atât acționăm mai bine: luăm decizii şi le respectăm. Şi cu cât ne comportăm mai corect, cu atât ne stimăm mai mult... Vom aborda acum această dublă mişcare, axată pe alegere, pe luarea deciziei şi pe aplicarea ei.

SĂ MĂ DUC SAU SĂ NU MĂ DUC?

În general, subiecții cu stimă de sine scăzută iau cu greu decizii. Ei ezită, tergiversează. Uneori chiar preferă să treacă zi după zi, amânând pe mâine ce ar fi putut face azi: „Mă voi duce să-l văd pe acest client important în altă zi", „Voi scrie această scrisoare delicată în weekend", „Mi-ar fi plăcut să o revăd, dar e prea târziu să o invit în seara asta la cinema, voi încerca mâine"... Această atitudine, bine cunoscută de psihiatri, poate fi simptomul unor tulburări psihice mai serioase, cum este tendința depresivă sau tulburarea obsesiv-compulsivă. Dar, în egală măsură, ea poate fi o trăsătură de caracter legată de stima de sine.

DILEMA ALEGERII

A acționa sau a nu acționa... Subiectul cu scăzută stimă de sine întâlneşte acest gen de dificultăți atunci când, confruntându-se cu o alternativă, trebuie să ia o decizie. „A alege înseamnă a elimina, ne povestea un pacient. Şi eu n-am ştiut niciodată să elimin: mi-e prea frică să nu mă înşel."

Ezitările se poartă adesea asupra aspectelor anodine ale vieții cotidiene: „La începutul relației noastre, Jean-Michel mă enerva mult. La restaurant, îi trebuia mult timp ca să se decidă, pentru ca în final să ia acelaşi lucru ca ceilalți". Ele sunt amplificate de toate formele de presiune asupra subiectului: „Când este stresat, soțului meu îi trebuie câteva ore dimineața pentru a alege o cravată. De obicei, face asta foarte rapid; în fond, îi pasă prea puțin de modă şi de «look». Dar, când are o întâlnire de afaceri importantă, este ca şi cum stresul său se acumulează pe aceasta: îi este teamă să nu facă o gafă de prost gust şi ezită la nesfârşit."

Dar aceste ezitări au uneori efect şi asupra deciziilor existenţiale mai importante. „La un moment dat în viaţa mea profesională — povesteşte acest pacient — mi s-a propus un nou post, care implica şi o mutare. Existau avantaje şi dezavantaje de ambele părţi: genul de situaţie pe care o detest. Odată socoteala încheiată, am lăsat-o pe soţia mea să decidă pentru mine. Ea a ales în final să rămânem acolo unde stăteam, pentru copii. Astăzi, regret puţin; desigur, ne este bine aici, dar cariera mea stagnează. Nu ştiu dacă era cea mai bună alegere. Dar să fi plecat ar fi putut fi mai rău..."

Adesea este necesar să abordăm acest tip de probleme în psihoterapie. Explicaţia principală a acestei dificultăţi de a alege provine din aceea că pacienţii gândesc că există *a priori* o soluţie „bună" şi una „rea" la dezbaterea pe care o au de înfruntat. Şi că trebuie cu orice preţ să o aleagă pe cea bună, de teama unor consecinţe grave sau definitive. De fapt, lucrurile apar rar în această formă: majoritatea alegerilor pe care ni le oferă viaţa sunt alegeri în care fiecare soluţie prezintă atât avantaje, cât şi dezavantaje, alegeri în care nimic nu este determinat *a priori*. În schimb, adesea maniera în care ne angajăm va face ca *a posteriori* alegerea să fie bună sau rea. Nimic nu este scris dinainte, iar viitorul nostru depinde de noi înşine.

INFLUENŢA ANTURAJULUI

Întrucât are dificultăţi de alegere, subiectul cu stimă de sine scăzută preferă adesea să se lase influenţat de anturajul său (rude, prieteni, cunoştinţe bune sau rele), în mod special atunci când este vorba de o alegere importantă în viaţă: ce studii să urmeze? Cu cine să se căsătorească? Spre ce profesie să se orienteze? Calea conformismului va fi adesea cea mai tentantă. Uneori vorbim de „plasticitate psihică" pentru a descrie această sensibilitate puternică faţă de părerea celorlalţi. Fraze precum: „Se duce încotro bate vântul" sau „Pentru el are dreptate ultimul care vorbeşte" traduc bine iritarea pe care o poate genera acest comportament.

A PERSISTA ÎN ALEGERE

Pentru a-ți atinge obiectivele personale, trebuie să ai o bună stimă de sine. Într-adevăr, perseverența nu îi caracterizează pe subiecții cu o scăzută stimă de sine, care au tendința de a renunța de îndată ce se confruntă cu dificultăți sau când se întâlnesc cu o părere contrară cu a lor. Reușita unui regim alimentar, de exemplu, depinde mult de nivelul stimei de sine[7]: dacă este scăzut, hotărârile bune nu durează decât un timp scurt („asta nu va merge niciodată"); subiectul nu se alege de aici cu o stimă de sine crescută, ceea ce micșorează puțin șansele de reușită la încercarea următoare.

Nivelul de investire personală într-o decizie contează enorm. Subiecții cu o înaltă stimă de sine fac dovadă certă de mai multă perseverență în alegerile care sunt cu adevărat ale lor — a vrea să seducă o persoană care le place sau a reuși într-o activitate care îi pasionează —, dar vor persevera mai puțin în domeniile în care au investit puțin. Ei vor fi astfel capabili să anuleze o întâlnire care îi plictisește sau să revină asupra unei promisiuni date...

Din contră, subiecții cu scăzută stimă de sine persistă în alegerile care le-au fost dictate prin conformismul social. Aceasta duce câteodată la o muncă mai puțin interesantă, la un cuplu mai puțin înfloritor, la constrângeri presante (dejunul la o mătușă bătrână în prima duminică a fiecărei luni). Odată angajați în aceste „alegeri", se decid greu să se oprească sau să întrerupă aceasta. Nu este vorba aici de vreun masochism, ci de o dificultate în procesele decizionale: subiecții cu o scăzută stimă de sine se simt mai ușor și mai rapid implicați în actele lor. Tendința lor naturală este deci de *a continua* acolo unde un altul, a cărui stimă de sine este înaltă, va spune: „Stop, mă opresc, nu asta îmi doresc".

Totodată, în unele momente chiar și o bună stimă de sine poate conduce la alegeri contestabile. Un adolescent înzestrat și foarte sigur pe sine își poate abandona astfel studiile pentru a-și trăi pasiunea (să cânte rock, trăind din munci de duzină) în ciuda obstacolelor (între care reacțiile părinților săi). Un coleg de aceeași vârstă care se apreciază mai puțin ar avea poate aceleași vise, dar nu ar îndrăzni să le urmeze și și-ar continua studiile, respectând dorința părinților. Câțiva ani mai târziu, asta s-ar putea dovedi a fi o alegere bună...

STIMĂ SCĂZUTĂ DE SINE	STIMĂ ÎNALTĂ DE SINE
Luări de decizie uneori laborioase şi amânate	Luări de decizie în general mai facile şi banalizate
Adesea nelinişțiți de consecințele posibile ale alegerilor lor	Acționează cât de eficient posibil pentru a reuşi în alegerile lor cu uşurință
Uneori țin prea mult cont de anturaj în propriile luări de decizii	Țin cont benevol de ei înşişi în luările lor de decizie
În caz de dificultăți, renunță rapid la deciziile personale	Capabili de a persevera în deciziile proprii în ciuda dificultăților
Se supun câteodată situațiilor dictate de anturaj	Se desprind de situațiile dictate de anturaj dacă le percep drept contrare intereselor proprii
DEZAVANTAJE Uneori ezitanți sau convenționali	AVANTAJE Pot fi novatori
AVANTAJE Comportamente prudente şi gândite, răbdători	DEZAVANTAJE Uneori prea sensibili la interesele lor pe termen scurt

Cum vă implicați în acțiune?

SUNTEȚI SENSIBIL LA EŞEC ŞI LA CRITICĂ?

CÂND EŞECUL LASĂ URME

I se întâmplă oricui să eşueze; nu este o dramă. Cel puțin dacă stima dumneavoastră nu este foarte scăzută... În acest caz, ne remitem greu după un eşec, nu îl aşezăm în raionul de amintiri; din contră, urma sa emoțională rămâne dureroasă şi durabilă. Să luăm, de exemplu, un grup de studenți veniți să-și ia rezultatele de la un examen de absolvire. Eșecul antrenează o „reacție depresivă“ imediată la toți studenții picați. Această reacție este, desigur, trecătoare... cu excepția subiecților cu stimă de sine scăzută: revăzându-i ceva mai târziu, constatăm că ea persistă.[8]

Acest fenomen se poate explica în trei moduri. Din punct de vedere comportamental, subiecții cu înaltă stimă de sine se implică mai rapid în noi acțiuni care îi distrag de la eșec și îi fac să-l uite. Din punct de vedere psihologic, o înaltă stimă de sine îi ajută să relativizeze și să nu se simtă devalorizat *în ansamblu* de *un singur* eșec. În fine, din punct de vedere emoțional, subiecții cu scăzută stimă de sine sunt frecvent dominați de emoțiile negative pe care decepția eșecului, evident, le determină, le alimentează și le reactivează.

Același fenomen îl regăsim în cazul criticii. Nimănui nu-i place să fie criticat, dar subiecții cu scăzută stimă se sine sunt mai sensibili decât ceilalți la intensitatea și durata acestei critici. Dacă li se adresează un mesaj negativ, suntem aproape siguri că îi vom auzi spunând că nu au putut dormi timp de opt zile! „Pentru mine — declara un pacient — toate criticile sunt adevărate.“ Fiind asimilată imediat unei judecăți sociale și unei respingeri, decât unei informații utile, critica declanșează la acești subiecți emoții de tristețe și de confuzie uneori disproporționate în raport cu mesajul — dar întotdeauna invers proporționale cu nivelul stimei de sine...

ACOLO UNDE NE DOARE...

Criticile și mesajele negative vor fi cu atât mai greu suportate, cu cât ele se referă la domenii puternic investite de subiectul cu o scăzută stimă de sine. De exemplu, o tânără mamă care se îndoiește de ea însăși și care nu lucrează, pentru a se dedica educării copiilor săi: ea va avea toate șansele de a izbucni în plâns dacă i se vor face reproșuri insistente referitoare la comportamentul progeniturii sale. La fel, o alta, tânără angajată și foarte dornică de a face o impresie bună, dar impresionată de noul ei job, clachează într-o ședință sub remarcile unui patron, a cărui proastă dispoziție obișnuită nu mai jenează pe nimeni... în afară de ea.

Un caz disperat

Nefericitul Vatel, bucătarul prințului de Condé, a fost fără îndoială victima unei stime de sine vulnerabile, căreia un eșec survenit într-un domeniu foarte investit i-a dat lovitura de grație: în 1671, întrucât peștii și melcii pe care acesta îi aștepta pentru un dejun princiar nu au ajuns la timp, a fixat mânerul unui cuțit în tocul unei uși și s-a sinucis aruncându-se în lama acestuia!

UN MORAL CU SUIȘURI ȘI COBORÂȘURI

Mulți dintre pacienții noștri cu stimă de sine scăzută au un moral slab și suferă de ceea ce psihiatri numesc „distimie". Fără a fi o stare depresivă reală, această tulburare antrenează frecvent — cel puțin o zi din două[9] — o dispoziție tristă. „Stima de sine fragilă" este unul din criteriile cerute pentru a pune diagnosticul de distimie; și se poate merge chiar mai departe: este posibil de fapt ca, într-un mare număr de cazuri, nivelul stimei de sine să fie chiar originea tulburării, determinându-le pe persoanele care suferă de aceasta să fie prea vulnerabile la evenimentele de viață pe care trebuie să le înfrunte.

VREAU SĂ ȘTIU ADEVĂRUL...

Dar iată un paradox: chiar dacă suferă, subiecții cu stimă de sine redusă sunt câteodată cei care caută cel mai mult critica! „Am nevoie să știu, ne spunea o tânără femeie. Nu mai suport să fiu în incertitudine. Când nu sunt mulțumită de mine, caut întotdeauna să am confirmarea celorlalți. Dacă mi se spune că nu este chiar așa de rău, am tendința să nu cred un cuvânt. Și să caut să aud și ce nu merge bine. Pentru că am întotdeauna impresia că criticile sunt mai sincere decât complimentele. Ceea ce este stupid este că imediat mă frământ săptămâni întregi pentru ce mi s-a spus, iar asta mă îmbolnăvește. Soțul meu nu mai are încredere în mine acum: la începutul relației noastre, intra în jocul meu și îmi spunea franc ceea ce nu mergea, atunci când îl întrebam. Dar a înțeles repede că asta nu ajuta la nimic."

Unele lucrări științifice au demonstrat acest fenomen. S-au grupat, de exemplu, persoane voluntare în trei categorii: unele cu stimă de sine înaltă, altele cu stimă de sine scăzută, iar altele cu adevărat deprimate. Li s-a propus să primească informații pozitive sau negative despre ele („pornind de la chestionarele care vi s-au aplicat, vă putem spune punctele dumneavoastră forte *sau* punctele dumneavoastră slabe"). Cei care au cerut să audă mai degrabă informațiile negative despre ei înșiși au fost, bineînțeles, subiecții deprimați (82%). Dar persoanele cu redusă stimă de sine nu erau departe de aceștia, pentru că 64% din ele au ales să primească criticile... Ceea ce nu era cazul pentru 25% din indivizii cu înaltă stimă de sine[10].

Fără îndoială că acest rezultat experimental trebuie nuanțat. Astfel, se pare că subiecții cu stimă de sine redusă caută aceste mesaje negative în singurele domenii pe care le consideră modificabile, probabil pentru că se gândesc să poată progresa[11]. În alte domenii, fac ca toată lumea: preferă să li se facă complimente! Comportamentul lor era deci cu totul adaptat și funcțional...

CINE ÎNDRĂZNEȘTE SĂ MĂ CRITICE?

Și subiecții cu înaltă stimă de sine? Ei bine, nu cedează paradoxului: „Când mă simt prost — explica Richard, 45 de ani — nu caut să mă simt și mai prost mergând să le cer altora părerea; nu mă duc imediat să le dau un băț cu care să mă bată... Trag singur concluziile de aici, asta-i tot". Adevărul e că astfel de subiecți nu acordă o importanță nemăsurată criticii bine fondate. Ei sunt capabili, primind mesajele negative, să se concentreze pe punctele lor forte. Ei se lasă deci mai puțin contaminați de emoțiile lor negative. De fapt, ei îi consideră mai credibili pe interlocutorii care le spun de bine, decât pe cei care le spun de rău[12]. Ei procedează deci printr-o filtrare a mesajelor foarte dezagreabile. Contrar subiecților cu stimă de sine scăzută, laudele, și nu criticile sunt cele care le permit să-și schimbe imaginea pe care o au despre ei înșiși.[13]

Dar atenţie: asta nu înseamnă că ei sunt indiferenţi la critici. Din contră, ele le creează adesea o dispoziţie proastă. Şi atunci, păzea! Pentru că ei riscă, dacă se simt puşi la îndoială, să fie dintr-odată mult mai atenţi la defectele altuia... S-a putut demonstra astfel că subiecţii cu înaltă stimă de sine îşi amintesc de trei ori mai multe greşeli comise de cei din jurul lor, dacă ei înşişi au fost surprinşi în culpă.[14] Iată de ce trebuie să nu vă bazaţi pe superiorul dumneavoastră ierarhic, dacă are o înaltă stimă de sine, în zilele în care a suferit un mare eşec...

În filmul său, *Odiseea spaţială 2001*, Stanley Kubrick contura, în 1968, uimitorul portret al unui computer supradotat şi atotputernic, numit Hal 9000.

Conştient de capacităţile sale — oare cei care-l concepuseră programaseră şi funcţia „înaltă stimă de sine"? —, Hal era de asemenea şi foarte susceptibil.

După ce comisese o eroare (anunţând o pană care nu existase de fapt) şi după ce refuzase să o recunoască, Hal începuse să-i spioneze pe astronauţii care, neliniştiţi de slăbiciunea sa, îşi puneau probleme la adresa sa şi se întrebau dacă nu trebuiau să-l deconecteze.

Înfuriat de îndoielile lor, a provocat moartea a patru dintre ei, înainte de a fi deprogramat *in extremis* de către ultimul pasager supravieţuitor.

CU SAU FĂRĂ PUBLIC?

Am mai putea adăuga ceva: dacă luările de decizii se pot face în absenţa oricărei consecinţe sociale, diferenţele dintre subiecţii cu înaltă şi cu redusă stimă de sine s-ar estompa cu mult. De fapt, majoritatea cercetărilor confirmă că unul din principalele obstacole ale acţiunii, sub toate formele sale, la cea de-a doua categorie, este impresia şi judecata celuilalt. Iar consecinţele sale: riscul de a fi criticat şi respins.

Unul din studiile realizate pe această temă arăta, de exemplu, că, atunci când persoanele ştiu că deciziile lor vor fi judecate de alţii, ele îşi minimizează asumarea riscului dacă au o stimă de sine de sine redusă, şi nu fac acest lucru, bineînţeles, dacă au o înaltă stimă de sine. Din contră, în cazul deciziilor fără judecată socială, nu există diferenţe între grupurile cu înaltă şi grupurile cu redusă stimă de sine[15].

Iată de ce subiecţilor cu scăzută stimă de sine nu le place în general competiţia. Este ceea ce explică şi Justine, 6 ani, pentru a justifica refuzul său de a participa la unele jocuri de societate cu copii de aceeaşi vârstă: „Nu-mi plac jocurile în care poţi să pierzi". La adulţi, antrenamentele în noile sporturi pot juca rolul de test al stimei de sine: a învăţa să mergi cu rolele sau să faci surfing în faţa unei hoarde de gură-cască va fi mult mai neplăcut în cazul unei stime de sine scăzute.

PREVENIREA EŞECULUI

Sunt posibile multiple mijloace pentru a preveni eşecul. Ele sunt cel mai adesea folosite de persoanele cu stimă de sine scăzută.

STIMĂ DE SINE SCĂZUTĂ	STIMĂ DE SINE ÎNALTĂ
Pe moment, reacţionează emoţional la eşec	Pe moment, reacţionează emoţional la eşec
Eşecul lasă o urmă emoţională durabilă	Eşecul lasă puţine cicatrici emoţionale durabile
Se prăbuşesc dacă sunt criticaţi asupra punctelor în care ei consideră că sunt competenţi (şi, în principiu, noncriticabili)	Pot rezista la criticile asupra punctelor sensibile sau se pot apăra energic
Caută informaţiile negative despre ei	Nu prea caută informaţii negative despre ei
Se justifică după eşec	Nu se simt obligaţi să se justifice după un eşec

STIMĂ DE SINE SCĂZUTĂ	STIMĂ DE SINE ÎNALTĂ
După un eşec se compară cu cei mai puternici („cel puţin el ar fi reuşit“)	După eşec, spun că şi mulţi alţii ar fi eşuat la rândul lor
Se simt respinşi dacă sunt criticaţi	Nu se simt respinşi dacă sunt criticaţi
Anxietate puternică în faţa evaluării de către ceilalţi	Anxietate redusă în faţa evaluării de către ceilalţi
DEZAVANTAJE În raport cu critica, suferinţă durabilă şi uneori excesivă, anxietate anticipativă	AVANTAJE Rezistenţă la adversitate
AVANTAJE Motivaţie pentru a nu eşua, capacitate de a asculta de părerile critice	DEZAVANTAJE Pot să nu ţină cont de critici

Reacţia dumneavoastră la eşec şi la critică

Cel mai simplu şi cel mai radical este... să acţionezi cât mai puţin posibil! Dar se mai poate adopta tactica aşa-numitului „pesimism defensiv“, care constă în a spune celorlalţi că nu crezi în şansele de succes (sau în ale apropiaţilor tăi) pentru a limita, de exemplu, decepţia în caz de insucces. Să o ascultăm pe Sylvie, 35 de ani, care conduce o agenţie de voiaj: „Îmi amintesc de una din colegele mele de facultate. Era întotdeauna incredibil de pesimistă. Spunea: «Va fi cumplit, nu ştiu dacă reuşesc, nu vor trece mulţi în acest an, simt că se va corecta sever etc», La început, pe mine, care sunt o fire mai degrabă optimistă, asta mă speria puţin. Îmi imaginam că ea trebuie să fi fost foarte stresată, de vedea lucrurile astfel. În orice caz, eu m-aş fi simţit groaznic dacă aş fi avut tot timpul astfel de gânduri în cap. Dar, de fapt, aşa era caracterul ei, felul ei de-a fi. Ea nu era atât de stresată cum credeai. Îi lipsea încrederea în sine. Dar îşi lua examenele...“

CUM REACȚIONAȚI LA SUCCES?

STRES ȘI REUȘITĂ

Se ştie de mult timp că unele evenimente fericite pot fi stresante! Unul dintre chestionarele cele mai cunoscute în materie[16] cuprinde printre evenimentele de viață „destabilizatoare": căsătoria, promovarea profesională, naşterea unui copil etc. Paradoxal? Nu chiar, dacă ne amintim definiția stresului: ceea ce se întâmplă la un individ care trebuie să se adapteze la o schimbare survenită în mediul său[17]. Pierderea sentimentului de control pe care o resimt adesea persoanele confruntate cu schimbări majore explică diferența pe care o constatăm între subiecții cu înaltă şi cei cu scăzută stimă de sine. Primii sunt mai obişnuiți cu controlarea mediului lor[18]. Ei consideră că evenimentele favorabile sunt mai mult sau mai puțin sub controlul lor („Dacă am câştigat la Loto, este şi pentru că am cumpărat biletul şi am încercuit numerele câştigătoare!"). În ceea ce-i priveşte pe ceilalți, ei văd mai uşor intervenția destinului, care ar putea la fel de bine să ducă la contrariu în alegerea ulterioară. Cum este acest cadru administrativ de 37 de ani: „Problema mea o constituie responsabilitățile. Cum sunt sârguincios şi meticulos, mi s-au propus în mod frecvent promovări. Dar asta mă stresează mult de fiecare dată. Mă gândesc imediat la toate responsabilitățile suplimentare implicate în noul serviciu. Şi apoi, mă întreb imediat şi dacă voi fi la înălțime, dacă nu voi dezamăgi arătându-mi limitele. Până în prezent, a mers bine, dar dacă roata se va întoarce într-o zi?"

„FERICIREA ANXIOASĂ"

Adesea am fost uimiți, la unii pacienți de-ai noştri, de ceea ce se cheamă „fericire anxioasă"[19], adică dificultatea pe care o încearcă în a savura momentele plăcute, în a se bucura de reuşitele lor. În loc de asta, ei anticipează sfârşitul acestor clipe: acestea nu durează, sau chiar vor fi urmate de reversul lor, de greutăți etc. Această conştiență excesivă a fragilității fericirii demonstrează îndoielile profunde încercate de pacienţi cu privire la capacităţile lor de a face faţă la vicisitudinile existenţei, care este percepută ca o succesiune interminabilă de încercări. Îşi interzic să se bucure prea mult, pentru a nu se simţi apoi prea nefericiţi. Seamănă puţin cu acei ţărani pentru care perioadele îndelungate de vreme bună îi fac mereu să spună: „Asta se plăteşte..."

SINDROMUL IMPOSTORULUI

Această tulburare pe care psihiatrii o întâlnesc adesea afectează subiecţii care au reuşit în domeniul lor, cărora li s-au încredinţat responsabilităţi şi care au demonstrat încredere, dar care se îndoiesc de ei înşişi. Evident, ei nu vorbesc despre asta şi nici nu o arată. „Chiar merit să ocup acest post?" se întreabă ei fără încetare. Ei se tem să nu comită o greşeală care să arate tuturor că ei nu sunt la înălţime, se întreabă dacă nu iau locul altuia... În general, sunt subiecţi al căror nivel al stimei de sine nu a progresat în acelaşi ritm cu competenţele lor: chiar dacă au ajuns experţi, ei se mai consideră încă începători.

Acest sindrom îi poate afecta *tranzitoriu* pe subiecţii cu înaltă stimă de sine atunci când, de exemplu, obţin foarte repede promovări sau când îşi schimbă serviciul, preluând responsabilităţi mai grele. Este şi cazul unuia dintre pacienţii noştri, Jacques, care are un post de director în domeniul publicitar: întrucât el a fost recrutat din întreprinderea sa de către un concurent, în condiţii financiare foarte avantajoase, el consideră că aşteptările în privinţa lui erau foarte mari — proporţionale cu salariul pe care i-l ofereau. Asta i-a declanşat insomnii şi crize anxioase, pe care nu le avusese niciodată...

Dar sindromul impostorului poate să fie şi *cronic* la subiecţii cu stimă de sine scăzută, care gândesc adesea: „Nu văd ce-au găsit la mine", în ciuda tuturor competenţelor de care ei totuşi dispun. Sindromul le provoacă suferinţe multiple, dominaţi de o tensiune anxioasă permanentă în realizarea sarcinilor: este vorba de o anxietate faţă de performanţă, care îi poate duce la stări depresive paradoxale pentru nişte persoane aparent fără probleme şi aflate în plină reuşită materială.

DE CE ATÂTA JENĂ?

Complimentaţi o persoană care nu se apreciază câtuşi de puţin: va manifesta o anumită jenă. Este cazul timizilor, de exemplu. În grupurile pentru afirmare de sine, în care subiecţii se pregătesc pentru a comunica mai bine[20], timizii lucrează frecvent asupra acestui fenomen bine cunoscut psihoterapeuţilor. Se observă astfel că cei mai mulţi sunt foarte jenaţi când trebuie să răspundă la un compliment şi pot fi câteodată furioşi faţă de persoanele care le fac complimente. Se mai poate observa la aceştia o varietate de strategii menite să-i protejeze de complimente.

STRATEGIE	FRAZĂ-TIP
A limita rolul său în performanţă	„Dar eu nu am niciun merit..."
A generaliza performanţa	„Oricine altcineva ar fi făcut la fel în locul meu..."
A răspunde printr-un compliment	„Şi dumneavoastră aţi reuşit foarte bine..."
A devaloriza performanţa	„Nu este chiar cine ştie ce..."

Arta de a se apăra de complimente la subiecţii cu stimă de sine scăzută

La subiecţii cu înaltă stimă de sine, lucrurile sunt mai simple: succesul sau felicitările concordă cu ceea ce gândesc despre ei înşişi; pentru ei, acestea sunt confirmări pe care le acceptă fără o tulburare excesivă, răspunzând în funcţie de normele sociale ale culturii lor de origine. Nord-americanii sunt, de exemplu, mult mai naturali în acest exerciţiu decât europenii, la care modestia este considerată o calitate socială majoră. În ceea ce-i priveşte pe asiatici, a le face un compliment atinge uneori incorectitudinea! Unul dintre prietenii noştri ne-a povestit într-o zi cum, în timpul unei călătorii în China comunistă, a încercat să-i facă curte unei tinere care era translatoare în grupul său de turişti. De-abia ce începuse să-i complimenteze frumusețea, că aceasta deveni extrem de confuză, apoi furioasă şi se puse să repete la fiecare dintre frazele sale: „Exagerați! Exagerați!"

De ce atâta jenă? Subiecții cu stimă de sine scăzută sunt incomodați de succes şi de consecințele lui sociale, întrucât acestea îi aruncă într-o dilemă numită „disonanță cognitivă" — şi anume, contradicția interioară între părerea pe care o au despre ei înşişi, limitată sau negativă, şi întâmplările pe care le trăiesc, succese sau complimente. Aceasta şi pentru că subiecții cu scăzută stimă de sine anticipează imediat consecința reuşitelor lor: succesul semnifică şi faptul că ei trebuie „să se livreze" şi să îşi țină promisiunile... Cu alte cuvinte, le place reuşita în plan afectiv, pentru că le face bine, dar psihologic se tem de ea, pentru că ea contrazice imaginea pe care o au despre ei înşişi şi îi pune într-o situație în care ei *trebuie* să fie la înălțime...

SCĂZUTĂ STIMĂ DE SINE	ÎNALTĂ STIMĂ DE SINE
Le place să reuşească	Le place să reuşească
Reuşita le perturbă imaginea de sine	Reuşita le confirmă imaginea de sine
Emoții amestecate	Emoții pozitive
Frica de a nu mai fi la înălțime, că asta nu va dura	Nu îşi prea pun astfel de probleme
DEZAVANTAJE Plăcere stricată (bucurie anxioasă), succesul aduce puține beneficii pentru stima de sine	AVANTAJE Motivație crescută, succesul aduce beneficii pentru stima de sine
AVANTAJE Umilință, modestie	DEZAVANTAJE Dependență de recompensă

Cum reacționați la succes?

DINAMICA VIEȚII ȘI STIMA DE SINE

Am abordat câteva dintre multiplele consecințe ale nivelelor stimei de sine asupra indivizilor. Desigur, în viața de zi cu zi lucrurile sunt adesea mai nuanțate decât ne pot apărea ele în tablourile pe care le-ați citit, inspirate din lucrările de psihologie experimentală, în care distincția dintre subiecții cu înaltă stimă de sine şi cei cu scăzută stimă de sine este netă.

Se ştie, de exemplu, că stima de sine poate varia la o aceeaşi persoană care va adopta comportamentele caracteristice subiecților cu înaltă stimă de sine în anumite momente favorabile şi va reveni la atitudinile unei scăzute stime de sine după un eşec. Este ceea ce presupune şi expresia „i s-a urcat succesul la cap": în perioadele de succes, unele persoane prind siguranță şi se schimbă în aşa fel încât nici cei apropiați nu le mai recunosc.

Se mai ştie şi că stima de sine poate fi relativ compartimentată: o persoană prezentând o stimă de sine globală limitată poate avea o activitate în care, din contră, stima sa de sine să fie înaltă; reacțiile sale vor depinde deci de sectorul pus în joc.

STIMĂ DE SINE SCĂZUTĂ	ÎNALTĂ STIMĂ DE SINE
Frica de a nu eşua	Dorința de a reuşi
Compară cu ce este mai jos pentru a se asigura	Compară cu ce este mai sus pentru a putea să progreseze
Nu-şi asumă riscurile	Îşi asumă riscurile
Când obiectivul este atins, „rămân acolo"	Caută să-şi depăşească limitele
Se simt apărați de obiceiuri	Se simt stimulați de noile experiențe
Preferă să fie mediocri în toate, să nu aibă lacune	Preferă să exceleze în domeniile lor de competență şi acceptă să strălucească mai puțin în altele

STIMĂ DE SINE SCĂZUTĂ	ÎNALTĂ STIMĂ DE SINE
DEZAVANTAJE Autolimitare, progres lent, raţionează în funcţie de eşecurile lor	AVANTAJE Autodezvoltare, progres rapid, raţionează în funcţie de succesele lor
AVANTAJE Prudenţă, stăpânire	DEZAVANTAJE Atraşi de riscuri, dispersare

Stima de sine şi alegerea în viaţă

Dar diferenţele pe care le-am studiat tind, în acelaşi timp, să apese mereu asupra vieţii de zi cu zi. Nivelul global al stimei de sine a unei anumite persoane influenţează considerabil alegerile din viaţa sa şi stilul său existenţial. Astfel, se poate demonstra că o înaltă stimă de sine este asociată cu strategii de căutare a dezvoltării personale şi de acceptare a riscurilor, în timp ce o stimă de sine scăzută implică mai curând strategii de apărare şi de evitare a riscurilor[21]. Altfel spus, persoana cu o înaltă stimă de sine are dorinţa de a reuşi acolo unde persoana cu stimă scăzută de sine are teama de a eşua.

Este evident că aceste două strategii vor avea consecinţe specifice pe termen lung. O stimă de sine ridicată va determina persoana să exploreze medii cât mai variate, cu cât mai multă convingere; şi îi va permite deci să-şi găsească „calea“ cu preţul unor eşecuri şi înfrângeri. În timp ce o stimă de sine scăzută îl va incita pe subiect să se limiteze la perimetrul în care se simte în siguranţă, cu un risc minim de eşec. Persoana cu stimă de sine înaltă va căuta, de exemplu, să se autodepăşească chiar şi atunci când şi-a atins obiectivele, în timp ce persoana cu scăzută stimă de sine „va rămâne aici“. Una gândeşte: „Cine nu încearcă, nu reuşeşte“. Cealaltă gândeşte: „Un lucru pe care îl ai înseamnă mai mult decât două lucruri pe care le-ai putea avea“.

Dacă figuraţi într-o categorie extremă, încercaţi să judecaţi nu prin a vă spune: „Mă comport astfel pentru că stima de sine *este* înaltă sau scăzută“, ci: „Mă comport astfel pentru că ceea ce am trăit a *ridicat sau a scăzut* propria-mi stimă de sine“...

CHESTIONARUL NUMĂRUL 1
„NIVELUL STIMEI DUMNEAVOASTRĂ DE SINE"

Chestionarul de mai jos își propune să vă ofere o indicație despre nivelul stimei dumneavoastră de sine. Citiți cu atenție fiecare frază și răspundeți în cel mai scurt timp, marcând cu o steluță varianta care se apropie cel mai mult de punctul dumneavoastră de vedere *actual*. Pentru a cunoaște interpretările noastre, vedeți anexa de la pagina 281.

	Total de acord	De acord	Dezacord	Total dezacord
1) În general, sunt mulțumit(ă) de mine				
2) Câteodată mă gândesc că nu valorez nimic				
3) Cred că am o serie de calități bune				
4) Sunt capabil să fac lucrurile la fel de bine ca ceilalți				
5) Simt că nu am în mine prea multe de care să fiu mândru (ă)				
6) Câteodată mă simt realmente inutil				
7) Mă gândesc că sunt un om de valoare, cel puțin la fel ca alte persoane				
8) Mi-ar plăcea să pot avea mai mult respect față de mine însumi				
9) Ținând cont de toate, am tendința să cred că sunt un (o) ratat (ă)				
10) Am o părere pozitivă despre mine				

Evaluați-vă propria stimă de sine

Capitolul 3
Stima dumneavoastră de sine nu este înaltă? Nu disperați!

„Iubirea de sine, fără a fi întotdeauna vinovată, este sursa a tot ce-i rău."

IMMANUEL KANT

Probabil că aveți impresia că elogiem meritele înaltei stime de sine și că, în ochii noștri, o stimă de sine scăzută este o sursă inepuizabilă de inconveniente în existență. Este adevărat că noi suntem psihoterapeuți: în consultațiile noastre, vedem oameni care suferă, oameni a căror stimă de sine este în special deteriorată. Avem deci tendința de a asocia stima de sine scăzută cu dificultatea de a înfrunta viața. Există, desigur, și persoane bine adaptate, în ciuda stimei reduse pe care o au față de ele însele, dar acestea nu vin la consultații. De altfel, fiecare societate își formează „omul său ideal". În societatea noastră, care este urbană, competitivă şi atât de materialistă, acest om ideal — bărbat sau femeie — elogiat de mass-media are adesea profilul antrepenorului sau al liderului. Altfel spus, el reuneşte caracteristicile unei înalte stime de sine: ambiţie crescută, obstinaţie în ciuda obstacolelor, asumarea riscurilor, putere de convingere. Acesta nu este totuşi un motiv pentru a considera că o *bună* stimă de sine este în mod obligatoriu şi înaltă. Din contră. Numeroase exemple demonstrează că stima de sine scăzută nu este lipsită de avantaje şi că o înaltă stimă de sine are uneori dezavantaje majore.

BINEFACERILE UNEI STIME DE SINE SCĂZUTE

A FI ACCEPTAT DE CEILALȚI

Este unul dintre obiectivele prioritare ale subiecţilor cu scăzută stimă de sine. Ei folosesc diferite mijloace pentru a-l atinge...

În primul rând, ei sunt pregătiţi să facă multe concesii şi renunţări pentru a fi apreciaţi, evitând astfel să lezeze prea mult interesele altora. Mai mult, în multe cercuri, maniera lor de a se prezenta este mai apreciată decât „lăudăroşeniile" unui subiect cu înaltă stimă de sine. În fine, atenţia pe care o acordă criticilor le permite să sesizeze mai bine intenţiile celorlalţi: sunt pe fază.

Dacă vă propuneţi să reuşiţi într-un mod competitiv, în care important este să-i învingi pe ceilalţi, o stimă de sine scăzută vă poate ajuta să fiţi acceptat, apreciat şi susţinut de cei care vă înconjoară.

SĂ ȚII CONT DE SFATURILE ȘI DE OPINIILE DIFERITE DE ALE TALE

Persoanele cu scăzută stimă de sine ţin mai mult cont de sfaturile care le sunt date. Făcând astfel, ele îşi îmbunătăţesc performanţele[1]. O stimă de sine scăzută poate să fie astfel motorul unei forme de reuşită: graţie modestiei care îi favorizează acceptarea din partea celorlalţi, a ascultării opiniilor diferite de ale sale, care îi ameliorează înţelegerea unei situaţii sau a unei probleme şi a unei munci susţinute pentru a compensa lipsa de încredere în capacităţile sale.

UMILINȚA, VIRTUTE RELIGIOASĂ

În general, majoritatea religiilor i-au încurajat pe adepții lor să dea dovadă de umilință, care este o formă de reducere voluntară a stimei de sine. Pentru credincioşi, umilința este în primul rând una dintre condițiile necesare pentru a te apropia de Dumnezeu. Ea îți permite şi să îi respecți mai mult pe ceilalți, să nu te consideri superior lor.

Cele douăsprezece trepte ale umilinței după sfântul Benedict[2]

Aceste reguli, destinate inițial vieții în mijlocul unei comunități religioase, au cunoscut o deschidere largă şi un impact major asupra concepției occidentale despre stima de sine. Iată principiile fundamentale:

1. „Să ai mereu în fața ochilor teama de Dumnezeu."
2. „Să nu-ți fie pe plac propria-ți voință şi să nu te complaci în împlinirea dorințelor tale."
3. „Să te supui cu toată ascultarea, pentru iubirea lui Dumnezeu, tatălui superior."
4. „Să te supui poruncilor aspre şi dure, să simți chiar suferința oricăror nedreptăți şi să ştii atunci să-ți păstrezi răbdarea, în tăcere."
5. „Să nu te ascunzi, ci să-i confesezi cu umilință abatelui tău toate gândurile rele care-ți izvorăsc în suflet şi toate greşelile comise în secret."
6. „Călugărul să fie mulțumit de deplina-i umilință şi sărăcie."
7. „Să nu spui doar din gură că eşti inferior, ci să crezi până-n adâncul sufletului."
8. „Călugărul să nu facă decât ceea ce este scris în legea mănăstirii şi lăsat de strămoşii săi."
9. „Călugărul să ştie să păstreze tăcerea fără a spune ceva, atât timp cât nu este întrebat."
10. „Să nu fie înclinat şi nici dispus să râdă."
11. „Călugărul, când vorbeşte, să o facă încet şi fără să râdă, cu umilință şi seriozitate, în puține cuvinte, cu rațiune şi fără voce răsunătoare."

12. „Călugărul își va arăta umilința în sufletul lui, ca și în corpul lui, supus privilor celorlalți, adică la slujbă, la oratoriu și peste tot în mânăstire, în grădină, în chilie, pe câmpuri, oriunde, așezat, în mers sau în picioare, să aibă mereu capul plecat și ochii lăsați în pământ."

Un exemplu pentru importanța acordată umilinței este dat de celebrul „Ordin" al sfâtului Benedict care, chiar dacă a fost scris în secolul al IV-lea al erei noastre, continuă să fie aplicat în mânăstirile benedictine. Ordinul prevede cele 12 trepte ale umilinței, pe care orice călugăr este dator să le respecte.

Raporturile dintre umilință, stima de sine și religie depășesc cadrul acestei lucrări. Noi putem doar să remarcăm că religiile care valorizează cel mai mult umilința sunt cele care devalorizează în același timp reușita socială și materială, ceea ce demonstrează că fondatorii lor înțeleseseră antagonismul dintre umilință și reușită în această lume de jos...

MODESTIA, VIRTUTE CIVICĂ

Modestia este sora laică a umilinței. Din punct de vedere etimologic, cuvântul „modestie" provine din latinescul *modestus*, derivat din *modus* („care cunoaște măsura, moderat, temperat"). Aceasta trimite spre studiile destinate pentru a măsura nivelul stimei de sine în populația generală: subiecții grupați astfel sub denumirea de „scăzută stimă de sine" sunt mai degrabă persoane cu stimă de sine medie, la care scorurile cele mai scăzute corespund de fapt stărilor depresive manifeste.

În societatea noastră, modestia a fost întotdeauna considerată o virtute. Ea este cea care joacă un rol social primordial, ducând până la rezervă și altruism și fiind mai degrabă în serviciul colectivităților, decât al propriilor interese. Romanii din Antichitate o înțeleseseră bine: atunci când un general obținea o mare victorie, el putea defila triumfător prin Roma, dar, în timp ce gusta deliciile celebrității sub aclamațiile mulțimii, un sclav trebuia să-i murmure la ureche: „*Memento mori*" („Amintește-ți că ești muritor."). Știm deja că stima de sine a unui general care a prins gustul succesului poate reprezenta un pericol pentru Republică...

Un exemplu de succes în cazul stimei de sine scăzute: Darwin

Modestia şi teama de a nu-l leza pe celălalt se regăsesc de-a lungul întregii vieţi a lui Darwin: el s-a supus docil tatălui său, urmând cursurile de medicină, chiar dacă nu suporta să vadă sânge, iar contemporanii săi îl descriu „drept un om extraordinar de modest şi amabil, preocupat să nu jignească pe cineva[4]".

La întoarcerea sa din expediţia în insulele Galapagos, în decursul căreia a strâns sute de observaţii fundamentale, Darwin nu a căutat o carieră onorifică, ci s-a retras la ţară cu soţia sa. Deşi concepuse deja fundamentele teoriei sale explicative despre evoluţia speciilor, el nu le-a publicat, ci a încercat să le confirme continuând, mai multe zeci de ani, să facă observaţii meticuloase şi clasificări naturaliste. Numai în momentul când a aflat că un alt naturalist mai tânăr decât el, Wallace, va publica o teorie învecinată cu a sa într-o revistă ştiinţifică, el a îndrăznit să se afirme (după ce a cerut sfatul prietenilor săi), publicând, în 1859, articolul său despre originea speciilor, în acelaşi număr. Apoi, atacat foarte violent de numeroasele opoziţii, i-a lăsat pe prietenii săi mai renumiţi şi mai combativi să îi asigure apărarea.

Iată, deci, un om modest, cu o evidentă stimă de sine scăzută, care a realizat una dintre marile revoluţii din istoria ştiinţei, ca cele ale lui Galilei, Newton sau Einstein.

DEZAVANTAJELE UNEI ÎNALTE STIME DE SINE

DE LA ÎNCREDERE LA ÎNFUMURARE

Azincourt, 25 octombrie 1415. Forţaţi să se încaiere cu invadatorii, nobilii armatei regelui Franţei, Charles VI, şi-au lansat cavaleria împotriva arcaşilor englezi, în condiţiile cele mai rele cu putinţă: cu soarele în faţă, pe un teren îngust şi noroios.

Englezilor nu le-a venit să creadă ochilor: „Francezii erau pe pământ mlăştinos, până la genunchi, ceea ce le dădea mult de lucru: pentru că de-abia reuşeau să-şi scoată picioarele şi să iasă din pământ (...). Când au ajuns faţă în faţă, francezii erau deja fără suflare (...) În final, arcaşii engezi, deşi slab înarmaţi, i-au bătut şi i-au doborât pe francezi, una cu pământul, de parcă i-ar fi lovit pe nicovală[5]". Reprezentanţii cei mai viteji ai nobilimii franceze, care erau în componenţa cavaleriei armatei regale, aveau, fără îndoială, o înaltă stimă faţă de ei înşişi. Aceasta nu i-a împiedicat să ajungă la dezastru şi, odată cu ei şi ţara, fără să ţină cont de precedentul de la Crécy, cu 70 de ani înainte, când acelaşi gen de atac prost pregătit i-a condus la un masacru asemănător. Acest scenariu a fost reprodus de mai multe ori în istoria Franţei, până la acea exaltantă doctrină a „atacului cu orice preţ" promovată de şcoala de război şi care a determinat ca o întreagă generaţie de tineri francezi să fie secerată de mitralierele germane pe câmpul de bătălie, în toamna anului 1914.

Întreprinderi foarte pretenţioase

Aceasta nu priveşte mai puţin şi lumea afacerilor, care trebuie să se descurce cu „întreprinderile sale pretenţioase"[6]. Victimele unui „elitism orb", ale „siguranţei liderului" sau ale „suficienţei tehnologice", marile firme precum Coca-cola, la sfârşitul anilor 1960, IBM şi Jaguar, în anii 1970, erau pe punctul de a dispărea. Un exces de stimă de sine le-a făcut să nu mai ţină cont de trebuinţele clienţilor şi le-a condus la o lipsă de vigilenţă faţă de dinamismul concurenţilor mai mici.

O stimă de sine prea mare poate să scadă în mod periculos vigilenţa indivizilor aflaţi în situaţii competitive — iar războiul este una dintre acestea. Pentru că ei desconsideră adversarul sau pentru că nu ţin cont de sfaturile pe care le oferă subiecţii cu stimă de sine mai scăzută, care sunt mai realişti, ei află ce este eşecul. Acesta-i şi mesajul fabulei lui La Fontaine, „Iepurele şi Ţestoasa", care pune în scenă un iepure cu o înaltă stimă de sine, întrecut de o ţestoasă, evident mai lentă, dar mai constantă în eforturile sale... Aceste fenomene se regăsesc în sport. Să ne amintim de cuvintele jucătorului brazilian Romario, în iulie 1998, chiar înainte de finala Cupei Mondiale de fotbal, când a declarat ziarului „L'Equipe" că „francezii ar putea încasa uşor trei goluri[7]." Cunoaştem urmarea: 3 la 0 marcat de o echipă a Franţei, fără vedete cu un eu hipertrofiat.

În general, o stimă de sine ridicată poate fi închisă în faţa unor informaţii importante: ştim că persoanele cu înaltă stimă de sine suportă mai bine eşecurile, în parte pentru că ele au tendinţa de a le „externaliza", adică de a le atribui motivaţiile unor cauze străine de ele însele. Dar, procedând astfel în mod sistematic, ele evită unele reconsiderări, câteodată salutare. Se ştie că cei aflaţi la putere se înconjoară de curtezani şi linguşitori, ceea ce îi face ca uneori să-şi piardă contactul cu realitatea.

DE LA PERSEVERENŢĂ LA ÎNVERŞUNARE: A NU-ŞI PIERDE PRESTIGIUL

S-a putut demonstra că subiecţii cu înaltă stimă de sine persistă uneori în eforturile lor, chiar dacă acestea nu sunt eficiente şi în ciuda sfaturilor care li se oferă[8]. Există două condiţii pentru asta: este suficient ca ei să fi investit personal în atingerea obiectivului (ei nu se înverşunează pentru un obiectiv în care nu şi-au investit stima de sine) şi ca ei să fie *a priori* convinşi că există o soluţie[9].

Şi în această privinţă istoria militară este bogată în acest tip de comportamente. În timpul Primului Război Mondial, generalul Nivelle a întocmit, în primăvara anului 1917, planul unei ofensive împotriva forţelor germane, pe care o voia decisivă (înaltul comandament se temea, pe de o parte, de sosirea iminentă a întăririlor armatei americane care le-ar fi „furat" victoria, şi de stoparea luptei de către ruşi, care ar fi degrevat armata germană). Dar, vai, puţin înainte de data fixată, generalul prusac Ludendorff şi-a întărit considerabil apărările în sectorul prevăzut. Nivelle şi-a menţinut totuşi planurile. În prima seară, francezii n-au progresat decât 500 de metri, în loc de doi kilometri, cum era plănuit. Au murit mii de oameni. Din primele zile, tancurile Schneider, care trebuiau să asigure victoria, s-au dovedit a fi prea grele, prea lente, prea vulnerabile. Surd la avertismentele câtorva dintre ofițerii superiori și sigur pe el, în ciuda îngrijorării oamenilor politici, generalul Nivelle s-a încăpățânat să persiste în ofensiva sa. În două săptămâni, francezii au pierdut 147 de mii de oameni. Nivelle a fost în final înlăturat din funcție, în timp ce în 68 dintre cele 112 divizii ale armatei franceze au izbucnit revolte[10].

Acest mecanism care leagă înalta stimă de sine de încăpățânare poate fi observat și în viața obișnuită, atunci când o persoană prea încrezătoare în capacitățile sale se îndârjește imprudent pe o cale foarte riscantă, așa cum ne explică și Brunno, 32 de ani, care se bucură de o înaltă stimă de sine:

„Am avut întotdeauna senzația că viața este prea ușoară pentru mine. Părinții mei erau simpatici, mă lăsau foarte liber, aveam ceea ce se numește «o fire bună», surorile mele mă admirau. La școală aveam o mulțime de prieteni, eram de regulă șeful bandei și, chiar dacă rezultatele mele școlare erau mai degrabă limitate, făceam doar ce trebuia ca să «trec», iar asta nu mă împiedica să dorm bine. Păstrez o amintire foarte frumoasă din adolescența mea: plăceam fetelor și nu făceam decât să mă distrez și să practic sporturile preferate. Mi-am câștigat existența escortând veliere, dând iarna lecții de schi, revânzând mașini sport de ocazie, pe care le cumpăram la preț redus și, de asemenea, trebuie să o spun, «tapându-i» de bani din când în când pe părinții mei, care ar fi făcut orice pentru mine. Nu aveam ambiție profesională, îmi spuneam că trebuie mai întâi să profit de tinerețea mea și că om vedea ce-o mai fi pe urmă. În orice caz, aveam impresia că aș fi putut reuși în multe domenii.

La urma urmelor, fata cu care m-am căsătorit a fost cea care m-a determinat să mă „așez“, cum se spune. Și am avut atunci ideea să deschid un magazin de surfing și ambarcațiuni într-o stațiune pe țărmul mării. Cunoșteam bine domeniul, și apoi asta-mi permitea să-mi păstrez ceva din stilul de viață care-mi plăcea. Tatăl meu, care era comerciant, a vrut să mă dezbar de această idee: acest gen de piață i se părea prea saturată în regiune, considera că mai întâi trebuie să mă specializez urmând un stagiu, să învăț ceva contabilitate, să-mi iau un asociat experimentat... Dar eu am procedat invers: cum reușisem aproape întotdeauna în tot ce întreprinsesem, a încheia o afacere sau a seduce o fată, aveam o mare încredere în mine. Şi apoi, eram sigur că, cu vorbăria şi cunoştinţele mele tehnice, afacerea mea va prospera. Ei bine, n-a fost aşa! Dar şi atunci, în loc să mă retrag la timp, am practicat fuga înainte, am reuşit să împrumut mai mult convingându-mi prietenii şi băncile de interesul afacerii mele şi am cumpărat material foarte sofisticat. Dar asta nu mi-a restabilit afacerea. Pe scurt, mi-au trebuit încă doi ani ca să mă restabilesc şi să sfârşesc să-mi depun bilanţul. Acum, „vâslesc" să-mi plătesc datoriile.

În final, asta a fost primul eşec al vieţii mele şi m-a durut tare, dar într-un fel este o lecţie bună. Cred că aveam tendinţa de a mă considera Superman, iar asta este o atitudine prea riscantă pe termen lung."

STIMA DE SINE ŞI ASUMAREA RISCULUI

Indivizii cu înaltă stimă de sine au, probabil, mai multe şanse să trăiască o viaţă fericită, dar ea riscă să fie mai scurtă! Conduitele riscante par într-adevăr asociate frecvent cu o înaltă stimă de sine: multiple studii[11] au arătat că unii dintre subiecţii cu înaltă stimă de sine aveau mai multe autovehicule, conduceau de multe ori sub influenţa alcoolului, erau adesea amendaţi pentru exces de viteză etc. Studiile asupra amatorilor de sporturi periculoase lipsesc, dar ne putem imagina că riscul pe care şi-l asumă este de asemenea expresia unei înalte stime de sine.

CÂND ÎNALTA STIMĂ DE SINE DEVINE UN PĂCAT

Aşa cum modestia — scăderea voluntară a stimei de sine — este valorizată de numeroase religii, orgoliul — o formă de înaltă stimă de sine — este considerat un păcat care te îndepărtează de Dumnezeu şi de semenii săi. În religia creştină, mândria este primul dintre păcatele capitale, dar îi putem găsi raporturi cu toate celelalte.

Orgoliul (cândva „vanitate“)	„Valorez mai mult decât ceilalţi.“
Invidia	„Merit mai mult decât ei ceea ce posedă.“
Mânia	„Merit atenţie şi aprobare în orice împrejurare.“
Acedia (dezgust spiritual, de exemplu, prin lene)	„Nu am nevoie să fac eforturi.“
Avariţia	„Ceilalţi nu merită generozitatea mea.“
Lăcomia	„Merit tot ce-i mai bun.“
Desfrâul	„Am dreptul să-i folosesc pe ceilalţi pentru plăcerea mea personală.“

Cele 7 păcate capitale şi raporturile lor cu stima de sine înaltă

Dar această critică a mândriei nu este rezervată religioşilor, ci se regăseşte şi la numeroşi moralişti şi filosofi. Unul dintre aceştia a consacrat pagini de o luciditate devastatoare studiului „amorului-propriu“: La Rochefoucauld.

După ce a luptat în mai multe războaie, printre care Fronda, şi a cunoscut fasturile curţii regale a lui Louis al XIV-lea, acest senior s-a retras din politică pentru a scrie maxime care, încă de la apariţia lor, în 1665, au cunoscut un succes enorm. Totuşi, La Rochefoucauld nu a avut o viziune foarte fericită despre natura umană: pentru el, toate acţiunile noastre, chiar şi cele care par cele mai nobile, sunt conduse de „amorul nostru propriu“ — în sensul de dragoste de sine însuşi. Cu aproape trei secole înaintea lui Freud, La Rochefoucauld pune accent pe importanţa dorinţelor noastre inconştiente şi pe tendinţa noastră de a le masca.

Frecventarea curţii Regelui Soare a furnizat, fără îndoială, observaţiei acestui mare moralist un izvor inepuizabil de personalităţi cu înaltă stimă de sine.

În *Memoriile* sale, Saint-Simon povesteşte că el şi ducele de Chevreuse au rămas fără grai atunci când au ajuns într-o zi la La Rochefoucauld: surpriză, ruşine, oroare, stăpânul casei juca şah cu un *servitor*!

La Rochefoucauld, precursor al psihologiei stimei de sine

Iată câteva reflecţii extrase din *Maxime şi reflecţii**:

„Virtutea n-ar ajunge atât de departe dacă vanitatea nu i-ar ţine tovărăşie."

„Oricât de mult bine s-ar spune despre noi, nu găsim nimic nou în asta."

„Nu ne dăm seama de bunele şi rele noastre, decât în funcţie de amorul nostru propriu."

„Dacă n-am suferi de orgoliu, nu ne-am plânge de al altora."

„Nu am fi avut parte de plăcere dacă nu am fi fost vreodată flataţi."

„Dacă vanitatea nu răstoarnă întru totul virtuţile, cel puţin le zdruncină pe toate."

Chiar dacă rolul nostru de terapeuţi este să-i ajutăm pe pacienţii noştri pentru a-şi creşte stima de sine, adesea insuficientă, nu este întotdeauna evidentă, după cum am văzut, departajarea avantajelor intrinseci ale înaltei şi ale scăzutei stime de sine. De fapt, rolul *mediului* pare a fi determinant: poate fi atât de important să ai o stimă de sine în acord cu valorile celor care te înconjoară? Dacă visaţi să deveniţi un patron în mass-media sau un explorator al polilor, e mai bine să aveţi o înaltă stimă de sine; dar dacă idealul dumneavoastră este să fiţi unul dintre membrii apreciaţi ai unei echipe aflate în serviciul unei lucrări în comun, o stimă de sine modestă v-ar putea folosi mai mult.

* Traducerea a fost făcută după La Rochefoucauld, *Maxime şi reflecţii*, Editura Minerva, 1972, Bucureşti. (*N.t.*)

Capitolul 4
Stabilă sau instabilă? Testați-vă tăria stimei de sine

„Oamenii de felul meu, cu un exces al stimei de sine, suferă imens de îndată ce este amenințată."

WILLIAM BOYD

Nivelul stimei de sine (este înaltă sau scăzută?) nu este suficient pentru a explica ansamblul reacțiilor unui individ. Este necesar să se țină cont în egală măsură și de gradul de rezistență la evenimentele vieții cotidiene, căci este adevărat că stima de sine este obiectul unor *fluctuații*.

Într-adevăr, se întâmplă ca unele persoane să ne dea impresia că nu sunt atât de sigure pe ele precum încearcă să lase să se creadă. Ele se chinuie să se pună în valoare, evocând fără încetare calitățile și succesele, pe care le întâmpină; dar, când survine un eveniment care amenință acest frumos edificiu, dintr-odată comportamentul lor se schimbă: vor să aibă ultimul cuvânt în toate circumstanțele, se arată excesiv de îndoielnice și sunt cuprinse de furii violente dacă sunt criticate. Ele, care păreau atât de puternice, îşi dezvăluie în aceste momente toată fragilitatea. Şi credem că eforturile pe care le făceau pentru a ne convinge de valoarea lor erau destinate înainte de toate pentru a le convinge pe ele însele... O tânără de 17 ani, Faustine, ne-a oferit experienţa sa:

„Părinţii mei şi-au invitat prietenii pentru a petrece o săptămână în casa noastră de vacanţă. Soţul m-a impresionat de la început. Era foarte frumos, bine îmbrăcat, chiar şi atunci când era în ţinută de casă: aveai impresia că hainele sale erau mereu noi şi proaspăt călcate. Era un bun vorbitor şi, peste toate acestea, nu înceta să dea sfaturi tuturor, cu un fel de amabilitate condescendentă, care mă agasa. Aveam impresia că mersul său liniştit, surâsul său permanent, totul era construit şi calculat; după părerea mea, el observa efectul pe care-l producea asupra tuturor. Vorbea despre ceea ce realizase: serviciul său, călătoriile sale. Cu un aer indiferent, nu înceta să ne fluture pe sub nas reuşita lui.

Într-o seară, toţi participam la un joc de societate, în care trebuia să ghiceşti cuvintele partenerilor, fără să vorbeşti, doar prin desene. Nu înceta să vorbească şi să facă pe deşteptul, în timp ce nu era bun de nimic. Eu şi fraţiorul meu am început să comentăm şi, încetul cu încetul, toată lumea a râs de el împreună cu noi. A început să se enerveze, s-a înfuriat teribil, spunându-ne că trişăm şi a părăsit masa de joc, trântind uşa.

Nimănui nu-i venea să creadă! Aveai impresia că devenise un altul! Cum spunea mama, după ce au plecat prietenii noştri, el nu era chiar atât de sigur de el, dacă ajungea să se enerveze astfel din cauza remarcilor inofensive ale doi adolescenţi."

Deci este stabilă sau instabilă această stimă de sine? Asta vom vedea imediat.

CELE PATRU MARI TIPURI DE STIMĂ DE SINE

Corelând nivelul şi stabilitatea stimei de sine, am ajuns la o clasificare în patru categorii, care permit o mai bună înţelegere a unui ansamblu de reacţii*.

* Am propus la sfârşitul acestui capitol un mic ghid pentru a vă ajuta să vă stabiliţi proriul diagnostic al profilurilor stimei de sine.

CELE DOUĂ PROFILURI ALE UNEI ÎNALTE STIME DE SINE

ÎNALTĂ ȘI STABILĂ

Circumstanțele „externe" și evenimentele „normale" de viață au o mică influență asupra stimei de sine a subiectului. Acesta nu consacră prea mult timp și energie pentru apărarea sau promovarea imaginii sale. De exemplu, în timpul unei întâlniri de afaceri, în cursul căreia fiecăruia dintre participanți i se cerea să explice celorlalți activitatea sa și să le sugereze idei pentru a facilita lucrul în echipă, subiectul cu stimă de sine înaltă și stabilă va face dovadă de convingere în exprimarea punctului său de vedere. Dacă un interlocutor îl contrazice, îl va asculta fără a fi tensionat și va încerca să-l convingă, și nu să-l destabilizeze.

NIVELUL STIMEI DE SINE / **STABILITATEA STIMEI DE SINE**	**ÎNALTĂ**	**SCĂZUTĂ**
STABILĂ	ÎNALTĂ STIMĂ DE SINE STABILĂ (înalte stime de sine stabile)	SCĂZUTĂ STIMĂ DE SINE STABILĂ (scăzute stime de sine resemnate)
INSTABILĂ	ÎNALTĂ STIMĂ DE SINE INSTABILĂ (înalte stime de sine vulnerabile)	SCĂZUTĂ STIMĂ DE SINE INSTABILĂ (scăzute stime de sine motivate pentru schimbare)

Cele 4 mari tipuri de stimă de sine

ÎNALTĂ ȘI INSTABILĂ

Chiar dacă este ridicată, stima de sine a acestor subiecți poate suferi şocuri majore, în special dacă se află într-un context competitiv sau destabilizator. Ei reacționează atunci energic la critică şi la eşec, pe care le percep ca pe un pericol şi încearcă să se pună în valoare afişând excesiv succesele sau calitățile lor. Dacă ne referim la întrunirea de afaceri, subiectul cu înaltă stimă de sine instabilă va încerca să se prezinte într-o lumină favorabilă, dar va tinde să monopolizeze timpul acordat. În caz de contrazicere, se va irita repede şi va încerca să-l facă şah-mat pe interlocutorul său printr-o critică sau printr-o glumă agresivă.

DIFERENȚELE CARE SE RELEVĂ ÎN FAȚA ADVERSITĂȚII

Noua noastră clasificare pune în evidență două profiluri foarte diferite. Pe de-o parte, indivizi emoțional stabili, care nu se descumpănesc uşor în fața adversității şi care păstrează o oarecare coerență în afirmațiile şi în conduitele lor, deşi contextul este favorabil sau defavorabil. Pe de altă parte, subiecții mai vulnerabili, care se simt uşor agresați şi puşi la îndoială atunci când se află în contexte ostile sau pur şi simplu critice. În „mediul lor", cele două profiluri nu se diferențiază absolut de loc. Dar diferența se produce şi se adânceşte atunci când mediul se schimbă: competiția, punerea la îndoială, eşecul sunt astfel de teste pentru stabilitatea stimei de sine.

ÎNALTĂ STIMĂ DE SINE STABILĂ	ÎNALTĂ STIMĂ DE SINE INSTABILĂ
Puține fluctuații ale stimei de sine ca răspuns la situațiile cotidiene	Fluctuații majore ale stimei de sine ca răspuns la situațiile cotidiene
Puțină energie consacrată autopromovării	Multă energie consacrată autopromovării

ÎNALTĂ STIMĂ DE SINE STABILĂ	ÎNALTĂ STIMĂ DE SINE INSTABILĂ
Puţină energie consacrată pentru a se apăra sau a se justifica în faţa criticilor sau eşecurilor, atunci când sunt minore	Multă energie consacrată pentru a se apăra sau a se justifica în faţa criticilor sau eşecurilor, chiar dacă sunt minore
Ascultare raţională a criticilor	Ascultare afectivă a criticilor

Înaltele stime de sine în cotidian

O TONALITATE EMOŢIONALĂ DIFERITĂ

Stările sufleteşti ale subiectului cu stimă de sine înaltă şi stabilă sunt mult mai temperate şi pozitive decât cele ale omologului său instabil. Impresia degajată este în general mult mai liniştită: el nu este într-o stare de hipervigilenţă vizavi de mediul social. Nu este cazul subiectului cu stimă de sine instabilă, care se teme de apariţia unui pericol, a unei sfidări sau a unei nedreptăţi (nerecunoaşterea meritelor sale). La o persoană având o bună părere despre sine însăşi, frecvenţa excesivă a emoţiilor negative sau ostile (tensiune, nelinişte, resentiment, gelozie, furie, mâhnire) semnalează cel mai adesea o stimă de sine instabilă[1]. „Nu pot să cred că patronul meu este atât de mulţumit de sine precum lasă să se creadă, explică o secretară: aproape tot timpul se înfurie, este mereu stresat, nu încetează să vorbească de rău pe toată lumea, cum are ocazia. Păcat, pentru că are momente când este fermecător."

O ÎNALTĂ STIMĂ DE SINE POATE FI FRAGILĂ?

O stimă de sine înaltă şi stabilă este solidă, rezistentă. Subiectul nu îşi pune tot timpul valoarea la îndoială. El poate accepta deci să nu controleze total o situaţie, fără a se simţi din acest motiv inferior sau devalorizat. Din contră, o persoană cu stimă de sine instabilă, chiar dacă este înaltă, funcţionează ca şi cum toate sfidările primite, de la cea mai mică la cea mai mare, reprezintă impacturi majore cu imaginea sa publică. Ceea ce face să fie mult mai vulnerabilă.

La sfârşitul vieţii sale, marele pianist Sviatoslav Richter a acordat un interviu canalului de televiziune Arte. Iată câteva fragmente din acest interviu[2].

„Revenim la bătrânul aşezat la masa sa, care ne spune tot ce gândeşte despre vanitatea derizorie a lui Karajan.

El, Richter, spune că nu a aflat niciodată secretul lui Mozart, că nu a ştiut niciodată să cânte cu adevărat Mozart.

Apoi citeşte o ultimă frază din vechiul său caiet. «Nu mă iubesc.» Ridică apoi capul. Priveşte drept înaintea lui. Atunci îşi lăsă capul pe mâini, într-o adâncă tăcere."

În final, ne putem întreba dacă persoanele cu înaltă stimă de sine instabilă nu sunt în fond subiecţi cu scăzută stimă de sine, care încearcă să înşele, pe ele însele sau pe cei din jur. Aceşti indivizi vor fi astfel în conflict cu o imagine de sine mai fragilă, pe care nu vor să o dezvăluie.

DE CE ACESTE DIFERENŢE?

E posibil ca răspunsul la această întrebare să rezide în anumite atitudini parentale. Adesea găsim, de fapt, la persoanele cu stimă de sine înaltă şi instabilă:

— O distanţă prea mare între valorizarea copilului de către părinţi („Tu eşti cel mai bun, dragul meu") şi competenţele reale ale acestuia (el îşi dă seama că, de fapt, nu este cel mai bun), vizibile în rezultatele pe care le obţine în situaţii de competiţie socială (nu are cele mai bune note din clasă sau nu este cel mai popular în cursul recreaţiilor).

— Părinţi idealizaţi şi distanţi, care se ocupă mai mult de ei înşişi, decât de progenitura lor, de unde şi necesitatea copilului de a atrage atenţia, de a se pune în valoare, de a le arăta meritele proprii, pentru a fi în cele din urmă demn de interesul lor.

— Părinți care prezintă ei înşişi o înaltă stimă de sine instabilă. Este vorba atunci de o transmitere directă a modelului parental, prin imitație.

— Părinți care nu se interesează de copilul lor, decât în funcție de competențele acestuia.

În timp ce la subiecții cu stimă de sine înaltă şi stabilă se observă frecvent:

— Modele parentale care prezintă în sine caracteristicile unei stime de sine înalte şi stabile, oferind deci copilului ocazii frecvente de a vedea cum să răspundă calm la o critică sau cum să fie apreciat fără a trebui să se pună mereu în valoare.

— Părinți preocupați de o valorizare realistă a copilului, adecvată la competențele şi posibilitățile sale reale.

— Părinți apropiați şi disponibili, care nu-l constrâng pe copil să facă tot timpul ceva pentru a le atrage atenția.

Introverți şi extraverți

Psihologii vorbesc adesea despre introversiune şi extraversiune. Aceste două dimensiuni ale personalității noastre permit şi dezvăluirea unor diferențe între subiecții cu înaltă stimă de sine stabilă şi cei cu înaltă stimă de sine instabilă.

Dacă sunteți extravertit, sunteți sensibil la reacțiile anturajului, la elogiile şi criticile celorlalți, la admirația unui colectiv. Vă exprimați uşor punctul dumneavoastră de vedere sau emoțiile (prototip: politicianul, afaceristul).

Din contră, dacă sunteți introvertit sunteți preocupat mai mult de lumea dumneavoastră interioară, sunteți mai puțin sensibil la variațiile mediului şi la atitudinile anturajului, vă exprimați mai puțin emoțiile (prototip: cercetătorul, informaticianul).

Astfel, două persoane cu înaltă stimă de sine se comportă diferit în societate.

Subiectul cu înaltă stimă de sine extravertit se exprimă uşor, apreciază elogiile, reacționează deschis la critică, poate părea „lăudăros“ persoanelor care se simt mai puțin în largul lor când e vorba să se pună în valoare.

Subiectul cu înaltă stimă de sine introvertit este mai tăcut, pare mai puţin sensibil la elogii. Dacă este contrazis, nu are aerul că se emoţionează imediat, dar ulterior se poate apăra cu vigoare, ceea ce îi va surprinde pe interlocutorii săi, care îl credeau indiferent.

CELE DOUĂ PROFILURI ALE UNEI SCĂZUTE STIME DE SINE

SCĂZUTĂ ŞI INSTABILĂ

Stima de sine a acestor persoane este, în ansamblu, sensibilă şi reactivă la evenimentele exterioare, pozitive sau negative. Ea trece frecvent, ca urmare a succeselor sau satisfacţiilor, prin faze în care este mai crescută ca de obicei. Totuşi, aceste progrese sunt adesea labile şi nivelul său se reduce imediat ce apar noi dificultăţi. Subiecţii care intră în această categorie fac eforturi pentru a oferi, lor şi celorlalţi, o imagine mai bună. În exemplul cu întâlnirea de afaceri, este vorba de un subiect pe care nu îl auzim vorbind prea mult, care se prezintă cu modestie. Când îşi spune părerile, o face cu prudenţă, pândind reacţiile celorlalţi. Contrazis, se destabilizează repede şi are tendinţa de a nu se opune ferm opiniei adverse. Totuşi, dacă este acceptat, se poate destinde şi se prezintă mai bine.

SCĂZUTĂ ŞI STABILĂ

Aici, stima de sine este puţin mobilizată de evenimentele exterioare, chiar şi favorabile. Subiectul pare a depune puţin efort pentru promovarea imaginii şi a stimei sale de sine, al cărui nivel scăzut îl acceptă şi, întru câtva, îl suportă. În exemplul nostru, acest personaj riscă să treacă nebăgat în seamă. Trebuie să fie solicitat pentru a vorbi şi, în acest caz, preferă să se afilieze opiniilor emise înaintea lui. Dacă insistăm să se explice mai bine, avem imediat impresia că îi facem un supliciu. În acel moment, el poate emite păreri destul de negative.

Jurnalul lui Jules Renard

Scris între 1887 şi 1910, *Jurnalul* lui Jules Renard este o capodoperă de inteligenţă şi de fineţe a observaţiei. În lectura sa, remarcăm că autorul dispunea de o stimă de sine mai degrabă scăzută şi instabilă. Numeroase notiţe vădesc reflecţiile sale despre psihologia stimei de sine.

„Îmi plac mult complimentele. Nu le provoc, dar sufăr atunci când nu mi se fac şi, atunci când se întâmplă aşa, opresc totul repede: nu las persoana să continue, precum aş vrea."

„Din experienţă în experienţă, am ajuns la certitudinea că nu-s bun de nimic."

„Invidios pe moment, nu am avut niciodată răbdarea să fiu ambiţios."

„Vreau să fac totul bine şi doresc ca cineva, indiferent cine, să vadă asta."

„Bucuria este să fii fericit; şi nu de a-i face pe alţii să creadă că eşti astfel."

„Am devenit mai modest, dar şi puţin cam mândru de modestia mea."

„O resemnare ca un resort ."

DORINŢA DE A PROGRESA

Subiecţii cu stimă de sine scăzută şi instabilă sunt dornici să-şi amelioreze condiţia şi starea sufletească. Ei acţionează în consecinţă. Cei a căror stimă de sine este scăzută şi stabilă par a fi „resemnaţi". Ei depun puţine eforturi pentru a se valoriza în ochii lor şi ai celorlalţi. Aici, prezenţa unui mediu social permite stabilirea netă a diferenţelor: primii sunt preocupaţi să nu aibă eşecuri sau să nu fie respinşi, în timp ce ceilalţi rezolvă de la început această problemă.

DORINȚA DE A FI ACCEPTAT

Persoanele cu stimă de sine scăzută şi instabilă sunt mult mai sensibile decât lasă să se creadă în societate. Ele au obţinut un triumf modest şi o suferinţă discretă. „Există copii pe care-i iubesc mai presus de orice, ne spune într-o zi o învăţătoare: cei modeşti ca nişte şoricei cenuşii, preocupaţi să facă numai ce e bine. Trebuie să vezi ce fericiţi sunt când obţin o notă bună. Păstrează totul în ei, dar strălucesc, se simte că sunt în al nouălea cer. Şi decepţiile lor sunt discrete, nu-şi afişează durerea, deşi există; este emoţionant. Aceşti copii mă impresionează pentru că mă regăsesc în ei. Eram exact ca ei, la vârsta lor. Întotdeauna mă îndoiam de mine, întotdeauna eram preocupată să fac ce-i bine. Foarte liniştită când se întâmpla aşa, uşor tristă când nu reuşeam aşa cum mă aşteptam. De altfel, şi astăzi sunt aşa..."

LA ORIGINILE SCĂZUTEI STIME DE SINE

Ca şi în cazul precedent, părinţii par a juca un rol ce nu poate fi neglijat. Astfel, regăsim adesea la persoanele cu stimă de sine scăzută şi instabilă:

— Un deficit de susţinere şi încurajare din partea părinţilor, în ciuda unei afecţiuni reale. „Părinţii mei mă iubeau cu adevărat, dar nu m-au încurajat niciodată şi nu mi-au dat sentimentul valorii."

— Competenţele limitate ale copilului (de exemplu, la şcoală) sau o nepopularitate printre ceilalţi copii. „Eram un elev slab la şcoală, îmi spunea cineva. Asta m-a complexat foarte mult timp şi foarte profund, chiar dacă nu am recunoscut niciodată în faţa mea asta, în anii în care eşuasem." „Nu am reuşit niciodată să fiu apreciată de alţi copii, ne povesteşte o alta. Aveam maxim una sau două prietene, la fel de izolate ca mine. Nu ştiu cărui lucru se datora asta: timidităţii mele, ochelarilor, părului meu roşcat... Dar chiar şi astăzi mă îndoiesc de capacitatea mea de a plăcea celorlalţi."

— O supraprotecție parentală cu redusă valorizare a copilului[3]. „Mama mea mă cocoloșea, repetându-mi mereu că eram copilul ei, că fără ea n-aș fi avut decât necazuri etc. Cum ați vrea să fiu sigur pe mine astăzi?"

SCĂZUTĂ STIMĂ DE SINE STABILĂ	SCĂZUTĂ STIMĂ DE SINE INSTABILĂ
Puține fluctuații ale stimei de sine în viața de zi cu zi	Fluctuații cât mai înalte posibil
Stări emoționale frecvent negative	Stări emoționale mixte: negative, dar cu momente pozitive
Fără eforturi pentru a crește stima de sine	Eforturi pentru a crește stima de sine
Impact emoțional al feed-backului, dar puține consecințe comportamentale	Impact emoțional al feedbackului și consecințe comportamentale de adaptare
Convingerea că e inutil să urmezi obiectivele personale	Dezirabilitate socială ce deturnează interesele personale

Stime de sine scăzute în viața de zi cu zi

La persoanele cu stimă de sine scăzută și stabilă s-au găsit aceleași tipuri de cauze, în general mai accentuate. Semnalăm însă unele diferențe specifice:

— Evenimentele vieții au provocat la copil un sentiment de lipsă de control asupra mediului. De exemplu, decesul sau o stare depresivă manifestă a unuia dintre părinți.

— Carențele afective majore. Tulburările stimei de sine sunt însoțite în acest caz de alte manifestări patologice, despre care vom vorbi mai târziu.

Cioran, o scăzută stimă de sine stabilă?

Eseist și moralist francez de origine română. Emil Mihail Cioran (1911-1995) a lăsat o operă care atinge culmile nihilismului.

Lectura aforismelor sale[4] reprezintă, fără îndoială, una dintre cele mai bune introduceri posibile în psihologia persoanelor cu scăzută stimă de sine stabilă:

„Pentru anxios, nu există nicio diferenţă între succes şi fiasco. Faţă de oricare dintre ele, reacţia lui este aceeaşi. Ambele îl tulbură la fel."

„Un singur lucru contează: să înveţi să pierzi."

„Este o mare putere şi o mare şansă să poţi trăi fără nicio ambiţie. Eu mă străduiesc să fiu aşa. Dar faptul că mă străduiesc ţine încă de ambiţia mea."

„Meritul meu nu este de a fi complet ineficient, ci că vreau să fiu astfel."

„Plăcerea de a te calomnia este mai mare decât acea de a fi calomniat."

„Orice succes este degradant: nu te mai poţi înălţa în ochii tăi, se înţelege."

„Singura modalitate de a suporta înfrângere după înfrângere este de a iubi însăşi ideea de înfrângere. Dacă reuşeşti asta, nimic nu te mai surprinde: eşti deasupra a tot ce ţi se întâmplă, eşti o victimă invincibilă."

„Condiţie indispensabilă împlinirii spirituale: să fi mizat întotdeauna prost."

„Să mergi printr-o pădure între două tufe de ferigă transfigurate de toamnă: acesta este un *triumf*. Ce sunt, faţă de asta, sufragiile şi ovaţiile?"

A idealiza subiecţii cu înaltă stimă de sine stabilă şi a-i devaloriza pe ceilalţi ar fi încă o eroare. Nu se poate rezuma totul la stima de sine a unei persoane. Există persoane cu înaltă stimă de sine stabilă ale căror alte trăsături de caracter le fac să fie dezagreabile. Pentru că, dacă înalta stimă de sine este adesea una din componentele succesului, ea nu este o garanţie a elevării morale: Al Capone, Hitler, Tamerlan şi majoritatea marilor dictatori din istorie au fost adesea personaje cu înaltă stimă de sine. Ar fi deci imprudent să facem din ei modele...

Stabilitatea stimei de sine poate să şi varieze în funcţie de domenii. Colbert, prim-ministrul lui Louis al XIV-lea prezenta, de asemenea, o înaltă stimă de sine, cu două fațete. În funcția sa de ministru, avea toate caracteristicile unei înalte stime de sine stabile: tenacitate în a realiza reformele indispensabile statului, capacitate de a lucra la umbra regelui său, fără a căuta să strălucească (ceea ce era nici ușor, nici recomandabil lângă un astfel de suveran). În poziția sa socială, din contră, acest mare burghez înnobilat nu știa niciodată să se facă acceptat la curte, unde se arăta întotdeauna rece și glacial (Doamna de Sévigné îl supranumea „Nordul“) și dădea dovadă de asprime și avariție, pentru a-și rotunji averea profitând de funcțiile sale.

Ca și în capitolul precedent, trebuie să relativizăm. În funcție de circumstanțe, cei mai mulți dintre noi adoptăm diferite comportamente. Uneori ne simțim încrezători și stima noastră de sine se dovedește a fi stabilă. Pe de altă parte, pentru că suntem obosiți și nu ne mai simțim în siguranță, avem reacții care semnalează o stimă de sine instabilă...

CUM SĂ DIAGNOSTICĂM DIFERITELE PROFILURI ALE STIMEI DE SINE?

Vă propunem să testați atât stima de sine a persoanelor care vă înconjoară, cât și pe a dumneavoastră, în funcție de reacțiile la patru situații-cheie: succese, complimente, eșecuri, critici.

Observați (pe un număr suficient de situații) răspunsurile în aceste momente, revelatoare ale stabilității stimei de sine.

TIPUL STIMEI DE SINE	REACȚIA-TIP DE RĂSPUNS LA UN SUCCES	REACȚIA-TIP LA UN COMPLIMENT
STIMĂ DE SINE ÎNALTĂ ȘI STABILĂ	„Sunt mulțumit, îmi face plăcere că am reușit asta.“	„Mulțumesc mult.“
STIMĂ DE SINE ÎNALTĂ ȘI INSTABILĂ	„V-am spus-o și, ascultați, încă n-ați văzut nimic, cei care nu au crezut arată azi ca niște caraghioși.“	„Încă, încă!“

TIPUL STIMEI DE SINE	REACȚIA-TIP DE RĂSPUNS LA UN SUCCES	REACȚIA-TIP LA UN COMPLIMENT
STIMĂ DE SINE SCĂZUTĂ ȘI INSTABILĂ	„Voi fi la înălțime acum?“	„Oh, știți, n-am niciun merit“
STIMĂ DE SINE SCĂZUTĂ ȘI STABILĂ	Cade grav bolnav opt zile după aceea.	„Încetați, nu mă interesează asta.“

Reacții la succes și la complimente

TIPUL STIMEI DE SINE	REACȚIE-TIP DE RĂSPUNS LA EȘEC	REACȚIE-TIP DE RĂSPUNS LA CRITICĂ
STIMĂ DE SINE ÎNALTĂ ȘI STABILĂ	„De data asta n-am reușit.“	„A, bine, dar de ce îmi spui asta?“
STIMĂ DE SINE ÎNALTĂ ȘI INSTABILĂ	„În primul rând, ce știți dumneavoastră despre asta?“	„Dar pe dumneavoastră v-ați văzut?“
STIMĂ DE SINE SCĂZUTĂ ȘI INSTABILĂ	„Am avut probleme în pregătire, nu am fost bun.“	„Chiar credeți?“
STIMĂ DE SINE SCĂZUTĂ ȘI STABILĂ	„Da, sunt nul, n-ați remarcat încă?“	„Da, și încă mai mult decât ați spus.“

Reacțiile la eșecuri și la critici

Partea a doua
Să înțelegem stima de sine

Capitolul 5
De unde provine stima de sine ? Ce-i de făcut cu bebelușul?

„Iar ea era sincer curioasă să descopere cum își păstra Yvette mulțumirea de sine, acest atribut forte care i-a fost conferit, pare-se, încă de la naștere."

ANITA BROOKNER

„Îmi amintesc că am crescut în indiferență." Tânăra femeie care se exprimă astfel are privirea tristă și calmă. Când își povestește copilăria, o face fără resentimente, pe un ton neutru.

„Părinții mei, continuă ea, nu erau nici buni, nici răi. Pur și simplu, nu-i interesam. Nu erau deloc sensibili la durerile și, cu atât mai mult, la bucuriile mele. Și, de altminteri, am prins repede obiceiul de a nu le a mai arăta nimic. Și chiar să nu mai simt. Mă simțcam fără niciun interes, dar pasiv, fără a mă revolta și aproape chiar fără a suferi. Cel puțin, nu era ceva clar în conștiința mea.

Devenind adultă, aveam acest sentiment puternic de a fi o persoană fără importanță. Un copil fără interes şi un adult fără importanță. Copilă, îmi amintesc că-mi auzeam părinții vorbind despre istoriile atroce cu oameni morți în apartamentul lor, fără ca nimeni să o ştie. Asta mă tulbura într-un mod anormal: nicio fetiță de vârsta mea nu se agita din cauza asta; eu da. Şi astăzi mă simt tulburată de astfel de fapte. Frica de a nu fi uitată moartă, aşa cum am fost vie, este o urmă din copilăria mea".

În relatările pacienților noştri, auzim adesea povestea unei stime de sine prost tratată şi prost construită încă din copilărie. Uneori însă, dar în general în afara cabinetelor noastre de consultație, întâlnim, din contră, adulți care, în ciuda unui „început prost", au reuşit să-şi construiască o stimă de sine foarte puternică, arătându-se foarte rezistenți în fața adversităților, încă din copilărie sau mai târziu, reconstruind o stimă de sine solidă. În orice caz, pentru a înțelege stima de sine a unui adult, trebuie întotdeauna să te apleci asupra celei a copilului care a fost.

PRIMII PAȘI AI STIMEI DE SINE

De la ce vârstă se poate vorbi de stima de sine la un copil? Un nou-născut mai dorit decât altul are deja o stimă de sine superioară celei a vecinului său mai puțin răsfățat? Fără îndoială că apariția frecventă a chipurilor parentale surâzătoare şi atente joacă un rol important în constituirea viitoarei stime de sine. Dar cercetătorii de azi nu-şi permit să vorbească despre stima de sine la acest stadiu timpuriu al conştiinței.

Începuturile stimei de sine sunt de fapt simplu corelate cu cele ale conştiinței de sine, a cărei componentă importantă este. Se pare că pe la opt ani copiii acced la o reprezentare psihică globală despre ei înşişi[1], ce poate fi măsurată şi evaluată ştiințific. Ei sunt atunci capabili să spună că au diferite caracteristici — aspect fizic, trăsături de caracter — şi să-şi descrie stările emoționale. Îşi percep trăsăturile invariante, înțeleg că rămân la fel de-a lungul diferitelor momente pe care le trăiesc. Imaginea pe care încep să şi-o formeze despre această personalitate, despre care au luat puţin câte puţin cunoştinţă, constituie baza pentru viitoarea lor stimă de sine.

Şi totuşi, observarea copiilor arată că aceste lucrurile încep înainte de opt ani, chiar dacă este dificil să le evaluăm ştiinţific. Încă defectuos studiată de cercetători, stima de sine a copiilor mici este o realitate bine cunoscută de părinţi, aşa cum arată şi observaţiile următoare.

A-I FACE MAMEI PE PLAC

Céleste, nouă luni, a înţeles cum să facă zgomot apăsând pe o jucărie primită de Crăciun. Văzând că mama sa se amuză de asta, ea repetă operaţia de mai multe ori, observând-o, şi de fiecare dată izbucneşte în râs: „Este aşa mândră de ea", spune mama.

Această mândrie este deja stimă de sine? Conştiinţa de sine pe care o are Céleste nu a ajuns încă la acest nivel. Dar tot mama ne-a răspuns, atunci când am întrebat-o despre acest fenomen: „Stimă de sine la copiii mei? Fiind atât de mici, ei nu au stimă de sine! Nu este vorba de aşa ceva. Ei depind prea mult de aprecierea pe care eu le o acord."

De fapt, pentru a vorbi de stimă de sine este necesară o anumită autonomie faţă de părinţi.

REUŞITELE CELOR MICI

Louise, trei ani, reuşeşte pentru prima oară să prindă pomponul de la căluşei. Până în prezent, îi vedea pe cei mai mari cum îl agăţau. La început, ea nu s-a lansat în competiţie. Apoi a încercat, dar nu a reuşit. Astăzi, reuşind isprava, îi priveşte pe cei din jurul ei cu mândrie, părinţii, sora mai mare, eventualii spectatori. Atunci când primeşte ca recompensă tichetul, dar nu se foloseşte de el, ci îl păstrează ca pe un trofeu. Coborând din căluşei, este obiectul atenţiei surorii sale şi a prietenilor, e ca un fotbalist care a marcat un gol. Dintr-odată, stima de sine a crescut. Comportamentul ei va fi modificat tot restul după-amiezii: Louise va fi mai calmă, mai autonomă faţă de părinţii săi, mai descurcăreaţă cu alţi copii.

Reuşitele din copilărie influenţează stima de sine şi putem chiar să le ierarhizăm: a reuşi o performanţă acasă, de exemplu, un puzzle, va fi gratificant, dar mai puţin decât în mediul extern, de pildă, atunci când te dai pe un tobogan înalt. Şi, bineînţeles, nimic nu va conta mai mult ca o victorie într-un joc competitiv (să câştige o cursă sau într-un joc de societate).

A-ŢI FACE UN LOC

De la trei sau patru ani, copilul începe să se preocupe de acceptanţa sa socială. Legătura dintre această preocupare şi stima de sine este foarte strânsă, aşa cum o arată micuţa Marion. Între doi şi trei ani, ea se întreabă dacă este frumoasă, cu buclele sale (ea este singura de la creşă care are astfel de păr) şi pune mereu întrebarea asta părinţilor săi. La trei ani, ea plânge în unele seri, deoarece consideră că prietenii nu o iubesc suficient. Între trei şi patru ani, deşi părinţii şi sora sa mai mică sunt destul de indiferenţi faţă de propria lor manieră de a se îmbrăca, ea începe să-şi petreacă prea mult timp dimineţile în faţa şifonierului, explicând: „Vanina a spus că îşi va pune astăzi rochiţa cea frumoasă . Deci şi eu trebuie să fiu frumoasă".

A TE PUNE ÎN VALOARE

Tentativele copiilor de a se valoriza în ochii celorlalţi încep şi ele de timpuriu. Astfel, între şase şi opt ani, fac comparaţii între părinţi: „Mama mea este mai frumoasă decât a ta!"; „Tatăl meu este pompier!" Mai târziu, între opt şi doisprezece ani, reveriile despre filiaţie sunt frecvente: „Părinţii mei nu sunt ai mei de fapt. Eu sunt fiica..." Urmând numele unui personaj important, celebru, cu prestigiu.

Dar ei pot fi şi expuşi dificultăţilor stimei de sine. Se ştie, de exemplu, că unii copii sunt complexaţi de părinţii lor. Faptul este adesea anodin. O mamă a unei familii numeroase ne povesteşte astfel că, pentru ea, primul semn de intrare în adolescenţă era momentul în care copiilor săi începuse să le fie „ruşine" cu ea. Ei îi cereau să nu mai meargă prea aproape de ei, să nu-i mai conducă până la poarta şcolii sau să nu-i mai îmbrăţişeze de faţă cu prietenii lor. Dar respingerea se referă aici mai mult la funcţia parentală, decât la persoana părintelui. Lucrurile sunt mai dureroase atunci când, din păcate, părinţii au realmente caracteristici marginalizante. Aşa a fost cazul uneia dintre pacientele noastre, care ne povestea despre toată vinovăţia ei pentru că-i fusese ruşine cu mama sa, care avusese o disfuncţie a şoldului ce o făcea să şchiopăteze. La moartea acesteia, a făcut o depresie majoră în timpul căreia şi-a reproşat mult că s-a purtat urât cu mama sa, pe care infirmitatea o făcea deja, cu siguranţă, foarte nefericită.

A-ţi fi ruşine de rădăcinile tale

Numeroşi scriitori au povestit în amintirile lor din copilărie cum au putut să le fie ruşine de mediul lor de origine. De exemplu, John Fante, în *Vinul tinereţii*:

„În întuneric, îmi plăcea să intru pe bâjbâite în camera mamei. Tatăl meu dormea lângă ea, iar eu o scuturam uşor pentru a nu-l trezi. Îi şopteam: «Eşti sigură că tata nu s-a născut în Argentina?»

«Nu, tatăl tău s-a născut în Italia».

Mă întorceam la culcare, neconsolat şi dezgustat.

Începusem să cred că bunica mea este o caraghioasă. E o ţărăncuţă rotofeie, care se plimbă cu mâinile încrucişate pe burtă, o femeie în vârstă, simplă, care adoră băieţii. Intră în camera mea şi încearcă să discute cu prietenii mei. Vorbeşte engleza cu un accent deplorabil, lungeşte vocalele ca pe nişte spirale. Cu toată simplitatea, îl abordează pe unul dintre prietenii mei şi, cu un surâs în privirea ei bătrână, îl întreabă: «Îţi place să mergi la scola des bonna soeurs ?» Atunci, scrâşnesc din dinţi. Mannagia! Totul e ratat, acum ei vor şti că sunt italian."[2]

Unii copii au recurs la mitomanie. Povestesc istorii imaginare în care îşi atribuie roluri importante sau spun că ştiu secrete „foarte importante", pentru a se valoriza în faţa auditorilor. Deşi copiii mitomani nu sunt cu adevărat mincinoşi, ei sfârşesc mai mult sau mai puţin să creadă ceea ce spun şi astfel să se mintă pe sine. Pascal, arhitect, vorbind despre finul său de şaisprezece ani, ne dă un bun exemplu:

„Îl iubesc mult pe acest băiat, dar mi-e milă de el. Mereu trebuie să exagereze. Părinții lui și cu mine ne temem de vacanța de vară în casa familiei, unde se întâlnesc toți verii. Cred că se simte prost, poate din cauza eșecului lui școlar, comparativ cu ceilalți. În orice caz, se simte obligat să-și dea în petec. Povestește că a stat în avion lângă Carole Bouquet, cu care a vorbit foarte mult, afirmă că are centură neagră la judo, vorbește despre relațiile sale stabilite deja pentru a înființa o societate de informatică...

Toată lumea se jenează, pentru că minciuna este foarte evidentă. Nimeni nu îndrăznește să-i spună, din amabilitate. Într-o zi, am încercat să-i vorbesc în particular, după o seară foarte penibilă, în care a fost ridicol, mințind mai mult decât de obicei. Dar am înțeles că nu putea să dea înapoi: pentru a nu-și pierde prestigiul și pentru că el însuși credea pe jumătate, într-atât își dorea ca totul să fie adevărat... În realitate, era un biet băiat. Dar asta nu-l ajuta să se descurce. Are și calități pe care ar putea conta. Dar e ca și cum nu le-ar vedea sau n-ar crede în ele."

RECREAȚIE, UNIVERSUL TĂU NEMILOS

Adulții au o memorie scurtă. Contrar cu ceea ce gândesc mulți, curtea de recreație ține mai mult de *Dallas* sau *Dynasty*, decât de *Căsuța din preerie*. Conflicte, alianțe, gelozii, respingeri, chinuri, umilințe reprezintă de fapt o parte din cotidianul fiecărui elev.[3] La fel și în cazul competiției sau comparației sociale.

Impactul acestor evenimente asupra stimei de sine este mai important decât pot crede părinții. În orice caz, atunci când pacienții noștri cu stimă de sine fragilă ne vorbesc de asta în terapie, nu le este greu să regăsească, desigur *a posteriori*, amintiri de acest tip, uneori foarte violente și umilitoare. Să o ascultăm pe Marie Claire, asistentă socială, patruzeci de ani:

„Am fost deja în terapie la un psiholog atunci când aveam șapte sau opt ani. Era din cauza problemelor de la școală. Nu-mi plăcea prea mult acest univers. Îmi amintesc clar de începerea școlii. Eram terifiată de masele de elevi. Îi clasam în două categorii: cei care erau mai puternici și mai mari decât mine și cei care erau mai dezghețați și mai populari. După câteva zile, sfârșeam prin a repera o a treia categorie de populație, în care mă încadram fără bucurie: izolații martirizabili.

Nici chiar bunele mele performanțe școlare (nu doream deloc să-mi pun în cap și profesorii) nu mă linișteau: fiind o elevă bună, fragilă, eram catalogată printre „tocilarii cu ochelari" și persecutată din cauza asta. Aveam complexe teribile, mă consideram nulă și lipsită de orice interes. Mi se părea chiar că ceilalți nu-și dăduseră complet seama cât de nulă eram. Aveam coșmaruri în care toți mă urmăreau pentru a mă bate sau a mă scuipa, somatizam, sufeream mereu de ceva, în special duminica seara, la ideea că mă voi duce la școală a doua zi.

Dar, bineînțeles că nu îndrăzneam să le vorbesc părinților mei despre asta; mi-era teamă că nu mă înțeleg. Și-apoi, ei înșiși nu mi se păreau mai buni, mi-era oarecum rușine cu ei, îi simțeam fragili."

Copiii de vârstă școlară se dedau, fără a ne îndoi de asta vreodată, comparațiilor sociale foarte minuțioase.[4] Dacă le cerem, cei mai mulți dintre ei sunt capabili de a-și clasa cu precizie colegii în mai multe categorii de: frumusețe, popularitate, performanțe școlare etc., de a se situa ei înșiși în acest clasament și de a trage concluziile care se impun. „Alexandra este mai frumoasă ca mine, de aceea o preferă învățătoarea" (Luce, cinci ani); „Adrian mi-a furat jucăria și am plâns, iar pentru că este mai puternic, nu mi-a mai dat-o înapoi" (Cesar, trei ani).

Pornind de la observările riguroase în cadrul natural, cercetătorii au putut stabili profiluri de comportament social destul de precise la copiii de douăzeci și patru până la treizeci și șase de luni[5].

— „Liderii" adoptă numeroase comportamente „afiliative", ce constau în a da cadouri altor copii sau în a-i solicita să participe la jocurile lor. Ei pot interveni ca mediatori în conflictele prietenilor lor, dar să se arate și dominanți, pentru a-și recupera un obiect.

— „Dominanții agresivi" au comportamente afiliative mai puțin numeroase, dar recurg mult la agresivitate.

— „Dominații temători" evită competițiile sau conflictele. Ei au adesea conduite de izolare socială, dar adoptă și comportamente afiliative.

— „Dominaţii agresivi" se angajează în competiţii pe care le suportă cu greu şi recurg la conduite agresive.

Aceste profiluri comportamentale şi în special conduitele de dominanţă şi supunere, devin din ce în ce mai stabile, începând cu vârsta de optsprezece luni.

Ne imaginăm fără efort (chiar dacă, din câte ştim, nu s-a întreprins acest tip de cercetări) corelaţiile dintre aceste comportamente şi nivelul stimei de sine. Copiii „lideri" beneficiază de numeroase ocazii de valorizare; ei sunt mai puţin vulnerabili emoţional şi ar putea corespunde profilurilor stimei de sine înaltă şi stabilă. Copiii „dominanţi agresiv" par a corespunde mai mult profilului stimei de sine înaltă şi instabilă, cu o percepţie mai rapidă a pericolelor asupra dominanţei lor şi reacţii mai puternice pentru a o apăra, totul însoţit de o mai puţin bună abilitate relaţională globală.

SFATURI PENTRU PĂRINŢI

Cele mai importante cinci domenii în constituirea stimei de sine[6] a copiilor şi adolescenţilor sunt: aspectul fizic („plac altora?"); aptitudini sportive („sunt un bun (o bună) sportiv (ă) ?"; „alerg repede?"; „ştiu să mă apăr?"); popularitatea în grupuri („mă plac cei din clasa mea, din şcoală, am mulţi prieteni?"); conformismul comportamental („sunt considerat de către adulţi o persoană competentă, respect regulile sociale: politeţe, disciplină etc.?"); reuşita şcolară („am rezultate bune?").

Dar nu este suficient ca un copil să fie performant în aceste domenii, din punctul său de vedere sau al celorlalţi. A fi primul în clasă nu a fost niciodată o protecţie în faţa unei mari suferinţe... De fapt, după cum arată studiile, copiii cu înaltă stimă de sine sunt competenţi în domeniile în care ei le consideră importante; şi se mulţumesc cu performanţele mediocre în celelalte. Să-i observăm, de exemplu, pe Jean şi Jacques. Aceşti doi tineri au aproximativ acelaşi profil: nu sunt prea dotaţi pentru studii, nici prea tari în muşchi sau în îndemânare, dar sunt foarte populari, pentru că şi-au integrat regulile grupului lor social şi sunt mai degrabă satisfăcuţi de aspectul lor. Totuşi, scorurile lor la stima de sine sunt foarte diferite (vezi figura următoare). Jacques consideră că domeniile în care el nu excelează nu sunt de primă importanță. De aceea, el se simte mai bine în pielea lui decât Jacques, în ochii căruia reușita școlară și sportivă este indispensabilă unei stime de sine.

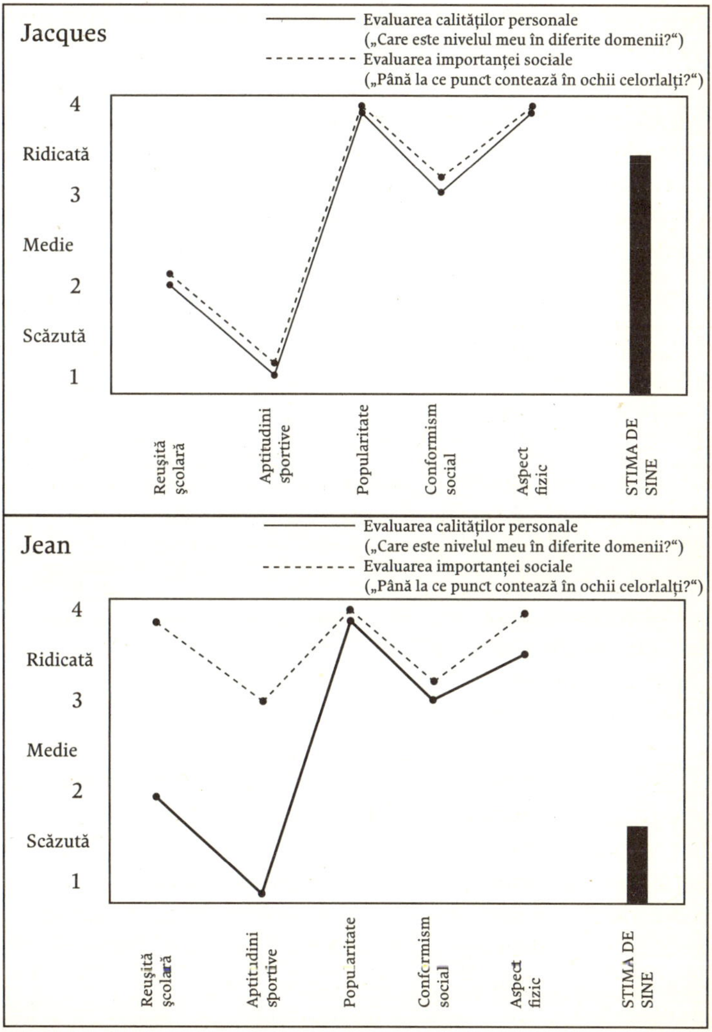

Deci, părinţi, un sfat: luaţi mereu în serios îndoielile şi plângerile copilului vostru, atunci când se face o evaluare despre sine însuşi. Merită efortul.

Încă de la început, deschizând dialogul cu el însuşi pe acest subiect, arătându-i interesul şi ascultându-i toate îndoielile, îl faceţi să folosească mai târziu, când va fi adult, ceea ce se numeşte „susţinere socială": să vorbească apropiaţilor despre dificultăţile sale, pentru a primi în schimb informaţii sau emoţii pozitive. Vom vedea mai departe cât de important este rolul pe care-l joacă această susţinere pentru stima de sine.

Mai mult, graţie sfaturilor şi experienţelor voastre, îl ajutaţi să-şi relativizeze neliniştile. Atenţie, totuşi, să respectaţi anumite reguli, prezentate în tabelul de mai jos.

SFAT	EXPRESII
Acordaţi timp ascultării cu atenţie a copilului dumneavoastră, precizându-i mai ales integralitatea gândirii sale şi a preocupărilor sale, înainte de a începe să-l liniştiţi.	„Te temi că nu eşti destul de frumoasă, nu? Vreau să-ţi spun ce cred despre asta, dar, în primul rând, spune-mi de ce te supără atât de tare? De când gândeşti tu aşa?"
Evitaţi să minimizaţi importanţa îngrijorărilor sale: „Hei, dar sunt lucruri mai grave în viaţă: micii africani care mor de foame nu-şi pun genul ăsta de întrebări". Încercaţi să-i arătaţi copilului dumneavoastră că îndoielile sale sunt împărtăşite şi de alţi copii.	„Văd bine că te irită că te-ai certat cu Fanny. Am impresia că asta într-adevăr te întristează. Înţeleg, nu este plăcut să te cerţi cu prietenii, asta se întâmplă şi adulţilor."
Încercaţi să-i arătaţi copilului dumneavoastră că îndoielile sale sunt împărtăşite şi de alţi copii.	„Chiar crezi că profesoara îi preferă pe ceilalţi ţie? Nu crezi că, uneori, şi alţii au impresia că profesoara nu-i iubeşte?"
Nu încercaţi să-l liniştiţi prea repede, imediat ce aţi înţeles problema: „A, asta te-a tracasat de luni încoace? Dar nu-i nimic dragul meu, asta nu are nicio importanţă".	„A, asta te-a tracasat de luni încoace? Bun, bine că mi-ai spus, n-am înţeles ce ţi s-a întâmplat. N-ai vrea să-mi spui mai multe despre asta?"

SFAT	EXPRESII
Dacă credeţi că puteţi da răspunsuri copilului, încercaţi de la început să-l faceţi să reflecteze la propriile sale soluţii.	„Cum se întâmplă că profesoara se ocupă mai mult de tine?“

Ascultarea parentală

Amintiţi-vă şi că, dacă aceste dialoguri nu au loc în copilărie, este inutil să speri că vor avea loc în adolescenţă: în acest moment al vieţii sale şi mai ales dacă se confruntă cu dificultăţi mai grave decât atunci când era mai mic, capacitatea copilului dumneavoastră de a se încrede în dumneavoastră. Şi de a vi se dezvălui sunt, în realitate, mult mai reduse.

Dacă vă decideţi să-l ajutaţi pe copilul dumneavoastră să-şi consolideze stima de sine, încercaţi de asemenea să evitaţi excesele.

Nu vă arătaţi prea intruziv, căutând să fiţi prezent în fiecare din problemele sale. Este normal ca el să se confrunte singur cu o serie de dificultăţi. Vegheaţi ca ele să fie pe măsura lui. Nu interveniţi decât dacă copilul dumneavoastră este în mod evident depăşit sau angoasat.

Nu vă jucaţi nici de-a „psihologul“, dorind să cunoaşteţi stările sufleteşti ale vlăstarului dumneavoastră, atunci când el se arată reticent. Este inutil să vă lansaţi în mod obişnuit în interpretări sălbatice de genul: „Ştiu bine că eşti rău cu noi pentru că eşti nefericit“. Forţând accesul la îndoielile asupra stimei de sine a copilului, puteţi amplifica dorinţa sa de a nu vă mai spune nimic. Şi riscaţi chiar să-i diminuaţi stima pe care şi-o poartă, sentimentul integrităţii şi al autonomiei psihice.

Exerciţiu pentru părinţi

Ajungând acasă, o fetiţă îi spune mamei sale: „Mamă, la şcoală Angela şi alte fete nu mă lasă să mă joc cu ele“.

După dumneavoastră, care este cel mai bun răspuns capabil să o ajute pe această fetiţă care se îndoieşte de sine?

Răspunsul A:

„Angela este o fraieră, iar prietenele ei la fel, să nu-ţi pese de ele. Şi dacă ele nu sunt drăguţe cu tine, mă voi duce la învăţătoare.“

Răspunsul B:

„Ah, fir-ar să fie! Asta te întristează pe tine? Bine, povesteşte-mi. Ce ţi-au spus exact? Şi tu ce faci?"

Răspunsul C:

„A, ele nu te iau niciodată să vă jucaţi. Înţeleg, înţeleg... Te face să-ţi aminteşti de vremea când erai mică şi cei mari nu doreau să se joace cu tine, nu-i aşa? De aceea ai avut anul acesta note mai puţin bune... Ţi-e teamă că nu eşti interesantă, că nimeni nu te iubeşte..."

Aţi răspuns cu A:

Cam intervenţionist, nu? Riscul este că fetiţa poate ajunge la concluzia că: 1) persoanele care o resping sau o critică nu au nicio valoare, ceea ce presupune un mod artificial de a proteja stima de sine; 2) fără mama sa şi fără apărător, ea nu poate fi socialmente recunoscută, ceea ce nu este bine pentru stima sa de sine.

Aţi răspuns cu B:

Răspuns bun! Înainte de a lua atitudine, căutaţi să înţelegeţi cum vede copilul realitatea. Beneficii pentru stima de sine: simţindu-se important şi respectat, copilul va participa la căutarea soluţiilor.

Aţi răspuns cu C:

Sunteţi mai degrabă intruziv şi interpretativ. E riscant pentru stima de sine. Dacă interpretările sunt adevărate, copilul va crede că este transparent în faţa altora, că părinţii sunt atotputernici şi că înţeleg mai bine decât el ce se întâmplă şi ce este de făcut; şi, pentru unii, asta va dura toată viaţa... Dacă, în schimb, interpretările sunt false, copilul se va simţi singur şi neînţeles; nici părinţii săi nu se pot apropia de el...

PRESIUNEA PĂRINŢILOR ŞI CEA A PRIETENILOR

JUDECATA CELORLALŢI

Importanţa pe care copilul dumneavoastră o acordă diferitelor aspecte ale stimei de sine, pe care le-am descris mai sus, nu depinde doar de judecata lui, ci şi de cea pe care persoanele semnificative sunt susceptibile să o aibă despre competenţele sale.

Pentru un copil, există patru surse principale de judecăți semnificative, deci patru surse ale stimei de sine: părinții, profesorii, camarazii (copiii din clasa lui sau chiar din școală), prietenii apropiați. Când „funcționează“ împreună, aceste patru surse de aprovizionare permit plenitudinea și soliditatea stimei de sine. Dacă una sau alta este deficitară, celelalte o pot suplini: suportă mai bine o neînțelegere cu o profesoară, dacă se știe apreciat de părinții și prietenii săi.

Totuși, cele patru surse de evaluare constituie patru surse de presiune din partea a patru roluri sociale pe care copilul trebuie să le joace dacă vrea să țină la stima sa de sine: să fie un bun fiu sau o bună fiică, un bun elev sau o bună elevă, un bun coleg sau sau o bună colegă de clasă, un bun prieten sau o bună prietenă. Altfel spus, trebuie să depună de patru ori mai mult efort pentru a-și păstra o bună imagine socială!

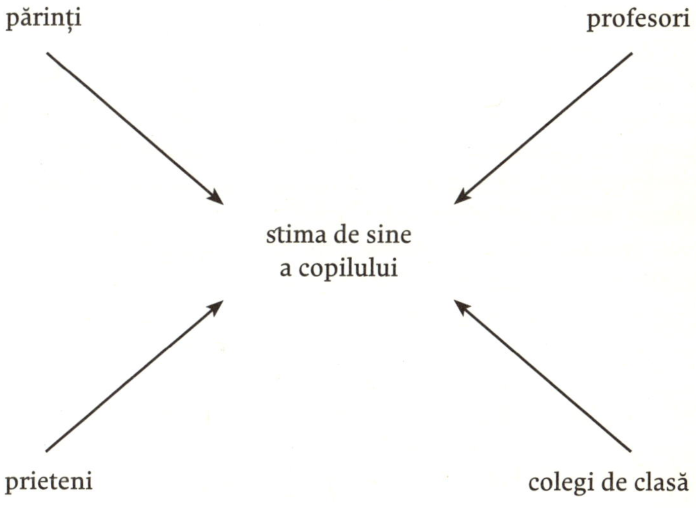

Patru surse de presiune asupra stimei de sine

Importanța corespunzătoare acestor diferite surse de întărire a stimei de sine variază în funcție de vârstă.

— La copiii foarte mici, părerea care are cea mai mare greutate este cea a părinților. Apoi, pe parcursul dezvoltării, importanți sunt prietenii. Astfel, Marie, doi ani și jumătate, îi răspunde mamei, care vrea ca ea să-și pună pantaloni: „Lucie mi-a spus că avem voie să purtăm rochițe la gimnastică, ea știe mai bine ca tine, în orice caz. Tu nu mergi la școală, așa că..."

— Între trei și șase ani, se constată o veritabilă explozie cantitativă și calitativă a rețelei relaționale a copilului[7]. Această tendință este, de altfel, mai evidentă la băieți decât la fete: acestea preferă interacțiunile în diade, în timp ce congenerii lor evoluează mai ușor în mijlocul găștilor. Această perioadă, comparată de unii cu o „mică adolescență" (conduite de opoziție, rolul important al prietenilor, primele ieșiri de sub autoritatea parentală) etc. este de fapt o perioadă-cheie pentru construirea stimei de sine, în special în dimensiunea sa socială, întrucât copilul se arată preocupat de popularitatea sa.

Dar părinții nu sunt complet lăsați pe tușă. Chiar dacă nu rămân cei mai importanți *furnizori* de iubire, părerile lor contează încă cel mai mult în domeniile conformismului comportamental și al reușitei școlare. În schimb, părerea prietenilor este considerată capitală în ceea ce privește aspectul fizic, aptitudinile sportive și popularitatea. De unde și dificultatea părinților de a-i asigura pe copii în aceste trei domenii: „Dar, mami, tu nu-ți dai seama!" sau „Tată, nu înțelegi nimic!"

— În adolescență, mișcarea care face să scadă ponderea părinților ca furnizori principali ai stimei de sine se accentuează progresiv, în favoarea persoanelor exterioare cercului familial. Totuși, impactul aprobării parentale rămâne foarte mare și nu începe să se diminueze cu-adevărat decât atunci când tânărul părăsește familia. O anchetă a Comitetului francez de educație pentru sănătate, realizată pe 4 000 de adolescenți, a arătat, după cum veți vedea în tabelul următor, că părinții nu sunt atât de prost plasați ca interlocutori pentru discuții[8].

Interlocutor	Procentajul tinerilor (12-19 ani) care apreciază că este uşor să vorbească despre preocupările lor cu un anume interlocutor
Prieten(ă) de acelaşi sex	83%
Mamă	78%
Prieten(ă) de sex opus	58%
Tată	51%
Medic	42%
Soră	38%
Frate	37%
Patron sau coleg (pentru cei neşcolarizaţi)	27%
Profesor (pentru cei şcolarizaţi)	24%
Psihiatru sau psiholog	6%
Altcineva	36%

Cui se confesează adolescenţii?

DESPRE SUICID LA ADOLESCENŢI

Fenomen aflat în creştere, suicidul este astăzi, în Franţa, a doua cauză a deceselor la tineri: aproximativ 1 000 de decese pe an[9]. În ceea ce priveşte numărul tentativelor de suicid, acesta este mult mai mare. De ce această frecvenţă? Şi de ce în adolescenţă? Unii psihologi explică în parte acest fenomen invocând o problemă a stimei de sine[10].

Numeroşi adolescenţi, se ştie, riscă să manifeste un episod depresiv. Dar depresia nu explică toată tentativele de suicid. Unele lucrări au demonstrat şi că la adolescent există o corelaţie între riscul de suicid şi stima de sine scăzută[11]. Cum vom vedea mai departe, schimbările corporale trăite de adolescent nu sunt străine de problemele stimei de sine. De asemenea, de eşecul şcolar sau de dificultăţile de integrare profesională, puncte comune unui număr mare de adolescenţi suicidari[12].

Am vorbit, de asemenea, şi de rolul jucat de conformismul social. Ca prin contagiune, tentativele de suicid par să crească în cadrul populaţiei după mediatizarea unui suicid reuşit[13]. Fenomenul nu datează de astăzi. Încă din 1774, de la apariţia „Suferinţelor tânărului Werther“, celebrul roman al lui Goethe, Europa a cunoscut o veritabilă epidemie de suiciduri, pentru că tinerii cititori imitau gestul eroului, care, la sfârşitul cărţii, şi-a luat viaţa! Or, acest conformism, am văzut, ameninţă mai mult subiecţii a căror stimă de sine este fragilă.

În fine, adolescentul rămâne foarte ataşat emoţional de părinţii săi, iar stima de sine pe care şi-o poartă este în raport direct cu calitatea relaţiei pe care o are cu aceştia[14]. Totuşi, cum totul, în comportamentul lui, le dă părinţilor sentimentul că lucrurile se petrec invers, el este expus la din ce în ce mai multe critici din partea acestora, de unde o pierdere importantă a susţinerii sociale, care nu este compensată întotdeauna de o susţinere din partea prietenilor săi. Rezultat: stima de sine se prăbuşeşte în momentul în care capacităţile sale de revalorizare prin alte experienţe sociale nu sunt încă puse la punct. Cei mai slabi cedează...

Aceasta explică faptul că tentativele de suicid ale adolescenţilor sunt adesea un strigăt de ajutor. Ele pot fi, în unele cazuri, şi o tentativă patetică şi disperată de a-şi da puţină importanţă, de a se revaloriza: psihiatrii care lucrează la urgenţe în serviciile de reanimare ştiu bine că de multe ori părinţii ajung să-şi exprime deschis afecţiunea şi ataşamenul faţă de copil doar în momentul tentativei de suicid.

„La şaisprezece ani, povesteşte Yasmine, douăzeci şi trei de ani, am avut trei tentative de suicid. Pe vremea aceea eram foarte nefericită şi, mai ales, complet pierdută. Nu mai aveam niciun reper: tata nu era niciodată acasă, mama lucra ca o nebună pentru a ne hrăni, fraţii mei mai mici mă exasperau, profii de la colegiu mă certau întruna. Aveam impresia că nimeni nu mă înțelegea, că nimeni nu mă iubea. Îmi amintesc că prima dată când am înghițit pastilele mamei mi-am făcut un întreg scenariu imaginându-mi înmormântarea mea: vedeam oamenii plângând, regretând, spunând că fusesem o frumusețe de fată, şi toate astea. Tot ceea ce nu auzeam niciodată în realitate. Îmi făcea bine să mă gândesc la asta. Îmi dădea curaj să înghit pastilele..."

Discursurile funebre sunt adesea momente în existența noastră în care primim cel mai mult complimente, în care cunoscuții noştri, în loc să amintească fără încetare defectele noastre, se centrează, în sfârşit, pe calități. Atât timp cât societatea va celebra astfel dispăruții, în loc să se ocupe de ei atunci când sunt în viață, cine le va putea reproşa unor adolescenți că au tentative de suicid pentru a „atrage atenția asupra lor" şi pentru a-şi reconstitui, într-un fel, stima de sine?

DEZAVANTAJUL DE A FI PRIMUL NĂSCUT... SAU MEZINUL

După naşterea surioarei sale, chinurile Evangelinei, de trei ani, i-au speriat pe părinții săi. N-au găsit-o ei într-o zi stând singură, aşezată pe scări, murmurând: „Mamă, mamă, tu mă mai iubeşti?" Încă de la naşterea bebeluşului, începuse deja să facă obrăznicii provocatoare, vorbind ca cei mici, făcând pipi în pat... „Se devaloriza, eşua totul", spunea mama. „Îşi făcea rău", spunea tatăl. Stima de sine a Evangelinei nu era prea bună...

ESTE GREU SĂ-ȚI ÎMPARȚI PĂRINȚII

Naşterea unei surori sau a unui frate mai mic reprezintă întotdeauna o lovitură dată stimei de sine a primului născut care, adesea, se nelinişteşte şi suferă pentru că şi-a pierdut statutul de obiect unic al iubirii. În funcție de profilul psihologic, această suferință ia diferite aspecte: opoziție deschisă, conduite regresive, căutarea atenției etc. În orice caz, ea demonstrează îndoielile profunde ale copilului față de iubirea pe care i-o poartă părinții săi: „Oare n-ar fi preferat alt copil?“ se întreabă el. „Sunt ei capabili să se împartă cu adevărat?“ Şi, în consecință, îndoielile față de sine însuşi — „Ce-am făcut ca să mă pedepsească punându-mi în brațe un intrus? Oare nu le sunt îndeajuns, încât au simțit nevoia să aducă în familie un alt copil?“

Când vine pe lume un al treilea copil, este rândul mezinului să-şi schimbe, uneori foarte dureros, statutul: el devine „copilul mijlociu“. Cel mai mare a trecut deja hopul, iar sosirea „ultimului micuț“ poate fi ca o binefacere, pentru că, în unele cazuri, prestigiul acestuia este în creştere.

A-ȘI MARCA TERITORIUL

▸ Stima de sine şi rangul de naştere

Se pare că primii născuți şi copiii unici reuşesc mai bine la şcoală decât ceilalți: ei obțin rezultate uşor mai ridicate la şcoală şi la testele de inteligență şi au mai multe şanse de a fi admişi la cele mai bune universități[15]. Asta pentru că au o stimă de sine mai înaltă? Ar fi fost, în acelaşi timp, prea simplu... şi prea nedrept. De fapt, nu totul e roz pentru primii născuți, care vor fi mai puțin destinşi în societate şi mai puțin populari decât mezinii[16]. Aceştia vor beneficia deci de un alt tip de stimă de sine, centrată mai mult pe relații sociale, decât pe performanțe. Cum se explică asta? Prin chestiunea teritoriului. Pentru a răspunde aşteptărilor părinților, cel mai mare îşi va investi stima de sine în reuşită şi performanță, în timp ce, dat fiind că locul de elev bun este ocupat, mezinul va beneficia de relaționări.

▸ Arta descurajării

Clémence (cinci ani) şi Aude (trei ani) desenează pe masa din sufragerie. Aude reuşeşte să schițeze, stângaci, dar convingător, un omuleț similar cu cei pe care sora sa mai mare îi făcea la aceeaşi vârstă. Imediat cum a văzut desenul surorii mai mici, Clémence strigă: „Omulețul tău e prost, e desenat prost!“ Puțin după aceea, Aude plecă de la masă pentru a se juca cu altceva. Tot restul dimineții, ea refuză să deseneze.

Același scenariu s-a repetat cu scrisul: încercările lui Aude au fost frecvent tulburate de intervențiile celei mari, care se străduia să o descurajeze în eforturile sale. Rezultat inevitabil: Aude este mai puțin „dotată“ pentru materiile școlare decât sora sa mai mare. Ea simțea că eșuează mai ușor. Și de aceea avea tendința să investească mai puțin în ele. Era oare ea mai puțin dotată de la început?

Observăm frecvent la primii născuți tentative mai mult sau mai puțin discrete de a-i descuraja pe mezini, punând în pericol dominanța în domeniile în care ei excelează. Clémence, dotată pentru materiile școlare, a criticat-o sistematic pe sora sa în acest domeniu, pentru a-și menține primul loc. În schimb, i-a abandonat ușor domeniul competențelor fizice. La micii lor vecini de palier, Octave și Charles, este invers: cel mai mare, dislexic, a cedat fratelui său mai mic sectorul competențelor școlare, dar veghează cu gelozie la afirmarea supremației sale atletice. În cele două cazuri, oarecum ca pilotul care conduce în cursele de automobile și îi observă în permanență pe cei din urma sa în retrovizor, cei mai în vârstă sunt constrânși la o supraveghere regulată a eforturilor mezinilor, ceea ce îi face mai anxioși decât aceștia din urmă.

▸ Stresul celui mai în vârstă

Această anxietate este semn că rangul de naștere nu influențează doar nivelul stimei de sine, ci și stabilitatea acesteia. Pentru cel mare, stima de sine este încă de la început foarte puternic „hrănită“ de părinți care-i consacră mai mult timp, îi fac mai multe fotografii decât le vor face celorlalți etc. Apoi, această hrană trebuie împărtășită: indiferent ce spun părinții, dacă dragostea este fără limite, el are parte de timpul părinților. De unde sentimentul de pericol, o conștiință mai acută că este posibil să piardă ceea ce a avut. Și o stimă de sine mai puțin stabilă.

Pentru fratele mai mic, din contră, afecțiunea primită de la părinți este împărtășită de la naștere. Pericolul unei pierderi este deci mai puțin prezent în mintea copilului (cu excepția sosirii unui mezin). Pe de altă parte, el se va îndrepta mai rapid spre o altă hrană relaţională a stimei de sine: aprobarea şi aprecierea celor de seama lui, de care cel mai mare are mai puţină nevoie, pentru că dispune de cele ale părinţilor săi. Sentimentul mai redus de pericol, o mai bună diversificare a surselor de valorizare vor conduce deci la o stimă de sine mai solidă.

PRIMII NĂSCUŢI	MEZINII
Stima de sine uşor mai ridicată	Stima de sine ceva mai puţin ridicată
Stima de sine mai puţin stabilă	Stima de sine mai stabilă
Stima de sine hrănită mai mult de părinţi şi figurile autoritare	Stimă de sine mai diversificată
Performanţe uşor superioare	Stare de confort emoţional uşor superioară
Stima de sine investită în domeniile apropiate de dorinţele părinţilor	Stima de sine investită în domenii diferite de dorinţele părinţilor
Mai conformişti	Mai revoluţionari

Rangul de naştere şi stima de sine

SPIRITUL DE REVOLTĂ

Clémence şi Aude, cele două fetiţe de mai înainte, sunt în vacanţă la bunicii lor. Acolo, ele găsesc toate jucăriile pe care aceştia le-au cumpărat încă de la naşterea Clémencei. Brusc, izbucneşte un conflict: de fiecare dată când Aude se apropie de o jucărie, Clémence se aruncă peste ea pentru a i-o lua. „Asta, explică ea, mi-au luat-o Mamaie şi Tataie, mie, nu ţie; deci e a mea, tu nu o iei!" De fapt, pentru că este mai mare decât sora ei, a primit mai multe cadouri: simplu efect cronologic. Dar ce poate gândi Aude despre asta ? Va acccepta ea o ordine prestabilită care o dezvantajează ruşinos? Sau se va revolta împotriva condiţiei sale? Acesta ar fi în interesul ei. Şi, de altminteri, ceea ce va face imediat, atacând-o pe sora ei şi determinând intervenţia bunicilor, care încep să împartă echitabil jucăriile.

Timp de câţiva ani, un cercetător american, Franck J. Sulloway, a comparat destinele personale în funcţie de rangul de naştere[17]. Aceste cercetări retrospective tind să arate că primii născuţi sunt mai conservatori, iar mezinii sunt mai revoluţionari. Aceasta este mai adevărat în special în domeniul ştiinţific: din cele 28 de revoluţii ştiinţifice ale istoriei noastre, 23 au fost realizate de mezini. În general, cei mai în vârstă au apărat mai degrabă teoriile deja existente. Pentru a explica, de exemplu, de ce a fost Franţa unul din ultimele bastioane de rezistenţă la ideile revoluţionare ale lui Darwin despre evoluţia speciilor, Sulloway aminteşte că declinul natalităţii a fost aici mai timpuriu decât în alte ţări europene din secolul al XIX-lea. Astfel, savanţii francezi pe care el i-a recenzat aveau în medie 1,1 frate sau soră, în timp ce această medie era de 2,8 în alte ţări occidentale. În politică, marii revoluţionari (Danton, Lenin, Trotzki, Castro etc.) se întâlnesc de 18 ori mai mult printre mezini decât printre primii născuţi. Există desigur şi excepţii, precum Che Guevara. Dar Sulloway le explică arătând că Che Guevara era un fals prim născut, un „mezin funcţional“: suferind de un astm sever din copilărie, el a fost răsfăţat de mama sa, iar cei patru mezini s-au aliat pentru a-l chinui.

Se poate oare deduce că, în funcţie de modul în care au fost valorizaţi, primii născuţi investesc mai multă stimă de sine în apărarea tradiţiilor (pentru că sunt în prima linie pentru a beneficia de acestea), nelăsând mezinilor care doresc să-şi crească stima de sine decât o singură alternativă: decât să se bată pe terenul primilor născuţi, unde aceştia sunt în poziţie de forţă, mai bine să-şi schimbe teritoriul? S-au făcut numeroase relatări în acest sens, cum este şi cea a lui Marie-Françoise, şaizeci şi cinci de ani, care ne vorbeşte despre cele două fiice ale sale:

„Am avut trei copii, două fete mai mari şi un băiat. Fiicele noastre erau foarte apropiate ca vârstă şi erau mereu rivale. Dar ele au comportamente foarte diferite. Cea mare a rămas la noi până la douăzeci şi patru de ani; a trebuit s-o dau afară, pentru că s-ar fi înțepenit acolo. Mezina, din contră, a plecat de la optsprezece ani şi ar fi făcut-o mai devreme dacă i-am fi lăsat libertatea de a alege. Cea mare şi-a ales o profesie pe care eu mi-aş fi dorit să o am (este psihokineticiană) pentru că întotdeauna am fost incitată de psihologie. Mezina a ales să devină muziciană, o profesie artistică, niciodată practicată în familie, care la început l-a neliniştit foarte mult pe tatăl său; fiind inginer, i-a fost greu să creadă că se poate trăi din asta. Cea mare a trăit mult timp în oraşul nostru, cea mică a luat-o la sănătoasa cum a putut. Aş avea încă multe alte exemple de felul acesta. Alegerile fetei noastre mai mari au fost mai conformiste decât ale celei mici. Dar, în final, important e că şi una, şi cealaltă şi-au realizat o viață plăcută."

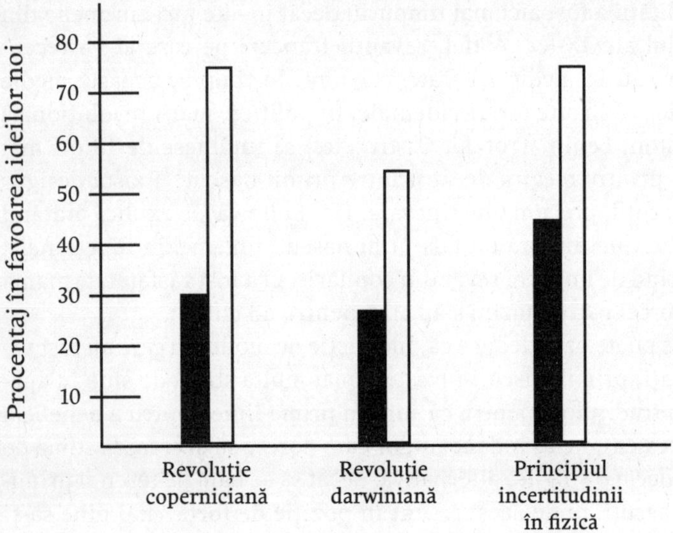

Rangul de naştere a savanților şi acceptarea ideilor noi în istoria ştiințelor (după F. J. Sulloway, op. cit.)

A REUȘI LA ȘCOALĂ

ȘOCUL ȘCOLARIZĂRII

Nessim şi Elie, trei ani, intră la grupa pregătitoare. Nessim are două surori mai mari, pe care le însoţeşte, împreună cu mama sa, până la poarta şcolii şi care i-au prezentat avantajele acesteia. Fiind cel mai mic, cu numeroşi veri şi verişoare, este obişnuit cu relaţiile de grup şi dispune de bune competenţe sociale. Elie este copil unic, răsfăţat şi valorizat în mod excesiv de părinţii săi. El a fost foarte puţin socializat până la intrarea în şcoală, pentru că a fost încredinţat unei bone care îl adora şi îl cocoloşea.

După o săptămână de şcoală, Nessim se dovedeşte mai încrezător în sine decât era înainte; este mândru să-şi arate desenele, să vorbească de profesoara sa şi de noii săi prieteni; el a avut unele decepţii, dar au fost rezolvate prin eforturile celor mai mari; sâmbăta dimineaţă este decepţionat că nu se duce la şcoală. Părinţii lui Elie, din contră, îşi fac griji: fiului lor nu-i place să meargă la şcoală, face mofturi când trebuie să se ducă, pare descumpănit. A fost decepţionat de şcoală, despre care părinţii lui îi schiţaseră o imagine idilică. Profesoara le-a confirmat că are probleme de integrare: a încercat să se impună în faţa altora din prima zi, dar a fost repede marginalizat şi pus la punct, ceea ce se pare că l-a afectat foarte mult.

Stima de sine a lui Nessim a beneficiat, după cât se pare, de şcolarizarea sa, în timp ce aceea a lui Elie a luat o lovitură care va fi, fără îndoială, trecătoare, dar îl va conduce la anumite corectări...

FAMILIA	ŞCOALA
Mediu non-competitiv	Mediu competitiv
Interlocutori cunoscuţi	Interlocutori necunoscuţi (la început)
Centrată pe copil	Centrată pe grup

FAMILIA	ŞCOALA
Crescută personalizare a instrucţiunilor adresate copilului	Scăzută personalizare (la început) a instrucţiunilor adresate copilului
Posibilităţi de regresii (repararea stimei de sine prin maternaj)	Puţine posibilităţi de regresii (chiar dacă rolul şcolii *maternale* este în principiu acesta)

Impactul şcolarizării asupra stimei de sine

Între viaţa de acasă şi cea de la şcoală, schimbarea poate fi într-adevăr foarte brutală pentru copilul dumneavoastră şi să aibă repercusiuni asupra stimei sale de sine. Pregătindu-l, oferindu-i informaţii despre noul său mediu, puteţi amortiza acest şoc. Dar, atenţie, evitaţi să promovaţi în mod abuziv şcoala, aşa cum au făcut părinţii unui băieţel, care-i repetau regulat atunci când el era la grădiniţă: „La şcoală vei învăţa să citeşti". Evident, în seara primei zile de şcoală, el nu ştia încă să citească, ceea ce i-a declanşat un puternic sentiment de decepţie şi devalorizare.

O BUNĂ STIMĂ DE SINE CREEAZĂ UN BUN ELEV ?

Cu cât este mai ridicată stima de sine a unui copil, cu atât mai bune vor fi notele pe care le va obţine la şcoală[18]. Această constatare, făcută de majoritatea specialiştilor, nu este de o originalitate bulversantă. Se ştie bine, de fapt, că acei copii care au o bună stimă de sine provin cel mai adesea dintr-un context familial favorabil: părinţii se ocupă de ei şi de studiile lor. Dar au fost făcute şi alte observaţii care aduc elemente interesante. De exemplu, s-a demonstrat că nivelul stimei de sine prezice destul de bine valoarea strategiilor ce vor fi puse în joc de copil atunci când se va confrunta cu dificultăţi şcolare[19]: o stimă de sine ridicată este astfel asociată cu comportamente mai adaptate, precum căutarea susţinerii sociale, o relativă încredere în viitor, capacităţi de refacere, o confruntare activă cu realitatea etc. „Anul trecut, povesteşte tânărul Cédric, cincisprezece ani, era greu, eram în pom la mate. Le-am vorbit despre asta prietenilor mei şi mi-am dat seama că nu eram singurul care mergea prost. Tata mi-a spus că şi el avea probleme la mate. Şi totuşi este inginer ! Aşa că asta m-a liniştit şi nu am renunţat. Am încercat să lucrez mai mult la materia asta. Mi-am spus că voi sfârşi prin a merge mai bine. După un trimestru, aveam iar rezultate bune."

O stimă de sine scăzută este, în schimb, mai frecvent corelată cu atitudini puţin productive şi riscă să agraveze situaţia: fatalism, evitarea problemei, anticipări negative etc. Să o ascultăm pe Inès, optsprezece ani: „Am clacat la studiile mele în gimnaziu. Am început greu anul, păstram cu greu ritmul mai ridicat pe care ni-l impuneau profesorii. După două-trei rezultate proaste, am început să mă îndoiesc de mine şi să am dezgust faţă de liceu. Seara, când mă întorceam acasă, îmi aruncam mapa într-un colţ şi, dacă părinţii nu-mi spuneau nimic, nu o deschideam până a doua zi. În gimnaziu asta nu se ierta. Apoi mi-am spus că nu eram făcută pentru studiu, deoarece mă stresase întotdeauna şi-mi solicitase mari eforturi". Dacă, aşa cum o arată unele studii, elevii „slabi" prezintă scoruri ale stimei de sine mai mici decât cei buni, atunci mitul şcolarului leneş, nepăsător şi fericit de a trăi se destramă[20]. Şcoala este deja un loc unde competiţia şi comparaţia socială există, unde eşecul implică suferinţă şi deteriorează insidios stima de sine.

INFLUENŢA MEDIULUI ŞCOLAR

În mod global, sistemele şcolare competitive îmbunătăţesc stima de sine a subiecţilor la care aceasta este înaltă şi o înrăutăţesc pe a celorlalţi. Invers, sistemele non-competitive valorizează relativ mai puţin stima de sine a elevilor buni, dar o îmbunătăţesc pe a celor slabi[21]. Este foarte logic că, în sisteme non-competitive, reuşitele nu sunt excesiv valorizate, iar eşecurile nu sunt aspru sancţionate sau prea evidenţiate. Astfel, subiecţii cu stimă de sine scăzută se simt mai puţin ameninţaţi de o ambianţă de întrecere, care am văzut că este favorabilă subiecţilor cu înaltă stimă de sine şi pe care aceştia din urmă o trăiesc cu calm sau cu tensiune.

Oare, pentru un elev, repetarea clasei are incidenţe asupra valorii pe care şi-o atribuie? Ne-am putea teme că da. Dar studiile care s-au făcut pe această temă par a indica faptul că nu e aşa — fără îndoială pentru că, repetând clasa, aceşti elevi întâmpină mai puţine dificultăţi[22].

În aceeaşi perspectivă, elevii plasaţi în clase speciale, cu o pedagogie specifică şi adaptată, prezentau, conform aceloraşi studii, nivele medii ale stimei de sine, superioare elevilor din clasele normale! Aceleaşi rezultate se regăsesc la elevii cu handicap intelectual şi arată că aceştia se supraevaluează în clasele speciale, dar se subevaluează dacă rămân în cursurile normale[23].

Sunt posibile mai multe explicaţii: efectele unei pedagogii mai valorizante şi care insistă asupra reuşitelor decât asupra eşecurilor sau absenţa comparaţiilor sociale defavorabile? Problemele se pun poate la terminarea acestor clase, pentru reinserţie: ce devin elevii obişnuiţi cu un micromediu mai puţin competitiv atunci când sunt plasaţi într-un circuit social care este foarte competitiv?

PENTRU O MAI BUNĂ CONSIDERARE A STIMEI DE SINE LA ŞCOALĂ

„Noile şcoli" („La Source", „La Prairie", „Decroly" etc.) au înflorit în Franţa în anii 1970, ca urmare a mişcării generaţiei 1968 şi după exemplul din Summerhill şi Marea Britanie[24]. Ele insistă pe absenţa sistemului de încurajare a competiţiei (note, premii etc.), multitudinea activităţilor care oferă fiecărui copil posibilitatea de a străluci în cel puţin un domeniu, absenţa raporturilor de constrângere şi de ierarhizare.

Iată mărturia unei foste eleve de la „La Prairie", din Toulouse: „Am multe amintiri frumoase din acea perioadă. Nu eram presaţi de profesori, adulţii erau foarte apropiaţi de noi, respectau diferenţele dintre noi, ne încurajau să ne exprimăm liber, să nu ne respingem şi să nu ne excludem unii pe alţii. Această perioadă mi-a dat multă încredere în mine. Din contră, când a trebuit să mă integrez în învăţământul normal, cel secundar, am avut greutăţi. Consideram cursurile plictisitoare, profesorii distanţi şi puţin interesaţi de noi. Asta m-a dezgustat să mai fac studii superioare".

În fond, principalul merit al acestor şcoli de tip diferit nu este de a căuta să dezvolte stima de sine a copiilor care le frecventează?

Este regretabil că acest obiectiv nu se află mai mult în centrul preocupărilor şcolilor publice. El nu este deloc incompatibil cu achiziţionarea cunoştinţelor şi a metodelor de lucru.

CUM SĂ-MI AJUT COPIII SĂ FACĂ O FACULTATE?

Reuşita şcolară a copiilor îi preocupă în mod legitim pe mulţi părinţi. Ei ştiu că pot juca un rol activ în acest domeniu. Totuşi, majoritatea studiilor arată că acest rol nu rezidă atât în ajutorul şcolar direct („Trebuie iar să-i verific tema şi să-l fac să spună lecţia"), cât în atitudinile educative globale, care tind să-l facă pe copil responsabil dincolo de sfera şcolară: să-l asculţi, să-l încurajezi să-şi exprime părerile, să-i ceri părerea (şi să ţii cont de ea!) pentru deciziile familiale ce-l privesc (precum locul de petrecere a vacanţei sau decorarea camerei), să-i încredinţezi mici sume de bani să le administreze[25].

Se pare că ajutorul direct, izolat are un impact destul de slab asupra rezultatelor şcolare pe termen lung ale copiilor. El poate funcţiona în ciclul primar, dar, începând cu adolescenţa, rezultatele riscă să se prăbuşească. Mulţi elevi cu un nivel până atunci satisfăcător trec cu greu peste hopul intrării la colegiu, liceu, universitate. Ei nu au devenit însă mai puţin inteligenţi. Ci ei nu ajung să înveţe „pentru ei", în timp ce ajutorul părinţilor se diminuează (deoarece copiii îl vor refuza sau părinţii nu mai continuă).

Cel mai bun predictor al reuşitei şcolare este mai degrabă calitatea educaţiei globale de a ameliora stima de sine. Normal: pentru a reuşi în studiile pe termen lung nu contează doar competenţele intelectuale şi cantitatea de lucru, ci şi stabilitatea emoţională, rezistenţa la eşecuri etc., toate lucrurile legate de stima de sine.

Pentru ca un copil să reuşească la şcoală, trebuie ca părinţii să instaureze un bun echilibru între „securizare" (să-i arate copilului că este iubit) şi „lege" (să-i amintească regulile)[26]. Din această perspectivă, am extras patru profiluri educative:

— Tipul „rigid" (prea multă lege şi puţină securizare): „Taci şi toceşte".

— Tipul „incubat" (fără lege şi prea multă securizare): „Dragul meu, te iubesc, nu vrei să faci o mică temă?"

— Tipul „laisser-faire" (fără lege şi fără securizare): „Vezi să stingi televizorul înainte să mergi la culcare". Acest tip comportă două subcategorii: tipul „din principiu" (părinţii au hotărât că non-directivitatea era o metodă educativă) şi tipul „depăşit" (părinţii au renunţat pur şi simplu să impună şi să propună orice ar fi progeniturii lor).

— Tipul „stimulant" (lege şi securizare): „Dragul meu, unde ai ajuns cu lecţiile?"

Deci, lucrurile sunt clare: pentru ca copilul dumneavoastră să înveţe bine la şcoală, trebuie să vă ocupaţi de stima sa de sine. Şi pentru a vă ocupa de ea, trebuie să vă îngrijiţi nu doar de competenţele sale şcolare, ci de întreaga sa persoană. Jean-Marc, tată de familie, 45 de ani, rezuma astfel atitudinea sa: „Toată viaţa mea nu am avut niciodată ca principal obiectiv să le transmit bogăţii materiale copiilor mei. Dacă asta le parvenea, cu atât mai bine, dar era ceva în plus. Nu voiam să sacrific starea mea de bine, şi a lor, pentru aceste griji materiale. Însuşi tatăl meu renunţase să trăiască pentru a munci ca un nebun, sub pretextul de a ne construi un cadru de viaţă privilegiat: rezultatul a fost că noi n-am profitat niciodată de el, nici el de noi, înainte de a muri, la cincizeci de ani. Ceea ce este important pentru copii mei este să le acord timp, dragoste şi atenţie; este ca ei să poată urma studiile pe care le aleg fără să se teamă de preţul şi de durata lor; şi să aibă încredere în ei. Restul este accesoriu".

SUSŢINEREA PARENTALĂ

Într-un sondaj recent, realizat pe părinţi şi profesori şi referitor la calităţile dorite pentru copii, încrederea în sine era pe locul doi, imediat sub respectul faţă de celălalt[27]. La copiii şi adolescenţii de la 6 la 14 ani, care au fost de asemenea chestionaţi, încrederea în sine era doar pe a şasea poziţie, după simţul echităţii şi al dreptăţii. Spiritul de competiţie era chiar ultimul dintre valorile citate, atât la adulţi, cât şi la copii. Ar fi interesant de comparat aceste rezultate cu studiile anterioare. Dacă acest sondaj s-ar fi efectuat în anii 1960 sau 1980, ar fi spus aceleaşi lucruri?

Forța bacului a fost oare succedată de forța eului de a-și construi o viață frumoasă?

Care sunt valorile voastre prioritare?

Calitate	Rangul global în cele trei grupe	Rangul în cazul părinților	Rangul în cazul profesorilor	Rangul în cazul copiilor
Respectul față de ceilalți	1	1	1	2
Încrederea în sine	2	2	3	6
Simțul echității	3	3 ex-aequo	10	1
Simțul dreptății	4	7	6	5
Autonomie	5	3 ex-aequo	2	12

Ce întrebări au fost puse?
Părinților (527) și profesorilor (312): „Vă voi citi calități sau valori pe care le poate dezvolta un copil. Pentru fiecare dintre ele îmi veți indica... dacă vi se pare prioritară".
Copiilor (257): „Când te gândești la prietenii, colegii, colegele tale ce calități îți plac la ei?"

HRANA AFECTIVĂ ȘI HRANA EDUCATIVĂ

„Știu că părinții mei mă iubeau, ne povestea Stéphane, treizeci de ani, dar nu aveau timp să mi-o arate. Erau amândoi străluciți și foarte implicați în cariera lor. Tatăl meu era director comercial, mama mea era director publicitar. Eram crescuți de bone. În weekend, părinții noștri își aduceau adesea de lucru acasă, își făceau cumpărăturile, îşi vizitau prietenii. În fine, noi petreceam foarte puţin timp cu ei.

Când fratele meu a devenit toxicoman, s-au culpabilizat foarte mult, dar tot nu s-au oprit. Ba, din contră, s-au refugiat mai mult în această muncă ce le aducea mai multă satisfacţie decât viaţa de familie. Am păstrat din copilărie acest sentiment neplăcut că nu am suficientă importanţă pentru ei. Şi că era din cauza lipsei mele de interes, nu a nevrozei lor de muncă. De aceea mi-a luat mult timp să mă construiesc, să mă conving de valoarea mea."

Copilul se hrăneşe pur şi simplu cu dragostea pe care o primeşte de la părinţi. Doar *intenţia de dragoste* nu contează. Copilul o percepe, ea îi permite să nu aibă o suferinţă majoră, deteriorări ireparabile ale stimei de sine, dar, dacă iubirea nu este urmată de acte şi de gesturi concrete, el va trage singur concluziile: ei mă iubesc, dar eu nu sunt demn să trec în faţa celorlalte preocupări ale părinţilor mei. Stima sa de sine va fi, deci, mediocră, spre marea uimire a părinţilor care au sentimentul că şi-au iubit progenitura.

Această „hrană afectivă", chiar exprimată şi împărtăşită, este oare suficientă? Cunoaştem proverbul chinezesc: „Dacă vrei să hrăneşti un bărbat, nu-i da peşte, învaţă-l să pescuiască". El se aplică stimei de sine: dacă vrem ca mai târziu copilul să fie capabil să suscite din partea celorlalţi atitudini care să-i hrănească stima de sine, trebuie să-l învăţăm să facă asta. Acesta este rolul educaţiei, pe care o putem considera drept învăţarea strategiilor destinate să crească stima sa de sine: reuşind în sarcinile cerute de societate, fiind dorit de ceilalţi (să primească stimă, aprobare, simpatie, admiraţie etc., echivalente adulte ale iubirii primite din partea părinţilor). Să-l înveţi pe copil să fie socialmente competent, adică să se simtă în largul lui în cadrul grupurilor şi să se afirme fără agresivitate sau lăudăroşenie este fără îndoială una dintre sarcinile educative majore ale tuturor părinţilor.

Aceste două nivele de relaţionare cu copilul au făcut obiectul multiplelor teoretizări, printre care cea a „condiţionalităţii susţinerii exprimate". Ceea ce deosebeşte diferitele tipuri de susţinere este faptul că ele sunt oferite *necondiţionat* (indiferent ce face copilul el va primi susţinere: iubirea) sau *condiţionat* (susţinerea depinde de comportamentul copilului). Consecinţele asupra stimei de sine sunt diferite. În primul caz, copilul integrează faptul că are o anumită valoare, pentru că părinții îl iubesc mai mult și dincolo de orice. Soclul stimei sale de sine este atunci bine consolidat. Dar această iubire necondiționată nu îl pregătește neapărat pentru a ști să suscite dragostea și din partea altor persoane în afara părinților săi: este copilul „răsfățat". În al doilea caz, copilul știe că susținerea primită depinde de actele sale, ceea ce este liniștitor, dar mai puțin securizant: este copilul „dresat". Este evident că aceste două tipuri de hrană sunt necesare stimei de sine: e vorba de copilul „deschis". Și că dubla lor absență determină o leziune majoră a stimei de sine: copilul „abandonat".

	Susținere necondiționată a persoanei („te iubesc orice ar fi")	Fără susținere necondiționată a persoanei („îmi ești indiferent")
Susținere condiționată de comportament („te apreciez când faci ceea ce doresc")	Stimă de sine înaltă și stabilă (copilul „deschis")	Stimă de sine scăzută și instabilă (copilul „dresat")
Fără susținere condiționată de comportament („mi-e indiferent ce faci")	Stimă de sine înaltă și instabilă (copilul „răsfățat")	Stimă de sine scăzută și stabilă (copilul „abandonat")

Stima de sine și susținerea parentală

Două relatări ale unor părinți ilustrează aspectele pe care le-am dezvoltat mai sus. Prima conturează portretul unei fete „răsfățate". Este relatarea unui tată apropo de fiica sa unică de treizeci și patru de ani. Să-l ascultăm:

„I-am oferit multă dragoste, dar ea este pe cale să rateze în viață: este mereu în conflict cu colegii de serviciu, eșuează în viața sentimentală... La început, adoptam sistematic punctul ei de vedere și credeam că n-avea noroc, că nimerea prost, că era vina celorlalți etc. Dar, puțin câte puțin, am înțeles că problema era a ei.

Se ştie că pe copiii unici nu trebuie să-i răsfeţi prea mult, este o pantă pe care aluneci mereu. Mai ales dacă este o fată încântătoare, vivace, inteligentă. Aveam tendinţa să o admirăm prea mult şi să-i iertăm totul. Nu i-am făcut niciun serviciu: ea a prins obiceiul de a nu ţine cont de părerea celorlalţi. Şi astăzi tot de aici îi provin necazurile.

Cred, de asemenea, că se îndoieşte mult de ea, a sfârşit prin a înţelege că, în ciuda calităţilor sale, nu putea avea dreptate întotdeauna. Şi dintr-odată, cum este o fată intransigentă, încearcă să adopte părerea contrară şi să creadă că nu este capabilă de nimic."

Iată acum un alt tată. El vorbeşte despre un copil „dresat", Guillaume, douăzeci şi cinci de ani, al treilea din cinci fraţi:

„Am făcut din el un bărbat şi el îmi reproşează că l-am distrus. Nu a fost niciodată un copil fără probleme. I-am impus să meargă la cercetaşi, unde a învăţat o serie de valori care astăzi îi sunt necesare. L-am crescut ca pe ceilalţi copii ai mei: fiind sever, dar corect. Niciunul dintre ei nu mi-a făcut reproşuri. El singur din toţi cinci s-a rupt de mine. Nu mai vrea să mă vadă, nu acceptă să o vadă decât pe maică-sa. Într-o zi îmi va mulţumi, dar azi se comportă ca un ingrat."

E rândul mamei lui Guillaume să povestească:

„Soţul meu nu l-a înţeles niciodată pe Guillaume. Era un copil care se îndoia mereu de el însuşi, care avea nevoie de multă consolare şi afecţiune. El nu a primit din partea tatălui său decât educaţie. Argumentele soţului meu pentru a se apăra sunt că fraţii şi surorile sale au crescut în aceeaşi manieră, ceea ce este adevărat. Şi că l-a educat sever pentru binele lui, ceea ce era adevărat ca intenţie, dar nu ca rezultat. Guillaume avea nevoie mai mult de dragoste decât de dresaj."

IUBIRE (SUSȚINERE NECONDIȚIONATĂ)	EDUCAȚIE (SUSȚINERE CONDIȚIONATĂ)
Comportamentul părinților nu depinde de comportamentul copilului	Comportamentul părinților depinde de comportamentul copilului
Nu este periclitată în cazul în care copilul are comportamente neadecvate	Critici dacă copilul are comportamente neadecvate
Hrănește direct stima de sine, dar nu îl învață neapărat pe copil să primească stima celorlalți	Hrănește mai puțin bine stima de sine, dar învață să fie stimat de ceilalți
Influențează NIVELUL stimei de sine (cu cât copilul va fi mai iubit, cu atât stima sa va fi mai crescută)	Influențează STABILITATEA stimei de sine (în cazul în care copilul este iubit, cu cât va fi mai educat, cu atât stima sa va fi mai stabilă)

Două feluri de a hrăni stima de sine

SFATURI PENTRU O SUSȚINERE EFICIENTĂ A COPIILOR

Înainte de a vă ocupa de stima de sine a copiilor dumneavoastră, ocupați-vă de... a voastră! Pentru că, dacă aveți probleme de acest fel și dacă vă puneți în gând să îmbunătățiți stima de sine a progeniturii dumneavoastră, riscați să faceți să se exercite asupra lor o presiune mai puternică și mai puțin convingătoare. Cea mai bună dintre pedagogii, să nu uitați, este exemplul: copiii interiorizează maniera în care dumneavoastră vă descurcați și vă confruntați cu propriile dificultăți.

Exprimați-le *clar* susținerea voastră, fiind atenți să nu folosiți exclusiv mesajele indirecte (cum sunt cadourile).

Exprimați-le afecțiunea *în mod regulat* — ceea ce nu înseamnă în permanență.

Nu confundați lucrurile. De exemplu, recurgând la șantajul afectiv, ce constă în a-l amenința pe copil cu retragerea dragostei din cauza unui comportament care vi se pare neadecvat. Decât să-i spuneți: „Mi-ai făcut mult rău“ sau „Mă dezamăgești“, de cele mai multe ori este de preferat să-i spuneţi: „Nu sunt mulţumit(ă) de ceea ce faci". Sau chiar negând problemele copilului, în numele iubirii pe care o primeşte: „Nu este grav că ai problemele astea, noi tot te iubim".

CE SĂ FACEŢI	CE SĂ NU FACEŢI
Să discutaţi în particular cu copilul	Să vă adresaţi mereu copiilor în grup (fratrie) sau în numele cuplului
Să-l ascultaţi în mod regulat pe copilul dumneavoastră vorbind despre universul său	Să nu vă ocupaţi de el decât atunci când îi merge rău
Să acordaţi interes activităţilor care îl preocupă	Să vă mulţumiţi cu vagi urme de interes: „A, faci o machetă? Foarte bine, continuă..."
Să împărtăşiţi anumite activităţi cu copilul	Să-l lăsaţi în universul lui
Să-i daţi sentimentul că este unic	Să-l comparaţi în mod regulat cu ceilalţi copii (fraţi şi surori, verişori, colegi...)
Să fiţi un model pentru copil (să accepte criticile, fără a se prăbuşi în faţa eşecurilor...)	Să aveţi, ca persoană, comportamente opuse mesajelor educative ca părinte
Să-l învăţaţi să se ia şi în râs (dându-i exemple)	Să râdeţi de el în public

Sfaturi pentru părinţi

Stima de sine are o istorie pe care uneori este util să o cunoşti. Cum noi avem tendinţa de a ne cufunda suferinţele în uitare, această istorie nu este întotdeauna uşor de citit. Şi totuşi, aşa cum va arăta şi capitolul următor, trebuinţele noastre rămân aceleaşi şi când ne-am făcut mari — atât de adevărat este că îndoielile noastre din copilărie determină îndoielile noastre ca adulţi...

Capitolul 6
Adulți sub influență: iubire, cuplu, muncă și stimă de sine

„Felicitările: politețea geloziei“

Ambrose Bierce

Deşi fundamentele sunt construite încă din copilărie, stima de sine nu rămâne încremenită până când atingem vârsta adultă. Din contră, ea continuă să evolueze, să fie obiectul fluctuațiilor. Care sunt evenimentele care tind să o modifice? Şi spre ce obiective ne îndreptăm pentru a o îmbunătăți?

RISCURILE SEDUCȚIEI

„În viața amoroasă, a nu fi iubit reduce sentimentul stimei de sine, iar a fi iubit îl înalță", spunea Freud[1]. De la flirt la legătura durabilă, de la conflictul conjugal la despărțire, toate aspectele vieții noastre sentimentale prezintă legături foarte puternice cu stima de sine. Acest raport nu este cu sens unic. Dacă reușitele și eșecurile noastre sentimentale apasă greu asupra stimei pe care ne-o purtăm, aceasta permite să se prevadă multe din comportamentele și alegerile noastre amoroase: vom îndrăzni să ne exprimăm atracția? cum o vom face? pe cine vom alege?

INSUPORTABILA NECESITATE DE A PLACE

Toate comportamentele de seducție au ca funcție îmbunătățirea stimei de sine. Dar așa cum unii fac compulsiv cumpărături, care depășesc trebuințele lor reale, tot așa alții simt nevoia de a seduce mai mult decât e rezonabil. Cel mai mic raport social este pentru ei ocazia de a verifica faptul că pot place, chiar dacă relația nu durează decât câteva minute, atât de mare este nevoia de a se asigura că pot fi apreciați sau iubiți de altcineva.

„Sunt un copil adoptat", ne povestea unul dintre pacienții noștri. „Am știut-o de foarte mic, și asta m-a marcat pe viață. Am avut părinți adoptivi foarte tandri, care mi-au dat multă iubire și nu mi-au ascuns adevărul, imediat ce am avut vârsta pentru a-l cunoaște. Dar erau foarte în vârstă, tatăl meu adoptiv era puțin ipohondru, îi era mereu teamă să nu aibă o boală mortală, iar mama mea era foarte de anxioasă ca el să nu moară. Îmi amintesc de angoasele mele de băiețel, când și mie îmi era teribil de teamă ca ei să nu moară, îmi dădeam seama atunci că astfel aș fi rămas singur pe lume, fără nimic care să semene cu o familie în jurul meu. Mă gândesc că de la asta a pornit nevoia mea cronică de a seduce. Oriunde aș fi, am nevoie să simt că plac interlocutorului meu, că el mă acceptă și că ar putea rămâne cu mine o clipă în plus, fără a se enerva. Fie că este un comerciant, un vecin, un client, un coleg, și mai ales dacă este o femeie frumoasă. Totuși, asta nu se limitează la femei: doresc pur şi simplu ca *toată lumea* să creadă despre mine că sunt un tip simpatic şi să mă regrete când nu sunt de faţă. Avantajul este că sunt foarte popular: asta merge, preocuparea mea de a place tuturor îi flatează. Dar, pe de altă parte, sunt foarte sensibil la critici sau la respingeri; sunt pierdut şi descumpănit în faţa persoanelor reci şi puţin sensibile la «farmecul» meu. Încep imediat să mă îndoiesc iar de mine, să realizez că mă bazez prea mult pe afectiv. În fond, a dori întotdeauna să seduc nu este o soluţie. Asta maschează toate îndoielile pe care le am faţă de mine, toate temerile. Nu sunt autonom, am o dependenţă completă de un surâs şi de o aprobare."

DORINŢA DE A SEDUCE ESTE O BOALĂ?

Primii psihanalişti au popularizat foarte mult conceptul de isterie, asociindu-l foarte strâns, pentru marele public, cu noţiunea de seducţie fără rezultat. În concepţia majorităţii oamenilor, „isterica" este o „aţâţătoare", o femeie care trimite celorlalţi semnale de seducţie, dar care promite mai mult decât vrea sau decât poate da în materie de angajament sexual sau sentimental: „Ceea ce arată ea nu corespunde deloc nici unui dar, nici unei promisiuni[2]".

Personalitatea histrionică, întrucât acesta este pe viitor termenul dat de clasificările internaţionale de psihiatrie, este caracterizată de o trebuinţă imperioasă de a atrage atenţia celorlalţi asupra sa, de a apărea sub o lumină favorabilă, de a place; şi printr-o mare dificultate de a se angaja în relaţii afective stabile şi satisfăcătoare. S-ar părea că acest comportament se poate explica printr-o stimă de sine foarte deteriorată[3]. Bărbat sau femeie, personalitatea histrionică obţine mult mai multe satisfacţii dându-se la tentative succesive de seducţie a celorlalţi, decât intrând într-o legătură durabilă. A vedea că poate place o linişteşte superficial, în timp ce-şi asuma riscul de a decepţiona dezvăluindu-se într-o relaţie care o angoasează profund. Această atitudine duce la impasul unei stime de sine compartimentate: în cel mai bun caz, este percepută ca o persoană atrăgătoare şi competentă din punct de vedere sexual; dar, în acelaşi timp, se consideră ca o persoană lipsită de interes şi incapabilă de a păstra durabil un partener alături de ea.

A FACE FAȚĂ RESPINGERII

„Nu îndrăznesc să abordez fetele, ne spune Nicolas (32 de ani). Sunt îngrozit de ideea că ele ar putea să-mi spună nu. Am impresia că asta ar fi confirmarea faptului că nu sunt demn de dragoste. Cred că, inconştient, prefer să rămân în nesiguranță." „Nu ies decât cu băieți care nu îmi plac prea mult, îi răspunde în ecou Valérie (27 de ani). Am o imagine atât de negativă despre mine, încât nu merit ceva mai bun de atât."

Marea vulnerabilitate a persoanelor care vorbesc în cadrul consultației despre dificultățile lor sentimentale ne aminteşte de faptul că „harta amorului" seamănă mai mult cu un câmp de bătălie, decât cu o grădină bucolică. A dori să seduci înseamnă a-ți asuma riscurile, pentru că noi le dăm celorlalți posibilitatea de a ne respinge. Şi nici o ființă umană nu poate rămâne indiferentă la respingere.

Această respingere poate fi imediată. Persoana pe care am încercat să o seducem ne arată, cu mai multă sau mai puțină amabilitate, că nu o interesăm. O astfel de respingere este dureroasă şi frustrantă: sentimentul de a fi dat la o parte din cauza aparențelor (aspect fizic, statut social, stângăcie etc.) ne dă sentimentul că celălalt nu ne-a „acordat şansa" şi că, dacă ar fi ştiut cine suntem cu adevărat, ne-ar fi putut aprecia.

Măriți-vă stima de sine cumpărându-vă un logodnic virtual[4]

Max este un bărbat frumos, de 40 de ani, cu ochi albaştri. Agent imobiliar în Colorado, el conduce un BMW decapotabil roşu, schiază, joacă golf şi tenis. Îi plac călătoriile şi discuțiile stimulatoare... unde să dai peste această perlă rară?

Adresându-vă societății americane *Boyfriend in a Box*. Pentru suma de 10 dolari, veți putea alege opt modele seducătoare (David doctorul, Franck pompierul etc.). Veți primi atunci fotografii de diferite formate (pentru biroul dumneavoastră sau pentru portofel), trei mesaje telefonice false (pentru a le lăsa pe robotul dumneavoastră în serile când vă întâlniţi cu prietenii) o felicitare, etc. Totul pentru a face să crezi că... Pentru că piaţa se află la acest nivel: cum să eviţi o imagine socială devalorizantă atunci când eşti o femeie singură? În doi ani, mai mult de 120 000 de cliente au cumpărat un logodnic virtual. Acele *girlfriends* pentru bărbaţi (secretare, top-modele, infirmiere etc.) vor fi în curând comercializate...

Respingerea poate fi şi secundară. După ce a început relaţia şi după un răgaz mai scurt sau mai lung, partenerul nostru ne respinge. Lovitura dată stimei de sine poate fi mai gravă: am fost respinşi după „perioada de probă"; respingerea se referă atunci la unele caracteristici mai intime decât cele din cazul precedent. Am fost implicaţi, ne-am dezvăluit şi am decepţionat...

Se înţelege că, în aceste condiţii, persoanele cu stimă de sine vulnerabilă se pot teme să-şi asume astfel de riscuri.

MICUL LABORATOR AL SEDUCŢIEI

S-au realizat diverse experimente ştiinţifice pentru a verifica dacă nivelul stimei de sine are valoare predictivă pentru comportamentele de seducţie. Iată unul dintre ele, pe care am putea să îl intitulăm „Făcând un bărbat să eşueze, el le va lăsa pe femei în pace[5]".

Studenţi de sex masculin au fost invitaţi să dea nişte pseudoteste de inteligenţă: unei jumătăţi dintre ei, aleşi aleatoriu, li s-a prezentat rezultate flatante, iar celeilalte, rezultate devalorizante. Obiectivul: a le ridica sau scădea stima de sine. Apoi, sub un fals pretext, au fost puşi în relaţie cu nişte tinere, la cofetăria universităţii, în absenţa tranzitorie a experimentatorului. Tinerele erau de fapt complice în experiment: li s-a cerut să noteze frecvenţa conduitelor seducătoare pe care le vor avea băieţii faţă de ele (dacă le făceau complimente, le plăteau consumaţia, le cereau numărul de telefon sau le solicitau o întâlnire etc.). Studenţii care primiseră rezultate favorabile la pseudotest (cu stimă de sine ridicată) îşi încercau mult mai des şansa pe lângă tinerele fete, în timp ce ceilalţi cărora li se comunicaseră rezultate scăzute (stimă de sine deteriorată) nu încercau mare lucru...

Morală în folosul soțiilor bărbaților nestatornici: repetați-i și dovediți-i că nu este atât de teribil sau de șmecher ca cei de mai sus, și probabil se va uita mai puțin la alte femei. Sau astfel nu se va mai uita după femeile *frumoase*. Pentru că experiența a mers, de fapt, și mai departe.

De fapt, dintre fetele care serveau ca momeală pentru studenții testați, jumătate fuseseră mai atrăgătoare (coafate, machiate, îmbrăcate la modă), în timp ce celelalte mai puțin. Și s-a observat că tinerii bărbați îmbătați de rezultatele lor le asaltau cu ușurință pe fetele frumoase; din contră, cei a căror stimă de sine fusese dezumflată nu îndrăzneau să-și încerce norocul, iar când o făceau, era doar cu cele mai puțin frumoase...

Altă morală (un fel de a spune...): se aleg eventualele partenere în funcție de ceea ce credem a fi nivelul meritului propriu... Frumusețea partenerei ar fi unul din indicatorii stimei de sine a bărbaților? Sau chiar, la o altă privire asupra faptelor, le servește la menținerea stimei lor de sine la un nivel înalt?

Aceste experiențe sunt transferabile și asupra femeilor? Societatea noastră încă mai consideră că bărbații ar trebui să fie cei care fac avansuri. Femeilor le rămâne atunci să le faciliteze sau să le accepte. Și, în acest caz, există factori legați de stima de sine care să le determine pe femei să accepte sau să refuze avansurile bărbaților? Experiența următoare ne va lămuri[6]. Tinere fete au fost plasate într-o situație de eșec similară experimentului anterior: li s-au anunțat, în mod aleatoriu, rezultate bune sau slabe la un test pe care l-au dat. În timp ce luau cunoștință de rezultate, un alt student, de fapt un complice, intra „din întâmplare“ în încăpere și începea o conversație cu ele. Și conversa atât de bine, încât își manifesta dorința de a le revedea, înainte de a părăsi încăperea... Puțin după aceea, tinerele dădeau un alt pseudotest, în care trebuiau să facă o evaluare asupra unui număr de persoane întâlnite recent, printre care și complicele. Tinerele care fuseseră puse în situație de eșec, evaluaseră această persoană mult mai bine decât celelalte, în ciuda faptului că era vorba de un străin pe care nu îl întâlniseră niciodată înainte. Cele care obținuseră rezultate bune au rămas mult mai neutre... Experimentul nu ne permite să aflăm dacă tinerele cu stimă de sine scăzută ar fi ajuns eventual mai departe, respectiv dacă ar fi acceptat o întâlnire, şi chiar mai mult... Dar putem presupune că aşa s-ar fi întâmplat cu unele dintre ele...

Concluzie: femeile sunt mai vulnerabile şi mai receptive la seducţie atunci când se simt devalorizate. Este logic, pentru că, în fond, ce este seducţia dacă nu semne de aprobare, de admiraţie, toate lucrurile benefice pentru o stimă de sine nesigură?

Pentru a termina cu vechii prieteni celibatari

Aveţi doi vechi prieteni celibatari, un bărbat şi o femeie. Hotărâţi să le faceţi cunoştinţă la o petrecere pe care o organizaţi dvs. În funcţie de ceea ce aţi citit mai sus, cu ce veţi începe, cum veţi proceda pentru a creşte şansele de reuşită a manevrei dumneavoastră ?

Răspuns:

Creşteţi cu abilitate stima de sine a prietenului: „Să-ţi spun drept, bătrâne, nu am decât complimente pentru tine în seara asta, fetele te găsesc foarte simpatic. Ai un stil de invidiat..." şi diminuaţi insidios stima de sine a prietenei: „Să-ţi spun drept, nu arăţi prea bine azi! Ai o mutră! Vino la toaletă, vom încerca să aranjăm puţin asta..."

Apoi le faceţi prezentările.

ALEGEREA PARTENERULUI

A seduce, desigur, dar mai trebuie să ştim şi dacă ne alegem partenerii de flirt aşa cum o facem cu eventualii soţi. Pentru o legătură trecătoare, pare logic să preferi persoane care valorizează stima de sine. Dar pentru o legătură durabilă? Ei bine, se pare că lucrurile nu se petrec de loc la fel: dacă începem să ne gândim la o viaţă de cuplu, vom fi atraşi de parteneri mai lucizi în a ne aprecia aşa cum suntem cu adevărat...

▸ A fi admirat sau a fi înţeles?

Sunteţi invitat(ă) la o serată. Întâlniţi acolo (ce şansă!) cinci persoane foarte seducătoare. Graţie unui har aparte, sunteţi capabil să le citiți gândurile: una vă judecă exact cum vă judecați dumneavoastră; o alta vă judecă ceva mai bine decât o faceți dumneavoastră; o a treia vă judecă mult mai bine; o a patra vă judecă mai puțin bine; în fine, a cincea vă judecă mult mai puțin bine decât vă apreciați dumneavoastră. După ce ați luat cunoștință de părerile lor despre dumneavoastră, de care persoană vă veți simți mai atras pentru un flirt? și cu care dintre ele v-ar plăcea să construiți o legătură durabilă?

Acest experiment a fost aplicat în realitate pe trei sute de subiecți care erau confruntați cu judecățile unor parteneri virtuali, întâlniți la o serată imaginară.[7] Rezultatele au fost foarte surprinzătoare: atracția *imediată* („mi-ar plăcea să am o aventură cu această persoană“) era corelată cu imaginea pozitivă, provenind din partea partenerului imaginar; altfel spus, cu cât suntem mai apreciați, cu atât ne face mai multă plăcere și ne dorim să petrecem un moment cu celălalt. Dar atracția *întârziată* („m-aș vedea într-un cuplu cu acea persoană“) arăta un maximum pentru evaluările ușor pozitive, în timp ce evaluările foarte pozitive erau considerate mai puțin atrăgătoare pe termen lung! Altfel spus, ne alegem eventualii soți după criterii diferite decât cele pe care le folosim pentru legături trecătoare: pentru o relație efemeră căutăm să fim valorizați, pentru o poveste durabilă, căutăm pe cineva care să aibă despre noi o imagine justă— și totuși ușor pozitivă!

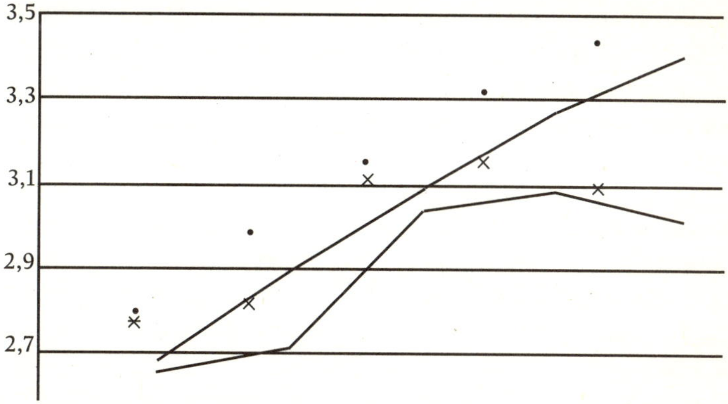

Cum ne influențează alegerile sentimentale judecata partenerilor noștri (după S. Epstein și B. Morling în M. H. Kernis, op. cit.)

De fapt, ce-aţi fi răspuns şi dumneavoastră dacă aţi fi participat la acest experiment?

▸ Alegeri calme şi alegeri precipitate

Să nu facem o căsnicie decât cu cineva care ştie *într-adevăr* cine suntem... Această tendinţă este încă şi mai evidentă la persoanele cu scăzută stimă de sine: un studiu realizat pe cupluri căsătorite[8] a arătat faptul că persoanele care se apreciau favorabil aveau în general soţi care le apreciau la fel; în timp ce subiecţii care aveau o imagine negativă despre ei înşişi erau cel mai adesea cuplaţi cu soţi care gândeau acelaşi lucru despre ei! Gândind că mariajul nu este făcut pentru a te minţi (ceea ce este interzis), persoanele cu stimă de sine scăzută au, fără îndoială, această definiţie pentru iubire: „Nebunie temporară care se poate vindeca prin căsătorie[9]“.

Dar acest tip de comportament pare totuşi ciudat şi am putea să ne punem întrebări despre el. De exemplu, persoanele cu scăzută stimă de sine fac alegeri în deplină cunoştinţă de cauză sau în mod inconştient? Este o alegere raţională, gândită sau, din contră, este o decizie intuitivă? Un mic experiment[10] ne va ajuta să răspundem la aceste întrebări.

Unor subiecţi voluntari li s-au prezentat nişte potenţiali parteneri sentimentali, apoi li s-a relevat, chipurile, ceea ce au crezut despre ei aceşti eventuali parteneri. Această judecată era bineînţeles aleatorie şi se dovedea a fi când pozitivă, când negativă. Ce parteneri au ales să revadă subiecţii experimentului, în funcţie de nivelul stimei de sine? Totul depindea, de fapt, de timpul care li se lăsa pentru a lua decizia.

Dacă li se lăsa subiecţilor o pauză pentru a reflecta mai bine asupra alegerii lor, se regăseau datele pe care le-am descris deja: persoanele cu înaltă stimă de sine preferau să revadă partenerii care aveau o părere bună despre ele, în timp ce persoanele cu stimă de sină scăzută alegeau mai des să revadă persoanele care emiseseră o părere critică la adresa lor.

Din contră, dacă subiecţii erau constrânşi să facă rapid şi intuitiv alegerea (de exemplu, lăsându-le un timp foarte limitat şi cerându-le în acelaşi timp să reţină o serie de cifre complicate pentru a-i împiedica să se concentreze), rezultatele obținute de grupul „scăzută stimă de sine" erau modificate: în grabă, acești subiecți alegeau mai ales partenerii care îi evaluau pozitiv.

Altfel spus, dacă ascultă de rațiune, subiecții cu scăzută stimă de sine preferau să aleagă parteneri capabili de a le conferi o privire critică: aceasta confirmă propria lor părere de sine și nu îi pune în situația riscantă de a-l decepționa pe celălalt (pentru că el este deja la curent cu limitele lor, el îi alege deci în cunoștință de cauză).

Dar, dacă ele ar asculta mai mult de intuiție, persoanele cu scăzută stimă de sine ar alege ca parteneri persoane care au o părere favorabilă despre ele. E greu de știut dacă asta este în final un lucru bun! Dacă stima dumneavoastră de sine este scăzută, un soț care vă apreciază pozitiv vă poate stimula („nu sunt atât de rău, în final") și poate vă crește puțin câte puțin stima de sine. Dar vă poate și angoasa („nu voi putea să-l mulțumesc, sunt un impostor") și, în final, să vă destabilizeze, dacă nu chiar să vă scadă stima pe care v-o purtați...

MICI ARANJAMENTE ÎNTR-UN CUPLU

Dacă ne întemeiem o căsnicie este pentru a ne face un bine și pentru a ne îmbunătăți stima de sine. Cel puțin, putem presupune asta. Dar se întâmplă mereu așa? Și este sistematic adevărat pentru cei doi membri ai unui cuplu?

CINE PROFITĂ DE CUPLU?

Unele lucrări[11] ne lasă să credem că de mariaj beneficiază, în medie, mai mult stima de sine a bărbatului decât a femeii. De ce? Un cuplu presupune dăruire și renunțări din partea fiecăruia dintre membri; or, se pare că, în general, femeile acceptă mai mult decât bărbații să renunțe la ele, în favoarea cuplului[12]. Aceste renunțări se pot referi la aspecte minore: de exemplu, a recunoaște că soțul este un bucătar mai bun și a-i lăsa lui preocuparea de a pregăti cina pentru invitați, asumându-ți în același timp mesele zilnice, sursă de gratificaţii mai mici pentru stima de sine. Dar astfel de renunţări privesc, de asemenea, şi aspecte fundamentale: adesea, femeile sunt cele care renunţă la a-şi dezvolta cariera profesională pentru a se consacra vieţii lor familiale.

„Am doi copii, ne spunea una dintre pacientele noastre, şi nu lucrez. Am căutat puţin, la un moment dat, dar profesiile interesante erau incompatibile cu o viaţă de familie echilibrată. Şi soţul meu, care câştiga bine, m-a obligat întotdeauna să rămân acasă. Sunt mulţumită de existenţa mea actuală: cuplul nostru merge bine, chiar dacă soţul meu munceşte prea mult, copiii mei mi se par foarte reuşiţi, am prieteni şi un mod de viaţă plăcut. Dar mi se întâmplă să mi se pună întrebări despre mine atunci când întâlnim persoane noi la dineuri, ceea ce se întâmplă frecvent datorită meseriei soţului meu. Atunci când sunt întrebată ce profesie am, răspund că sunt mamă, casnică. Imediat, oamenii spun că este o meserie grea, că este minunat, că am dreptate etc. Dar nu cred niciun moment. Cum spun asta, sunt catalogată ca o burgheză leneşă de majoritatea persoanelor de vârsta mea care lucrează. Acum, când am patruzeci de ani, trebuie să recunosc că asta mă enervează..."

ARTA DE A REPARTIZA ROLURILE

Renunţările în sânul cuplului sunt în principiu mutuale, ceea ce duce la noţiunea de „zone de competenţă" ale fiecăruia: cei doi soţi se recunosc ca expert şi decident în diferite domenii. În cuplurile care merg bine, aceste zone de competenţe sunt repartizate echitabil: unul este considerat ca un cunoscător mai bun a ceea ce este mai bine pentru educaţia copiilor, altul pentru bani, menaj etc.

„În cuplul meu, ne povestea o tânără, fără ca asta să fie clar spus, ne-am repartizat sarcinile, de-a lungul anilor. Cum sunt mai sociabilă, eu joc rolul ministrului afacerilor externe: telefonez prietenilor şi familiei, întreţin relaţiile cu vecinii etc. Soţul meu se ocupă de toate aspectele administrative ale vieţii de familie: compatibilitate, raporturile cu administraţia; un adevărat ministru de finanțe. Cu copiii, eu sunt ministrul educației, în timp ce el acceptă rolul, nu întotdeauna gratificant, al ministrului de interne, făcând să domnească puțină disciplină printre cei patru drăcușori ai noștri. Fiecare din noi recunoaște competențele celuilalt. Și ele sunt cunoscute ca atare și apropiaților noștri..."

Aceste raporturi nu privesc doar viața personală a cuplului, ci și imaginea pe care o oferă celorlalți: o soție îl va lăsa pe soțul său, bun vorbitor, să monopolizeze cuvântul în timpul vizitelor; un soț va accepta ca soția sa să fie considerată artistă în anturajul lor, acceptând, în opoziție cu el, să treacă drept o persoană cu un gust mai puțin format... Aici, totul este o chestiune de echilibru: nu este posibil ca un cuplu să funcționeze durabil dacă unul dintre soți ocupă terenul tuturor competențelor plăcute sau socialmente valorizate. Stima de sine a fiecăruia dintre soți trebuie să fie echitabil „hrănită" de viața de cuplu.

Stima de sine a Tatălui

În cartea sa pentru copii, *Tata nu are timp*, desenatorul Philippe Corentin[13] ironizează nostim repartiția fals egalitară a sarcinilor din sânul unor cupluri:

„Cuplul este format în majoritatea cazurilor dintr-un tată și o mamă, sau invers."

„În general, un tată este mai inteligent. Dar mama este cea care face copii, tata nu are timp..."

„Cel mai adesea, sarcinile sunt împărțite: tata se culcă primul, mama se scoală prima. Dat fiind că mama nu trebuie să se bărbierească, ea poate deci să pregătească micul dejun."

„Chiar dacă tata știe mai bine să gătească, mama este cea care o face. Din contră, mama știe mai bine să spele vasele, deci ea le spală."

„Tata știe mai bine să citească ziarul: deci, el este cel care îl citește. El nu se pricepe deloc la copii: deci, asta o privește pe ea. Ea nu se pricepe deloc la fotbal, deci el este cel care se uită la meci..."

MÂNDRIE SAU GELOZIE?

Atunci când un cuplu merge bine, fiecare se bucură şi se valorizează prin procură, pornind de la reuşitele partenerului. Stima de sine a fiecăruia este astfel sporită, în mod direct pentru unul şi indirect pentru celălalt.

În cuplurile disfuncţionale — sau în timpul perioadelor de conflict —, există, din contră, o competiţie pentru exercitarea competenţelor: doi soţi vor, de exemplu, să-şi taie vorba fără încetare în faţa invitaţilor cu care conversează. Sau fac sabotaje: soţia, enervată de soţ, va face dezvăluiri invitaţilor („Ştiţi, face el pe deşteptul, dar de fapt..."). La fel, în cuplurile foarte manifest dezechilibrate, partenerul cel mai „puternic" şi mai recunoscut social poate avea tendinţa de a-şi reduce partenera la sclavie. Aşa cum scria Jules Renard în *Jurnalul* său, „în umbra unui bărbat glorios, există întotdeauna o femeie care suferă"...

Marele geniu şi micile meschinării[14]

Marele fizician şi premiat cu Nobel, Albert Eistein, a ştiut să-şi construiască cu abilitate, în timpul vieţii, legenda publică, astfel încât să facă uitate unele dintre ciudăţeniile sale. Recent s-a luat cunoştinţă de corespondenţa sa personală, unde aflăm că dacă, aparent, marele bărbat dispunea de o bună stimă de sine, nu era preocupat câtuşi de puţin de a o menaja pe cea a soţiei sale, Mileva, căreia îi scria, de exemplu:

„A— Veţi veghea ca: 1) lenjeria şi cearceafurile mele să fie ţinute în ordine; 2) să-mi fie servite trei mese pe zi în biroul meu; 3) camera şi biroul meu să fie întotdeauna bine întreţinute şi masa mea de lucru să nu fie atinsă de altcineva în afară de mine.

B— Veţi renunţa la orice relaţie personală cu mine, exceptând cele necesare aparenţei sociale. În special să nu pretindeţi: 1) să mă aşez cu dumneavoastră la masă; 2) să ies sau să călătoresc în compania dumneavoastră.

C— Promiteţi explicit că veţi respecta absolut următoarele puncte: 1) nu veţi aştepta din partea mea nicio afecţiune şi nu-mi veţi reproşa aceasta; 2) îmi veţi răspunde imediat ce vă voi lăsa cuvântul; 3) veți părăsi camera sau biroul meu imediat, fără a protesta, atunci când vă voi cere aceasta; 4) promiteți-mi că nu mă veți denigra în ochii copiilor mei, nici prin cuvinte, nici prin fapte."

Este adevărat că pe vremea aceea Einstein avea o legătură adulteră, dar dorea să evite un divorț, pe atunci scandalos — suntem în 1914. Câteva luni mai târziu, soția sa îl părăsi, împreună cu cei doi copii ai lor...

CUPLUL ȘI COPILUL

Oricine știe că părinții adoră să primească complimente cu privire la copiii lor: aceasta le crește stima de sine.

Când îi întrebăm pe adulți[15]: „Care este elementul cel mai important pentru a spune că cineva a reușit în viață?", răspunsul cel mai frecvent (45% din persoane) este „să ai copii". Mult mai mult decât „să reușești în viața profesională" (25%) sau „să reușești în viața sentimentală" (25%) și „să câștigi mulți bani" (4%). Pentru aproape jumătate din contemporanii noștri a avea copii ar da un sentiment de plenitudine și de stimă de sine („să reușești în viață").

Dar în ce manieră ne sporesc copiii noștri stima de sine ? Să fie doar gratificația narcisică de a fi creat mici ființe care să ne semene? Sondajul pe care l-am evocat aduce un element de răspuns. Atunci când punem întrebarea: „Ce așteaptă astăzi părinții de la copilul lor?", primul dintre răspunsuri este: „Să reușească în viață mai bine decât ei" (53%), „Să aibă spirit de familie" (35%) sau „Să îi iubească" (32%). Doar 4% din persoanele chestionate răspund: „Să le semene!" Astfel, noi ne dorin copii pentru ca ei să reușească acolo unde noi am eșuat...

De altfel, calculul nu este întotdeauna bun. Unii sociologi, constatând că, adesea, familiile sărace sunt cele care au cei mai mulți copii, afirmaseră cândva ipoteza că fertilitatea ar îmbunătăți stima de sine a părinților respectivi („nu avem bani, dar avem copii"). Astăzi se știe că această teorie nu este fondată: faptul de a avea copii nu ameliorează prea mult stima de sine și, invers, nivelul stimei noastre de sine ca persoane nu are efect asupra numărului de copii pe care îi vom avea ulterior[16]: Persoanele cu scăzută stimă de sine nu sunt mai prolifice decât alții!

Mai mult, faptul de a avea copii poate reprezenta o piedică, în special pentru femei, în privința realizării personale, într-o perioadă în care munca este o componentă importantă a stimei de sine. O anchetă recentă[17] arăta cum mamele cu doi sau mai mulți copii au din ce în ce mai multe dificultăți de a găsi serviciu:

	În 1994	În 1997
Mame cu doi copii, în vârstă de 25-29 de ani care au serviciu	63,5%	52%
	În 1990	În 1997
Mame cu doi copii în vârstă de 30-34 de ani care au serviciu	70,5%	59%

Maternitate şi serviciu

RAPORTURI DE FORȚĂ SUBTILE

Aşa cum copilăria nu este, cum s-a dorit mult timp să se creadă, o perioadă fără griji, nici cuplul nu este un loc unde domneşte iubirea fără limite, ci o scenă a multiplelor raporturi de forțe. În unele cupluri există o formă de competiție implicită, în care fiecare îşi doreşte să-l seducă pe celălalt, impresionându-l. Într-un roman descriind o ruptură conjugală[18], Françoise Chandernagor îi atribuie eroinei sale, Catherine, care încearcă să înțeleagă de ce a înşelat-o soțul, fraza următoare: „Pentru a învinge stima acestui băiat strălucitor şi distrat, încă din adolescență am încercat să mă înalț dincolo de mine: depăşindu-mă, îl depăşeam pe el?“

Exercițiu pentru cuplu

Puneți-vă aceste trei întrebări (sau, mai bine, discutați-le cu partenerul dumneavoastră):

1. Ce aduce cuplul stimei mele? În mod direct: prin ce mi-a permis partenerul meu să realizez unele dintre obiectivele mele? Sau în mod indirect: de ce anume sunt mândru(ă) de partenerul meu?

2. Cuplul meu este situat pe baze stabile? L-am ajutat pe soțul meu să își realizeze unele din obiectivele sale? Este el mândru de mine? Beneficiile mele și ale lui sunt la fel de mari?

3. Există domenii în care am sentimentul că suntem în competiție? Sau că suntem geloşi unul pe celălalt? Am discutat deja clar despre asta?

STRATEGIE	EXEMPLE
O comparație nefavorabilă partenerului, posibil cu o persoană pe care el/ea nu o apreciază	„Tu nu o iubeşti pe soacra ta, dar ea cel puțin face eforturi pentru invitații ei."
Critica membrilor familiei sale	„Eşti într-adevăr zgârcit, îmi aminteşti de tatăl tău."
Critica aspectelor sale fizice	„Mmm, te-ai mai îngăşat față de vara trecută?" sau „Nu am remarcat că din spate păreai atât de sfrijit!"
Evocarea aventurilor voastre trecute și regretele față de acest subiect	„A, iată fotografia asta, îmi amintesc. Era fiul unui ministru italian. Era foarte îndrăgostit de mine și voia să ne căsătorim. Mi-a scris mult timp și apoi... mi-ar plăcea să știu ce s-a mai întâmplat cu el. Chiar trebuie să merg la Roma în legătură cu serviciul meu..."
Povestirea unei serate plăcute fără el (ea), ci cu amici foarte drăguți	„A, ieri a fost superb. E tare bine să petreci o seară frumoasă cu oameni aşa de simpatici. De mult nu m-am mai distrat aşa. Ce păcat că tu nu ai putut veni. Dar poate că nu ți-ar fi plăcut..."

STRATEGIE	EXEMPLE
Plângerea culpabilizantă	„Când mă gândesc la tot ce am făcut pentru tine..."
A lăuda calităţile unui(unei) rival(e) potenţial(e)	„Ai văzut ce frumoasă era aseară vecina Dupont? da, cea cu care am dansat... În plus, este mai inteligentă decât spun toate aceste femei invidioase..." sau „Acest băiat este foarte atrăgător, fata care va pune gheara pe el va trage lozul cel mare."

Cum să diminuaţi stima de sine a partenerului dumneavoastră

În alte cupluri, suntem uimiţi câteodată de nevoia unuia dintre cei doi membri de a menţine subtil stima de sine a partenerului său în limite ce nu pot fi depăşite, dincolo de care propria sa stimă de sine ar fi în pericol. Iată, în acest sens, povestea unui cuplu pe care unul dintre noi l-a primit în terapie.

Ea este director economic, recunoscută în mediul său, iar el este pictor fără succes. În timpul conversaţiilor cu prietenii sau cu apropiaţii lor, ea spune sus şi tare că doreşte ca el să reuşească, pentru ca ea să nu mai lucreze, să se ocupe de copii şi „să profite de viaţă". Dar, de altfel, ea îl bombardează cu mesaje devalorizante, mai ales în public: „Din fericire există salariul meu, dacă nu, sărmanul meu iubit, cu ce aduce el acasă..." Ea mărturiseşte prietenelor sale că, fără îndoială, el nu are anvergura necesară pentru a face o carieră; dar apropiaţii lor au sentimentul că, dacă el ar reuşi, ea n-ar putea suporta, pentru că ar fi o inversare a raporturilor de forţă (şi poate chiar ar părăsi-o). Într-adevăr, el este foarte popular şi iubit de toţi, în timp ce ea este mult mai puţin, unele persoane neputând suporta agresivitatea sa verbală, tendinţa ei de a-i privi pe oameni de sus şi de a-i judeca, când ei nu i-au cerut nimic.

Ea însăşi, înaltă stimă de sine instabilă, provine dintr-o familie în care părinţii au divorţat de timpuriu, a avut un tată strălucitor şi infidel şi o mamă care le descria copiilor în detaliu toate mârşăviile şi josniciile soţului său... El, stimă de sine scăzută şi instabilă, a avut un tată eclipsat de o mamă copleşitoare şi dominatoare.

Cuplul lor este funcţional pe următoarea bază: ei îi revin competenţele materiale şi intelectuale, pe care el i le recunoaşte cu plăcere (el o admiră pentru inteligenţa sa şi pentru caracterul ei puternic); iar lui, competenţele relaţionale (pentru care ea îl invidiază) şi artistice (pe care ea le admiră sincer, dar nu le invidiază). Ce s-ar întâmpla dacă s-ar strica echilibrul? Respectiv, dacă soţul ar reuşi din punct de vedere material? Sau dacă, în urma unei terapii reuşite, soţia lui s-ar debarasa de agresivitatea faţă de ceilalţi şi ar deveni mai populară?

DE CE NE CERTĂM

V-aţi întrebat deja la ce servesc certurile în sânul unui cuplu? Răspunsul este simplu: pentru a aduce ori de câte ori este necesar stima de sine a partenerului până la dimensiuni corecte ...

Cearta face parte din viaţa oricărui cuplu normal. Unele conflicte pot fi considerate ca „normale“: ele permit fiecăruia să-şi exprime aşteptările şi nemulţumirile şi să determine evoluţia situaţiei. La finalul lor, nimeni nu se simte umilit, stima de sine a fiecărui membru nu a fost atacată în mod direct.

Din contră, anumite conflicte semnifică o „conjugopatie“: sunt frecvente, nu ajung la nicio soluţie şi mai ales sunt scena unor agresiuni feroce asupra stimei de sine a participanţilor. Prezenţa „loviturilor sub centură“ în timpul certurilor dintre soţi este cunoscută terapeuţilor de cuplu ca un factor de prognostic prost. Aceste lovituri sub centură constau în reproşuri şi insulte în faţa cărora persoana nu poate evolua sau face eforturi să se schimbe. Este cazul tuturor reproşurilor legate de aspectul fizic („În plus, te crezi şi frumoasă?“), familie („Asta nu mă miră la tine, cu aşa părinţi...“) sau eşecurile trecute („Tu ai ratat mereu, totul în viaţă“). Aceste insulte iremediabile dau lovituri foarte dure stimei de sine a persoanei care le primeşte şi nu sunt niciodată uitate. Ele demonstrează dorinţa, conştientă sau inconştientă, de a prăbuşi stima de sine a celuilalt, pentru a avea ascendent asupra lui.

CONFLICTE „NORMALE"	CONFLICTE PATOLOGICE
Obiectiv: a face să evolueze comportamentul partenerului.	Obiectiv: a diminua stima de sine a partenerului.
Emoţiile sunt exprimate în mod direct la prima persoană („Sunt furios").	Responsabilitatea emoţiilor este atribuită partenerului („Mă îmbolnăveşti").
Orientate spre căutarea soluţiilor („Ce putem face?").	Orientate spre căutarea responsabilităţilor („Cine e de vină?").
Criticile sunt centrate pe comportamente („Când faci asta, îmi creează o problemă...").	Criticile sunt centrate pe persoane („Eşti chiar nul (ă).").
Conflictul are un sfârşit (fără îmbufnări, fără răzbunare).	Conflictul este nesfârşit şi renaşte mereu din cenuşa lui („Şi totuşi deunăzi ai spus că...").
Conflictul permite reechilibrarea raporturilor de forţe între soţi (la finalul conflictului, câştigurile şi pierderile sunt împărţite).	Conflictul dezechilibrează raporturile de forţe între soţi: el confirmă dominanţa unuia sau o inversează (dar întotdeauna există un dominator la finalul lui).

Conflicte conjugale „normale" şi conflicte patologice

Bucuriile căsniciei

Conflictele conjugale au reprezentat întotdeauna o sursă de inspiraţie pentru romancieri şi cineaşti. Filmul lui Danny de Vito, *Războiul rozelor* (1989), descrie astfel un scandal interminabil între Kathleen Turner şi Michael Douglas. Dar cea mai spectaculoasă ceartă conjugală rămâne poate cea descrisă de scriitorul Edward Albee în piesa sa, *Cui i-e frică de Virginia Woolf?*[19]:

„MARTHA: George? (*el îşi ridică ochii*) Mă faci să vomit.
GEORGE: Poftim?
MARTHA: Mă faci să vomit.
GEORGE: Nu-i frumos din partea ta să-mi spui astfel de lucruri, să ştii, Martha.
MARTHA: Cum? *Ce* nu este?
GEORGE: Nu este frumos.
MARTHA: Îmi place când eşti furios... Chiar aşa te vreau... Furios... Dar tu eşti laş, George... tu chiar n-ai nimic în...
GEORGE (*întrerupând-o*): În burtă? Asta e?
MARTHA: Paiaţo..."

DACĂ TE IUBESC, PĂZEȘTE-TE!

Gelozia este aproape întotdeauna un semn de vulnerabilitate. Îndoielile asupra celuilalt reflectă îndoielile faţă de tine: „Nu sunt în stare nici să-l (să o) păstrez, nici să trăiesc fără el (ea). Trebuie deci să o (îl) supraveghez fără încetare".

Gelozia poate fi proprie subiecţilor cu stimă de sine scăzută, aşa cum este Amélie, 28 de ani, fără profesie: „Tatăl meu nu m-a iubit niciodată. O prefera întotdeauna pe sora mea, care îi semăna mai mult decât mine. Eu eram mai degrabă copilul mamei, iar el era tot timpul în conflict cu ea. Nu m-am plăcut niciodată, nu m-am considerat nici prea frumoasă, nici prea cultivată. Dar mi-am dat seama de timpuriu că plăceam băieţilor. Cât timp asta rămânea în stadiu de flirt, nu am întâmpinat prea multe dificultăţi, relaţiile nu durau prea mult; vedeam bine că eram geloasă, dar mă puteam răzbuna seducând un alt băiat sau părăsindu-l pe cel care mi se părea că nu mă iubeşte destul. După ce m-am căsătorit, mi-a mers foarte rău în privinţa asta. Gelozia mea a devenit devorantă: imediat cum o femeie îl priveşte pe soţul meu, înnebunesc. I-am făcut de multe ori scandaluri şi scene teribile în public. La început, asta îl amuza, mă liniştea uşor şi era atent. Dar astăzi nu mai suportă asta, îl face nefericit, şi pe mine de altfel. Sunt pe cale să distrug cuplul nostru. E ca şi cum aş vrea să mă împiedic să găsesc fericirea. Urăsc să fiu astfel..."

Gelozia Améliei este cea a unei persoane care se îndoieşte de sine şi care crede că nu are suficiente calităţi pentru a-şi păstra soţul alături. Ea se simte cu totul incapabilă de a-l recuceri dacă remarcă faptul că îi place o altă femeie; i se pare astfel că este o dovadă a unei lipse de iubire definitive.

Uneori sunt cuprinşi de gelozie şi subiecţii cu înaltă stimă de sine, cum este Franck, 45 de ani, şeful unei întreprinderi, pe care soţia sa îl descrie astfel: „Nu suportă ca alţi bărbaţi să schiţeze nici cel mai mic gest către mine: o privire, un surâs, un compliment îi sunt suficiente pentru a-l stârni. Exercită asupra mea o supraveghere continuă, cu îngrijorare. La început, îmi spunea că era aşa pentru că mă iubea prea mult. Dar astăzi sunt convinsă că, din contră, nu mă iubeşte destul: e ca şi cum m-ar considera proprietatea sa, ca pe un animal domestic. Ar vrea să nu trăiesc decât prin intermediul lui..."

Gelozia lui Franck este legată de nevoia de a controla mediul său. Ceea ce i-a folosit, fără îndoială, pentru a reuşi în afaceri, nu-i foloseşte pentru a reuşi în cuplu. Soţia sa semnalează că cei care declanşează gelozia soţului său sunt mai ales bărbaţii înzestraţi cu calităţi, pe care el crede că nu le are. De exemplu, bărbaţii mai tineri sau mai „intelectuali": Franck este un *self-made man**, inteligent, dar complexat că nu are nicio diplomă.

DESPRE SUFERINŢA DIN DRAGOSTE

Doliurile sentimentale afectează profund stima de sine, iar suferinţa din dragoste este un fel de minidepresie experimentală: subiectul se devalorizează („Sunt nul"), nu se mai imaginează în viitor („Nu mi se mai poate întâmpla nimic fericit") şi nu mai apreciază deloc puncte sale obişnuite de interes („Nu mai doresc nimic"). Se ştie, de exemplu, că, fără a ajunge la depresie, persoanele care suferă din dragoste (*lovesick patients*) au un nivel scăzut al stimei de sine[20].

---

* În engleză, în original: persoană autodidactă, care reuşeşte prin propriile puteri. (*N.t.*)

„Îmi amintesc de o fată foarte frumoasă cu care am flirtat într-o seară, povestește un student la drept. A doua zi, mi-a telefonat pentru a-mi spune că nu mai dorea să ne revedem. A fost ca un electroșoc. Fusesem atât de fericit că putusem să o seduc, iar acum era ca și cum ar fi fost o greșeală, ca și cum mi s-ar fi retras un premiu sau o diplomă după 24 de ore, spunându-mi-se: nu, nu este al dumneavoastră, nu-l meritați. Nu reușisem să mă înfurii pe ea, dar mă simțeam umilit și jalnic. Rușinat. Timp de câteva zile, mi-am pus întrebări despre mine, spunându-mi că, în fond, nu prea sunt interesant ca persoană. Am trecut în revistă toate problemele anterioare, toate defectele, lipsurile din viața mea și din felul meu de a fi care ar fi putut să-i displacă. Era destul de penibil. Am înțeles ce trebuie să fi simțit oamenii deprimați. Dar după ce a trecut, această experiență mi-a fost salutară..."

Cum reacționează indivizii la rupturi în funcție de stima de sine? Françoise Chandernagor ne lămurește din nou. În cartea sa, *Prima soție*, ea descrie suferințele și revenirea eroinei sale care rezistă în final la șocul divorțului. Aceasta folosește mai multe strategii, menite a-i apăra stima de sine:

— „Nu am fost înșelată de soțul meu, eu m-am înșelat asupra lui..." Eroina preferă aici să își asume o alegere proastă, decât să-și spună că de mult timp nu mai place soțului său. Încă de la început, cuplul trebuia să eșueze. Deci, trebuie să se pună mai puțin la îndoială pe sine însăși.

— „Mă revăd în scene în care îmi primesc rivala acasă cu o milă creștină și reconciliere... Nu o strivesc pe acea damă cu disprețul, ci cu generozitatea mea. Esențial este să o strivesc..." Eroina face un calcul inteligent: protecția pe termen lung a stimei de sine, printr-o atitudine „generoasă", e mai bună decât plăcerea scurtă a răzbunării.

— „Oricât de puternic mi-am iubit soțul, nu l-am iubit mai mult sau mai îndelung decât mi-am iubit pământul: înțeleg de ce s-a crezut înșelat. Din prima clipă și în fiecare moment l-am înșelat cu amintirea râurilor și umbrelor de nuci." Eroina părăsită cedează aici tentației de a-și rescrie trecutul, de a-și atribui un rol activ (acolo unde, de fapt, se supusese) și de a reinvesti alte puncte de interes.

PRIETENI LA BINE ȘI LA RĂU

Putem trăi fără prieteni? Da, dar rău. Relațiile amicale joacă un rol important în stima noastră de sine: o hrănesc şi o stabilizează.

CUM SĂ-ȚI FACI PRIETENI?

Cercetătorii în sociologie au dorit să studieze dacă modalitatea în care ne prezentăm interlocutorilor influențează părerea acestora despre noi[21]. Pentru aceasta, ei au împărțit modalitățile de a vorbi despre sine în trei categorii: foarte valorizante („Sunt un om bun, cu multe calități"), devalorizante („Nu valorez mare lucru, am multe defecte") sau intermediare („Am şi defecte şi calități"). Ei bine, părem desigur mult mai simpatici prezentându-ne pozitiv, decât devalorizându-ne, dar prezentarea de sine cea mai apreciată este cea care conține elemente pozitive moderate şi nuanțate de mărturisirea unor defecte: a te valoriza prea mult pare uneori a friza cu necinstea, iar a te deprecia pare a indica o lipsă a cunoaşterii de sine.

Într-o carte deja depăşită, dar care continuă să fie un succes de librărie, americanul Dale Carnegie oferea sfaturi pentru cum să-ți faci prieteni[22]. Ale sale „şase mijloace de a câştiga simpatia oamenilor" nu erau de fapt nimic altceva decât şase mijloace pentru a creşte stima de sine a interlocutorilor: a-i asculta pe ceilalți, a le vorbi despre ceea ce le place, a-i face să se simtă importanți etc. Deşi datează din anii 1930, rețetele au rămas încă valide. Adesea plăcem pentru că facem un bine stimei de sine a celorlalți...

PRIETENI DUPĂ CHIPUL MEU

În *Eseurile* sale, Montaigne celebrează prietenia în aceşti termeni rămaşi celebri: „Şi la prima noastră întâlnire care a fost, din întâmplare, la o mare petrecere de societate din oraş, ne-am găsit atât de prinşi, de parcă ne ştiam dintotdeauna, atât de legați, încât de-atunci nimic nu ne-a fost mai apropiat decât persoana celuilalt".

Cu cât ne simțim mai apropiați de cineva, cu atât semănăm mai mult și cu atât ne va fi ușor să devenim— și să rămânem— prieteni. Și acest fenomen este încă și mai evident atunci când ne îndoim de noi înșine: există mult mai multe șanse ca o persoană ale cărei opinii sunt asemănătoare cu ale noastre să ne devină mai cu ușurință un prieten[23].

Prietenie și promiscuitate

Treisprezece voluntari trebuie să petreacă zece zile într-un adăpost antiatomic îngust, cu restricție alimentară — chestiune care, fără îndoială, le creează o proastă dispoziție... Mai înainte, i s-a aplicat fiecăruia dintre ei un chestionar de opinie pe subiecte foarte variate. În timpul sejurului lor în adăpost și la sfârșitul acestuia, li s-au aplicat chestionare despre gradul lor de simpatie și de antipatie față de ceilalți membrii ai grupului. Se constată că cu cât răspunsurile la chestionarele de opinie sunt mai asemănătoare, cu atât subiecții se apreciază mai mult reciproc.[24]

Morala: dacă trebuie să înfruntați situații dificile (croaziere la mare înălțime sau trasee prin deșert), verificați dacă viitorii voștri însoțitori au aceeași concepție despre viață ca dumneavoastră.

Majoritatea oamenilor tind să-și aleagă prietenii dintre persoanele care nu prezintă diferențieri prea mari față de ei, cu atât mai puțin în marile domenii constitutive ale stimei de sine: frumusețe fizică, statut social etc. Cu cât diferențierile sunt mai mari la început (de exemplu, dacă fac parte din două grupuri sociale diferite), cu atât trebuie ca punctele comune să fie evidente și numeroase pentru a se stabili astfel legătura amicală.[25]

Aceste fenomene sunt mai evidente și mai sensibile la adolescenți, care tind să se regrupeze în găști cu caracteristici foarte apropiate. Pentru a se elibera de comparațiile sociale defavorabile, ei aleg mai degrabă prieteni cu performanțe sociale apropiate de ale lor. Același lucru și în grupurile de persoane marginalizate social: indivizii cu scăzută stimă de sine se pot reuni, se simt bine între ei, își remontează stima de sine, chiar dacă sunt respinși de societate[26]. Stima de sine a persoanelor din ghetourile de tot felul nu este neapărat mai scăzută decât cea a persoanelor exterioare.

Indivizii care fac parte din ghetou nu se compară cu exteriorul, ci între ei, în sânul grupului.

PRIETENUL LA NEVOIE SE CUNOAŞTE

Când apelăm la prieteni? Şi în ce scop? Dacă cineva are o înaltă stimă de sine, solicitarea intervine în general după un succes. Căutăm atunci încurajări. „Uite, iar am fost genial", pare să spună. Se înţelege de la sine că, cu timpul, asta devine enervant...

Subiecţii cu scăzută stimă de sine, în schimb, au mai degrabă tendinţa de a merge spre ceilalţi atunci când au suferit un eşec: prietenul trebuie să fie atunci lângă el pentru a-i asculta plângerile[27]. Făcând astfel, ei cresc riscul de a se forja o imagine de „loser"* sau de victimă. Consolarea obţinută va fi de altfel din ce în ce mai puţin convingătoare, pentru că prietenii lor sfârşesc prin a se plictisi de rolul de psihoterapeut pe care ei nu l-au solicitat... Acţionaţi astfel, şi vă veţi pierde mai des prietenii decât ceilalţi[28].

VIAŢA LA BIROU

Mulţi dintre subiecţii cu scăzută stimă de sine se evidenţiază prin calităţile lor profesionale. Şi chiar dacă astăzi se contestă unele aspecte, satisfacţia în muncă rămâne o realitate pentru multe persoane, cărora le oferă un sentiment de eficienţă personală, permiţându-le în acelaşi timp să se cunoască mai bine— ceea ce, adesea, se uită. „Îmi place în muncă tot ceea ce reprezintă o ocazie de a mă descoperi pe mine însumi, scria Joseph Conrad[29], înţeleg prin asta propria mea realitate, ceea ce sunt în faţa ochilor mei, şi nu faţada." Mijloacele de a parveni la aceasta sunt multiple; trec prin statutul social (pe care-l pierd şomerii), integrarea în grup (ceilalţi ne apreciază şi ne acceptă printre ei), atingerea obiectivelor (ne simţim eficienţi), câştigurile financiare (cumpărăm astfel proteze pentru stima noastră de sine) etc.

---

* În engleză, în original: persoană care pierde, păgubaş, învins.

LEGĂTURI PERICULOASE

Şi totuşi, activitatea profesională şi stima de sine pot fi în raporturi problematice.

▸ „Hibele" serviciului

Jacques, 58 de ani, este şeful unei întreprinderi. Şi-a consacrat întreaga viaţă serviciului său. Căsătorit de tânăr, a divorţat după cincisprezece ani de viaţă în doi: soţia sa, după ce l-a ajutat să-şi demareze afacerea, nu a mai putut suporta nopţile albe, weekendurile petrecute lucrând şi vacanţele mereu amânate. Atunci când i-a cerut lui Jacques să-şi mai tempereze activitatea şi să-şi distribuie responsabilităţile, el a înţeles greşit, ca şi cum ea i-ar fi înşelat încrederea şi i-ar fi cerut un lucru imposibil. Pe măsură ce conflictul lua amploare, el avea sentimentul că doar munca sa îl făcea fericit. Şi, din păcate, aceasta era realitatea. Începu, deci, să se întoarcă din ce în ce mai târziu acasă, uneori, chiar să doarmă la birou: îi plăcea ambianţa zorilor în întreprinderea lui, să-şi ia cafeaua cu primii muncitori, să vadă cum îi impresionează pe tinerii săi colaboratori, care îl găseau la lucru dimineaţa foarte devreme. Astăzi, niciun obstacol familial nu-l împiedică pe Jacques să se dedice celei mai mari mândri ale sale: întreprinderea lui...

Marie-France este asistent manager. Are 44 de ani şi este celibatară. Patronul ei este exigent, dar îi acordă încredere absolută. Ea nu refuză niciodată o muncă în plus şi „n-a dezamăgit pe nimeni din întreprindere", cum spune despre sine însăşi, adăugând că asta-i mândria ei. Nu i se cunoaşte altă pasiune decât munca. Recent, s-a îmbolnăvit şi a trebuit să fie internată: colegii săi au susţinut-o şi au vizitat-o. Dar, cu această ocazie, a realizat singurătatea şi vulnerabilitatea sa. A făcut un episod depresiv care i-a surprins pe toţi din anturajul său. Venind să ne consulte pentru aceasta, a izbucnit în plâns: „Sunt fericită când lucrez, dar nefericită în restul timpului".

Când stima de sine profesională deţine o parte foarte importantă din stima de sine globală, până la punctul de a reprezenta sursa ei principală, apare riscul unei dependenţe complete de profesie, de a nu trăi decât prin prisma serviciului. Acest angajament profesional excesiv prezintă mari pericole pentru echilibrul psihologic al subiectului.

▸ Preţul excelenţei

Mult timp a fost favorizată în întreprinderi ideea că stima de sine profesională trebuie să fie corelată cu cantitatea sau cu calitatea muncii depuse. Această confuzie între valoare şi performanţă („Sunt de valoare pentru că am reuşit"), atât de la modă în anii 1980-1990, a fost, din fericire, abandonată[30]: ea încurajează, de fapt, dezvoltarea unei stime de sine foarte instabile, vulnerabilă la eşecuri, la subiecţii deveniţi obsedaţi de competiţie şi care se prăbuşesc în caz de concediere.

MANAGEMENT SADIC ŞI HĂRŢUIRE MORALĂ

Importanţa crescută a muncii în statutul social şi relativa sa rarefiere amplificată de faptul că salariaţii nu mai suportă— pe drept cuvânt — ceea ce îndurau ieri în tăcere sunt la originea interesului care se acordă în aceste timpuri unui fenomen pe care anglo-saxonii îl numesc *mobbing** şi pe care în Franţa îl desemnăm prin expresia „hărţuire morală"[31].

Diferitele agresiuni posibile în mediul profesional au ca efect principal alterarea profundă şi durabilă a stimei de sine a victimei, cu diverse obiective, după caz, cel mai adesea fiind vorba de supunere sau demitere. Strategiile sunt, în general, indirecte şi distructive pentru stima de sine. În mod global, este vorba de a viza persoana, dincolo de funcţia sa, şi a o face să se îndoiască profund de ea însăşi.

„Punerea la stâlpul infamiei" a unui salariat este, fără îndoială, exemplul cel mai caracteristic ale acestor strategii. Ea constă în izolarea persoanei de restul întreprinderii, prin a nu-i mai încredinţa nicio muncă veritabilă, privând-o de informaţii şi

* În engleză, în original: fenomen de masă, adunătură, gloată.

neconvocând-o la întruniri etc. Fără a fi necesare agresiunile directe, această metodă determină un fel de depresie experimentală: puțin câte puțin, subiectul începe să se îndoiască de el, să se culpabilizeze, să se devalorizeze...

În celebrul său desen animat *Dilbert*, Scott Adams ne oferă una dovezile cele mai crude şi mai nostime despre acest „management sadic". Eroii săi discută cu un coleg:

„Încă o dată, bravo, Ratbert. Am aflat că tu ai fost acela care a obținut postul de interimar.

— Unde se află biroul meu?

— În această cutie de pantofi din holul de la intrare. Niciun salariat nu te va privi în ochi sau nu va pronunța numele tău. Ierarhic, te situezi *grosso modo* între personalul de întreținere şi mizeria din spatele frigiderului...[32]"

ATITUDINI MANAGERIALE	CONSECINȚE ASUPRA STIMEI DE SINE A SALARIAȚILOR
Să fiți imprevizibil (umor, criterii de evaluare a sarcinilor...).	Îi menține la un nivel de nesiguranță incompatibil cu o bună stimă de sine.
Să critici întotdeauna persoana, nu comportamentele sale.	Îi învață să se considere incompetenți şi să își perceapă eşecurile ca greşeli.
În caz de eroare, să nu ezitați să o puneți în evidență.	Îi învață să considere eşecurile drept catastrofe.
În caz de succes, luați totul asupra voastră.	Acest fapt îi face să se îndoiască de utilitatea eforturilor.
Din când în când, arătați-vă în lumină bună (gentil, încurajator, făcând favoruri...).	Provoacă îndoiala (şi dacă judecata mea asupra lui era falsă?).

ATITUDINI MANAGERIALE	CONSECINȚE ASUPRA STIMEI DE SINE A SALARIAȚILOR
Practicați confuzia implicând afectivul în management („Sunt foarte, foarte decepționat de rezultatele voastre).	Îi culpabilizează (este greşeala mea).
Faceți presiune asupra colaboratorilor („Am încredere în voi...“), fără a le da posibilitatea de a răspunde cererii făcute.	Îi angoasează (nu sunt la înălțime).
Lăsați să planeze tot timpul amenințări asupra supraviețuirii (postului, serviciului, întreprinderii...).	Îi face nesiguri (sunt la voia întâmplării).
Aveți grijă să le presărați din când în când eşecul, prin dosare în neregulă, celor care reuşesc bine.	Le mențineți stima de sine în limite acceptabile şi îi lipsiți de orice idee de promovare.

Cum să sabotați stima de sine a colaboratorilor

Dezvoltarea stimei de sine a colaboratorilor ar trebui să fie totuşi obiectivul oricărei persoane care doreşte să anime o echipă. Consecințele asupra stării lor de bine şi asupra performanțelor sunt evidente. Ceea ce ne explică şi directorul unei unități de producție dintr-o uzină: „Grija mea numărul 1 este ca oamenii care lucrează cu mine să se simtă bine. Adică să fie mulțumiți de condițiile lor de lucru şi să se simtă competenți. Am oroare să determin eşecul oamenilor sau să îi văd înjosiți chiar de clienți, din motive aşa-zis întemeiate. Nu avem niciodată dreptul să depreciem pe cineva. Dacă gândesc astfel, este fără îndoială pentru că am fost un elev slab! Eu îmi apreciez colaboratorii, le iert toate greşelile, pentru ca ei să poată trage învățăminte din ele: imediat cum apare o problemă, îi întreb ce au învățat din asta. Îi determin să se formeze cât mai mult posibil: cine poate mai mult, poate şi cel mai puţin.

Câteodată, unii devin atât de competenţi, încât mă părăsesc pentru a lucra în alt serviciu sau în altă întreprindere. Este normal. Dacă ar fi invers, m-ar îngrijora. Nu vreau să fie în echipa mea doar pentru că nu sunt capabili să meargă în altă parte. Vreau ca, dacă rămân, să fie o alegere adevărată. De altminteri, pe termen lung, această mişcare este foarte bună. Toţi salariaţii care au trecut pe la noi spun lucruri bune despre noi în exterior. Suntem o unitate foarte solicitată de tinerii angajaţi. Nu îi înţeleg pe unii dintre colegii mei obsedaţi de randament sau de putere, care îşi petrec timpul făcând oamenii să se muncească din greu sau făcându-i să tremure de teamă. Nu suntem aici pentru a ne defula nevrozele!“

Cum să dezvoltaţi stima de sine a colaboratorilor

- Favorizaţi spiritul de echipă, în special prin întâlniri informale, o solidaritate necondiţionată în caz de probleme etc.;
- Creşteţi competenţele individuale facilitând formarea şi specializarea;
- Oferiţi în mod regulat, prin remarci pozitive sau critici, o informare asupra performanţelor;
- Instauraţi o toleranţă la eroare: „Este normal să eşuezi câteodată; ce avem de învăţat din acest eşec?“;
- Încurajaţi iniţiativa: nu numai rezultatele contează!
- Nu criticaţi persoanele, ci comportamentele;
- Aplicaţi-vă vouă înşivă regulile pe care le impuneţi celorlalţi...

ŞOMAJ ŞI STIMĂ DE SINE

Şomajul reprezintă o serie de pierderi — de statut, de venituri, de contacte sociale — al căror impact asupra echilibrului persoanei este întotdeauna evident. Mulţi dintre pacienţii noştri şomeri suferă de un profund sentiment de devalorizare; unii nu îndrăznesc să vorbească de şomaj cunoscuţilor; alţii evită să iasă din casă la ore de vârf, pentru a nu fi consideraţi drept leneşi. „Am fost în şomaj timp de un an şi jumătate, ne povestea unul dintre ei. A fost perioada cea mai penibilă din viaţa mea. Încă de la început mă simţeam vinovat că sunt şomer, ca şi cum aş fi purtat responsabilitatea acestui statut. Mă devalorizam foarte mult: aveam sentimentul că a fi astfel dovedea că eram mai puţin capabil decât alţii care se descurcaseră mai bine pentru a-şi păstra serviciul. Şi apoi, mi-era ruşine, mă simţeam prost lângă toată lumea, îmi era frică de ceea ce puteau gândi despre mine: vecinii, prietenii, comercianţii. Mă întrebam şi ce gândeau *cu adevărat* soţia şi copiii mei despre mine, mai ales la sfârşit."

„Pentru că determină un viitor incert, scrie sociologul Pierre Bourdieu, şomajul îi obligă pe oameni să facă un fel de inventar al resurselor utilizabile şi produce, la unii, o serie de lipsuri, până atunci refulate sau travestite[33]." Şomajul ar acţiona ca un revelator al vulnerabilităţilor persoanei, pe care o afectează. Diferitele studii care au fost consacrate acestui fenomen trimit, de altfel, la cele despre eşecul şcolar: nivelul stimei de sine preexistente prezice calitatea strategiilor adaptative şi deci menţinerea sau perturbarea stimei de sine. Deteriorările acesteia în caz de şomaj variază deci în funcţie de profilurile de personalitate.

Există şi alte elemente puse în joc, precum durata şi frecvenţa acestei experienţe dureroase. Un studiu din 1994, realizat pe 119 femei în şomaj, demonstra astfel că cele ale căror stimă de sine era cea mai scăzută erau fără serviciu de mai puţin de 6 luni[34]: leziunea narcisică legată de pierderea serviciului se află aici la maximul său. În schimb, femeile aflate în şomaj de 6-12 luni erau cele ale căror scoruri la stima de sine erau mai ridicate, fără îndoială datorită unei mobilizări active a persoanei sau anturajului, ca reacţie la această încercare. În fine, stima de sine a femeilor aflate în şomaj de mai mult de 12 luni scădea iar, dar fără a atinge scorurile slabe din perioada iniţială, demonstrând astfel o organizare psihică mai stabilă în raport cu şomajul: stagii de reconversie, investiri în alte activităţi, paralel cu căutarea unui serviciu etc. Acelaşi studiu arată şi că repetiţia experienţelor de şomaj alterează în mod semnificativ stima de sine.

Din păcate, aceste leziuni ale stimei de sine nu fac decât să agraveze problema. Cu cât cineva se stimează mai puţin, cu atât este mai puțin capabil să investească energie în căutarea unui nou serviciu și cu atât se prezintă mai puțin pozitiv la un eventual patron etc. Marginalizarea șomerilor de lungă durată nu este consecința numai a neadecvării între competențele lor și trebuințele pieței de muncă; ea se datorează în mod egal faptului că ei sunt din ce în ce mai puțin apți, nu doar să *exercite* o muncă, ci și să o *caute*. Rolul plasatorilor care îi ajută să caute serviciu (agenții naționale și private de plasare) trebuie să constea în a-i ajuta pe șomeri să-și protejeze sau să-și reconstruiască stima de sine.

Devalorizarea pe care o resimte șomerul nu dispare în ziua în care își găsește iar serviciu. Ca terapeuți, am întâlnit pacienți care prezentau veritabile „cicatrici" psihice datorate șomajului. Invizibile persoanelor exterioare, erau prezente în conștiința lor sub forma unei obsesii: nu cumva să retrăiască aceeași situație. Să-l ascultăm pe Eric, 34 de ani, după două experiențe de șomaj, fiecare de un an: „Mă simt puțin ca acei vechi luptători, revenind șocați de ceea ce au trăit, dar care nu pot vorbi celorlalți despre asta. În mediul în care lucrez astăzi— telecomunicații —, majoritatea colegilor mei nu au trăit șomajul, ei sunt toți tineri licențiați în inginerie și se simt în siguranță. Eu vin din sectorul bancar, unde în acești ultimi ani au existat multe concedieri. Mă simt mai puțin puternic decât ei, mai vulnerabil. Nu doar din cauza poveștii cu diploma, ci în mintea mea: mi-e teamă să-mi asum riscuri, să fac gafe, să nu displac. Și mă tem să nu se vadă, să nu se simtă că sunt fragil. Spiritul casei este «cadru dinamic tânăr care merge înainte». Eu nu cred că aș putea redeveni într-o zi așa. Aici există o mică distanță ierarhică; dar, când superiorii îmi cer să le spun pe nume, îmi amintesc de cei care m-au concediat acum doi ani, făcându-mă să clachez. Și cu ei lucrurile s-au petrecut bine. Până într-o zi când au decis că nu mai eram indispensabil..."

După cum războiul își punea pecetea peste generația părinților noștri, amprenta șomajului ar putea foarte bine modela inconștientul colectiv al generației noastre. Mulți „baby-boomers"* i-au auzit pe părinții lor anxioși spunându-le: „Mănâncă-ți supa și taci, pentru că, dacă într-o zi va fi război, poate că o vei regreta".

* În engleză, în original: „copii-bombă". (*N.t.*)

Le vor spune ei într-o zi copiilor: „Munceşte şi taci, pentru că, dacă revine şomajul într-o zi..."?

OAMENII PUTERII

„Cred în Dumnezeu şi în mine", zicea în 1837 tânărul Louis-Napoleon Bonaparte, viitorul Napoleon al III-lea. Totuşi, calităţile sale de om politic nu întruneau unanimitatea contemporanilor săi, după cum arată imaginea lui Thiers care, în 1884, spunea despre el: „Acest curcan care se crede vultur". Asta nu l-a împiedicat pe curcan să răstoarne Republica şi să devină ultimul împărat al francezilor, în 1852. Stima de sine a lui Napoleon al III-lea era înaltă, aşa cum trebuie să fie cea a tuturor oamenilor de la putere.

PATRU SECRETE PENTRU A CUCERI PUTEREA

Patru puncte, toate legate de stima de sine, caracterizează oamenii puterii:

— *Ei cred în destinul lor* — ceea ce înseamnă că ei cred că au un destin. Este într-adevăr imposibil să devii un bărbat sau o femeie a puterii dacă nu eşti convins(ă) că eşti menit(ă) pentru lucrurile mărețe.

— *Au viziuni largi*. În timp ce subiecţii cu scăzută stimă de sine au deseori tendinţa de a se bucura de reuşite în medii apropiate sau limitate, persoanele cu stimă de sine înaltă, la fiecare etapă parcursă, se gândesc deja la următoarea.

— *Se gândesc în mod sistematic la acţiune*. Cu toţii suntem capabili să ne imaginăm că vom reuşi ceva, dar a acţiona pentru a obţine această reuşită este partea celor care dispun de o bună stimă de sine.

— *Ei acceptă să eşueze*. Majoritatea marilor oameni politici ştiu să-şi revină în caz de eşec. Fără această calitate, legată de stima de sine, pierd victoria. François Miterrand, învins în alegeri în 1965 şi în 1974, Jacques Chirac, învins în cele din 1981 şi 1988 sunt două exemple bune.

A EXERCITA PUTEREA: MAREA NEÎNȚELEGERE

▸ Putere şi afecţiune

„Un şef este un om care are nevoie de alţii", scria Paul Valéry[35]. A vrea să-ţi exerciţi puterea reprezintă adesea dorinţa de a fi iubit. Cu foarte puţine excepţii, oamenii politici caută puterea şi popularitatea. Pentru că a fi iubit, apreciat, stimat reprezintă cea mai bună hrană pentru stima de sine, chiar şi atunci când te afli pe cea mai înaltă treaptă. Tiranilor înşişi, mai mult decât altora, de altminteri, le place să vadă defilând un popor care le cântă osanale. Din păcate pentru ei, chiar şi în democraţie, exerciţiul puterii se soldează rar cu un retur de afecţiune. Din contră, trebuie să facă faţă la agresiuni de tot felul din partea opoziţiei, mass-mediei, electoratului, rivalilor în mijlocul propriei mişcări...

Stima de sine, miză politică?

Oamenii politici din unele state americane, precum California, au luat poziţie faţă de stima de sine, despre care îşi imaginează că nu trebuie să-i preocupe decât pe psihologi. Un „task force"* al California State Department of Education, nota, de exemplu, într-un raport pe această temă: „Lipsa stimei de sine, individuală şi colectivă, este implicată în majoritatea nenorocirilor care afectează Statul şi naţiunea noastră[36]". Unul dintre deputaţii de California, preocupat de aspectele financiare, ca şi de problemele psihologice, a adoptat o poziţie extremă: „Persoanele având stimă de sine produc venituri şi îşi plătesc impozitele. Cele care nu au, consumă subvenţiile[37]".

A PĂRĂSI PUTEREA

Înainte de a deveni un Imperiu, Roma nu era în Antichitate decât o mică republică, deseori ameninţată de vecinii săi. Atunci când circumstanţele o impuneau, în general în timp de război, romanii îl numeau pe unul dintre ei dictator şi îi atribuiau putere

* În engleză, în original: grup operativ. (*N.t.*)

deplină. Odată restabilită pacea, acesta trebuia să renunţe la prerogativele sale şi să lase republica să-şi reia drepturile. Vă puteţi imagina că tentaţia de a rămâne aici era foarte mare. În acest fel a fondat Iulius Cesar Imperiul Roman: numit dictator pentru un an, el s-a „prelungit" pentru zece ani... Dar o figură rămasă dragă în inima romanilor a fost cea a lui Cincinnatus: acest cultivator a fost luat de la căruţa sa de către cetăţeni pentru a conduce războiul împotriva ordinului *equestri*-lor*, o populaţie din estul Romei. Odată războiul câştigat, el a refuzat să rămână la putere şi s-a întors la ferma sa. O altă figură celebră pentru renunţarea la putere, douăzeci de secole mai târziu: împăratul Austriei şi regele Spaniei, Carol Quintul. La 57 de ani, în culmea puterii sale, a luat decizia de a se retrage la mânăstirea spaniolă din Yuste pentru a consacra monahiei restul existenţei sale.

Fără îndoială că puterea este un drog pentru stima de sine. Poate chiar îi împinge pe oamenii politici la a se gândi că sunt de neînlocuit. Iată explicaţia acestui straniu ritual, care i-a afectat în special pe ultimii noştri doi preşedinţi ai Republicii: a vorbi de cincinal înainte de a fi ales, a nu mai evoca chestiunea odată pus în funcţie, apoi a se prezenta încă o dată la alegeri...

Această concepţie foarte bună despre sine însuşi, care face atât de dificilă abandonarea puterii, se regăseşte de altminteri printre „micile fraze" ale personajelor celebre în momentul morţii lor[38]. Astfel, împăratul Néro, condamnat la moarte de senatul roman pentru abuzurile sale de putere, nu înceta să repete pregătindu-şi sinuciderea: „*Qualis artifex pereo*" („Ce artist piere odată cu mine...") Mai orgolios, Danton îi spuse călăului care urma să-l ghilotineze: „Nu cumva să uitaţi să arătaţi poporului capul meu; nu vede aşa ceva în fiecare zi".

UN PARADOX AL STIMEI DE SINE

În *Serata cu domnul Edmond Teste*, Paul Valéry afirma, prin povestitorul său: „Am visat că cele mai mărețe capete, cei mai perspicaci inventatori, cunoscătorii cei mai exacţi ai gândirii trebuie să

* Din latinescul equestris (hist.): ordinul cavalerilor romani, Larousse, 1995. (*N.t.*)

fie necunoscuți, avari, oameni care mor fără a mărturisi. Existența lor este mai puțin evidentă, ea mi-a fost revelată chiar prin existența indivizilor străluciți, ceva mai puțin *solizi*".

Mulți scriitori au dezvoltat concepția conform căreia reușita, puterea, recunoașterea sunt urmărite pentru că ne îndoim de noi înșine. Orice persoană cu stimă de sine cu adevărat puternică nu trebuie să caute puterea sau gloria, ci să prefere fericirea... În orice caz, asta gândea, cu patru secole înainte de era noastră, scriitorul grec Xénophon, care îl făcea să spună pe eroul său, Cyrus: „Dar dacă, pentru că am realizat lucruri mărețe, nu mă pot ocupa de mine însumi și nu mă pot bucura de un prieten, atunci asta va fi o bucurie căreia îi voi spune liniștit adio[39]".

La bine și la rău, stima de sine este implicată în numeroase dimensiuni ale vieții. Ea nu poate explica totul, dar ea clarifică multe din motivațiile noastre. Și de asemenea, multe devieri, așa cum vom vedea imediat...

Capitolul 7
Stimă de sine sau imagine de sine? Sunteți prizonierul aparențelor?

„A, râd că mă văd atât de frumoasă în această oglindă..."

Faust, „Air des bijoux", Charles Gounod

„Sunt dimineți în care nici nu mă pot uita în oglindă, povestește o pacientă de 29 de ani. În aceste zile, nicio haină nu-mi vine bine. Mă simt urâtă și mizerabilă până-n adâncul meu. Nimic bun nu mi se poate întâmpla într-o zi ca asta: chiar și dacă prințul fermecat s-ar arunca la picioarele mele, m-aș simți atât de urâtă și de fără valoare, încât l-aș respinge răutăcios..."

Aparențele — aici fizice — influențează mult stima de sine. Ele ne fac să ne simțim valorizați sau devalorizați. De ce? Și bărbații reacționează atunci la fel ca femeile?

DE CE SE ÎNDOIESC FETELE DE ELE ÎNSELE

Flore şi verişorul ei, Louis, sunt aşezaţi în faţa computerului familiei. Tatăl lui Flore le prezintă un nou joc pe CD-Rom şi întreabă: „Cine vrea să înceapă?" Ochii Florei strălucesc, dar rămâne tăcută şi-i dă un cot vărului ei. Acesta începe fără a ezita. De la primele încercări, Louis se dovedeşte bătut măr de computer. Când i-a venit rândul, Flore se arătă reticentă, nu vrea să joace. „Mi-era teamă că nu voi reuşi, mărturiseşte ea mai târziu tatălui său. Vreau să-mi arăţi de la început". Ea este totuşi mai „coaptă" decât vărul ei şi ar fi făcut fără îndoială la fel de bine ca el sau poate chiar mai bine...

Flore nu avea încredere în ea; Louis era cam prea sigur pe el — două comportamente „normale", dacă dăm crezare cercetătorilor care, cu o constanţă remarcabilă, arată că, încă din copilărie, scorurile medii ale stimei de sine sunt mai ridicate la băieţi decât la fete. Aceştia au tendinţa de a-şi supraestima capacităţile, a-şi supraevalua competenţele![1] Fără îndoială că asta se poate explica prin faptul că băieţii sunt obişnuiţi să-şi asume mai multe riscuri fizice (comportament imprudent) şi sociale (plăcerea confruntării şi competiţiei) în timp ce fetele, în ceea ce le priveşte, se arată preocupate mai mult de relaţii, de respect şi de transmiterea regulilor sociale[2]. Şi totuşi, nu ştim încă dacă fetele se îndoiesc de ele însele pentru că sunt mai conformiste decât băieţii sau dacă, din contră, ele se străduiesc să respecte regulile, pentru că au o stimă de sine mai scăzută. Orice ar fi, un lucru este sigur: aceste diferenţe nu se explică prin calităţile intrinseci ale unora sau altora. Fetele nu sunt nici mai puţin inteligente, nici mai puţin atrăgătoare fizic decât băieţii.

Este posibil, în schimb, ca mediul social să joace aici un rol. Părinţii au într-adevăr tendinţa să-i încurajeze mai mult pe băieţi ca să-şi apere interesele şi să-şi afirme personalitatea, ceea ce nu fac pentru fete: ei suportă mai bine timiditatea acestora, decât a primilor[3]. Invers, ei le încurajează pe fiicele lor să fie docile, supuse şi cochete — astfel de comportamente puţin propice dezvoltării unei stime de sine puternice şi stabile.

Stima de sine a fetelor ar fi astfel reflectarea funcţionării sociale dintr-o anumită perioadă? Cifrele despre care vom vorbi se referă de fapt la studii realizate din anii 1950 până în zilele noastre. În cursul anilor ce vor veni este posibil ca rezultatele cercetărilor asupra stimei de sine să indice o evoluţie. Epoca noastră cunoaşte într-adevăr răsturnări ale raporturilor dintre bărbaţi şi femei, a căror importanţă este, fără îndoială, subevaluată. Mişcările feministe şi accesul progresiv al femeilor la posturi cu responsabilitate ar putea schimba în profunzime prăpastiile dintre sexe, observate în materie de stimă de sine. La fel, vedem apărând la cinema modele de bărbaţi mult mai vulnerabili decât în trecut: tinerii actori francezi la modă — Charles Berling, Mathieu Amalric, Melvil Poupaud etc. — întruchipează pe ecran personaje aflate în incertitudine, în perpetuă căutarea a identităţii, cu o stimă de sine aparent nesigură[4].

Sociologii apreciază că aceste modificări ar putea să se accentueze: într-o societate în care forţa fizică îşi pierde puţin câte puţin din utilitate, arhetipurile masculine se perimează. Este posibilă o redistribuire mai echitabilă a stimei de sine între cele două sexe? Fără îndoială. Dar femeile trebuie să rezolve de acum înainte câteva probleme despre care vom vorbi imediat...

CORPUL IDEAL AL FEMEILOR

„Nu am avut decât fraţi, dar acum sunt tată de familie şi am două fete. Însoţindu-le la şcoală, descopăr puţin câte puţin rădăcinile unui univers feminin din care nu cunoşteam decât forma adultă. Ceea ce m-a impresionat cel mai mult a fost, încă de la grădiniţă, importanţa «look»-ului la fetiţele de patru ani. Unele sunt chiar mama lor în miniatură: aceiaşi tenişi, aceleaşi canadiene largi. Ai impresia că mama şi fiica s-au trezit din zori pentru a se aranja. Am văzut o dată o fetiţă răstindu-se la «logodnicul» ei, un băieţel din grupa ei, care venise să o sărute, pentru că o făcea cu prea multă vigoare şi îi deranja coafura. Mă întreb ce va mai fi la paisprezece ani, dacă la patru ani sunt deja aşa..."

SĂRMANELE ADOLESCENTE...

Astăzi, 60% din adolescente se consideră prea grase şi doar 20% dintre ele sunt mulţumite de corpul lor. La 14 ani, o treime a urmat deja un regim alimentar[5]. Între 14 şi 23 de ani, atunci când stima de sine este în creştere la majoritatea băieţilor, ea este în declin la fete[6]. De ce aceste cifre? Un studiu realizat asupra satisfacţiei pe care o resimt tinerii faţă de înfăţişarea lor fizică este revelator pentru acest subiect[7]: începând de la o anumită vârstă (în jur de 8 ani), se constată că satisfacţia fetelor se se prăbuşeşte literalmente, în timp ce cea a băieţilor rămâne staţionară. Fetele nefiind mai urâte decât băieţii, explicaţia nu este dată de modificările fizice, ci de părerea individului despre sine însuşi. Şi această impresie depinde mult de presiunile mediului social. Prăpastia percepută între ceea ce cred că sunt şi ceea ce cred că *trebuie* să fie este foarte importantă: stima de sine se prăbuşeşte. Unele femei vor suferi toată viaţa din această cauză.

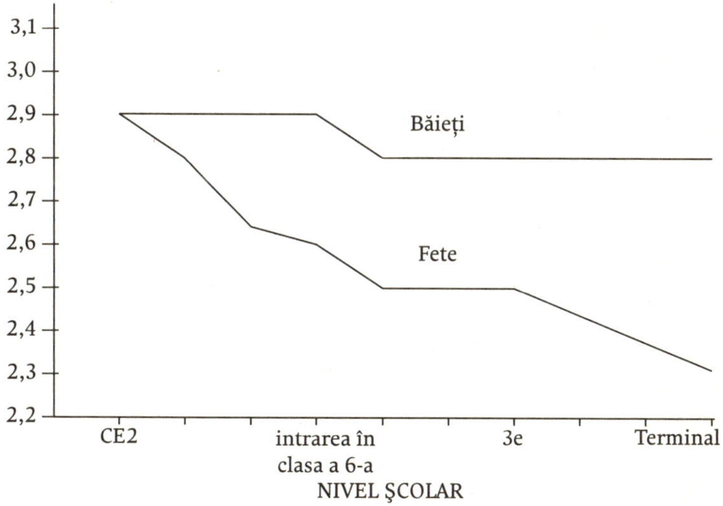

Evoluţia imaginii de sine la fetele şi la băieţii de vârstă şcolară (după S. Harter, în R.F. Baumeister, op. cit.*)*

GREUTATE ŞI LIPSĂ DE MĂSURĂ

Cum îşi percep femeile corpul? Am văzut că majoritatea nu îl percep pozitiv. Şi totuşi, ele se înşală. Cereţi-le să vă spună care este pentru ele „greutatea ideală", iar ele vă vor indica o greutate cel mai adesea sub cea proprie[8]! Cereţi-le să vă descrie concepţia pe care şi-o fac despre idealul masculin în materie de talie feminină, veţi constata şi aici o diferenţă: veritabilul ideal masculin acceptă mai multe rotunjimi decât îşi imaginează ele...

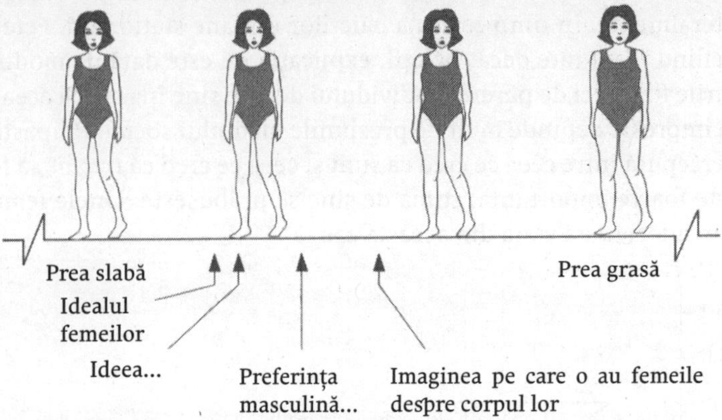

Imaginea pe care o au femeile despre corpul lor
(D. G. Myers, Tratat de psihologie, *Flammarion Médicine, 1998*

Bărbaţii nu fac subiectul unor astfel de distorsiuni. Când le solicităm să se aprecieze raportându-se la greutatea ideală sau în raport cu greutatea ideală pe care presupun că o aşteaptă femeile de la ei, există puţine variaţii: ei se găsesc bine aşa cum sunt şi consideră că femeile îi apreciază la fel de bine. Dar vom vedea imediat că ei au alte probleme...

MANECHINE ŞI CÂNTĂREŢE

Să luăm această frază a ducesei de Windsor: „Nu veţi putea fi nicodată prea bogată sau prea suplă". Altfel spus: nu veţi înceta niciodată să vă îndoiţi asupra taliei dumneavoastră...

Femeile de astăzi suferă o teribilă presiune culturală în raport cu înfățișarea lor. Datorită omniprezenței modelelor feminine care au un fizic perfect, magistral organizate de industria modei și a publicității, silueta a devenit o obsesie și o evidență. Modificarea progresivă a fizicului cântărețelor este unul dintre indiciile acestei presiuni insidioase. Cine își mai amintește că, până nu demult, cântărețele de operă erau adesea niște doamne destul de grase, cert înzestrate pentru cântat, dar mai puțin făcute pentru regim? După Maria Callas, cântărețele contemporane trebuiau să se asemene cu rolurile lor, respectiv cu niște tinerele gingașe. După unii melomani, calitățile vocale nu ar fi fost urmate de aceste „ameliorări" ale imaginii corpului....

TULBURĂRILE DE CONDUITĂ ALIMENTARĂ

Creșterea importantă a frecvenței tulburărilor conduitelor alimentare în societățile noastre occidentale este, fără îndoială, una dintre manifestările acestei presiuni constante[9]. Or, aceste perturbări sunt strâns legate de stima de sine. S-a demonstrat, de exemplu, că persoanele cu scăzută stimă de sine au mai mult tendința de a ronțăi sau da a mânca în exces[10]. Se știe și că îndoiala de sine poate duce la bulimie, tulburare patologică uneori severă[11].

Jurnalul lui Bridget Jones

Obsesia fizică a devenit *subiectul* fetiș al articolelor din presa feminină. Din primele zile de primăvară, coperțile acestor reviste afișează titluri mari despre regimuri și siluetă.

Lucrările destinate să o ajute pe femeie să mai piardă din greutate cunosc, la rândul lor, tiraje importante. În literatură, fenomenul a luat, de asemenea, amploare. În foarte amuzantul său *Jurnalul lui Bridget Jones*, Helen Fielding[12] descrie suferințele unei femei obsedate de solitudinea ei sentimentală și de corpul său.

„Marți 3 ianuarie. 59 kg (abominabilă tendință la obezitate. De ce? De ce?)

Miercuri 4 ianuarie. 59,5 kg (stare de urgență: ai fi jurat că grăsimea înmagazinată într-o capsulă în timpul sărbătorilor este eliberată încet sub piele).

Duminică 8 ianuarie. 58 kg (superbine, dar la ce bun?).
Luni 6 februarie. 56,8 kg (m-am topit în interior, mister)
Luni 4 decembrie. 58,5 kg (să slăbesc neapărat înainte de ghiftuiala de Crăciun).

NARCISISMUL BĂRBAŢILOR

NU VĂ ADMIRAŢI PREA MULT

A acorda o atenţie excesivă aspectului fizic poate altera stima de sine. Vă amintiţi de ultima dată când v-aţi auzit vorbind (pe o bandă sau pe un robot telefonic)? Vocea voastră a fost plăcută? Există toate şansele să nu fie aşa. S-a remarcat de fapt că stima de sine a fost redusă la unii voluntari care au ascultat o înregistrare a vocii lor, ceea ce i-a făcut imediat mai puţin încrezători în ei înşişi, în ceea ce priveşte posibilitatea de a efectua corect o anumită sarcină[13].

Rezultate similare s-au obţinut cu o înregistrare video: persoanele cărora li s-a proiectat imaginea în direct pe un televizor deveneau mult mai influenţabile şi receptive la părerea celorlalţi[14]. Tot aici, era vorba de o experienţă pe care fiecare putea să o facă privindu-se la un film video: majoritatea timpului, prima reacţie a persoanelor, exprimată sau ţinută în gând, era o reacţie de dezamăgire: „Asta-i mutra mea? Aşa mă văd ceilalţi? Vocea asta dogită e a mea?“ Pentru cei mai vulnerabili sau susceptibili, este destul de îngrozitor! Se poate ca ei să refuze apoi să mai fie fotografiaţi sau filmaţi...

Narcis şi Frankenstein

Chiar dacă femeile sunt acuzate adesea că sunt îndrăgostite prea mult de imaginea lor, cele mai frumoase mituri referitoare la imaginea de sine pun în scenă bărbaţii.

Narcis era un tânăr frumos, de care erau îndrăgostite toate nimfele. Dar el nu răspundea niciodată iubirii lor. Supărate, acestea s-au plâns zeiţei Nemesis, care l-a blestemat astfel: „Fie ca el să iubească, la rândul lui, dar să nu-i aparțină niciodată obiectul iubirii sale". Într-adevăr, Narcis se îndrăgosti de propria sa imagine oglindită în apa unui izvor și se lăsă înfometat până la moarte, contemplându-și imaginea[15]. Avertismentul mitului este evident: iubirea de sine este un impas. Psihanaliza a păstrat învățătura mitică în definiția narcisismului, pe care îl denumește: „iubire față de propria *imagine*[16]".

În ceea ce-l privește pe monstrul fără nume creat de doctorul Frankenstein, acesta era victima unei soarte cu totul opuse: bun și sentimental la început, respingerile și agresiunile umane l-au amărât, ducându-l treptat la disperare[17]. El îi cere atunci creatorului său o parteneră după chipul său, pentru a îndulci soarta dură: „Cer o creatură de sex feminin, dar o vreau la fel de hidoasă ca mine. Asta nu va fi, desigur, decât o slabă satisfacție, dar este singura pe care o pot pretinde, și voi fi mulțumit. În mod sigur, vom forma un cuplu de monștri; vom fi retrași de restul lumii, dar asta nu va face decât să ne legăm mai mult unul de celălalt..." Stima de sine a monstrului, sever deteriorată de respingerea socială din cauza urâțeniei sale, nu poate fi reparată, după el, decât prin legăturile unui cuplu...

SPUNE-MI CÂT MĂSORI CA SĂ-ȚI SPUN CÂT VALOREZI...

În mod tradițional, mai puțin sensibili decât femeile la frumusețea sau la talia lor (dar asta ar putea foarte bine să se schimbe), bărbații au fost totuși mereu preocupați de înfățișarea lor fizică, și în special de chestiunea dimensiunii.

Problemele legate de dimensiunea sexului, subiect de competiție la băieței, dar subiect tabu în presă, încep să apară timid în revistele pentru bărbați[18]. Aceste preocupări nu se referă doar la bărbații occidentali, obsedați de performanțele lor sexuale. Etnopsihiatrii cunosc bine *kuru*, această tulburare răspândită prin Extremul Orient care îi face pe bărbați să se teamă ca organele lor sexuale să nu se chircească până a se retracta în interiorul corpului[19]. În momentele de angoasă acută, pacientul încearcă prin orice mijloace să se opună acestei retracții...

Dar bărbatul se teme în special de talia scăzută. Îi este penibil să aibă o talie pe care o estimează ca fiind prea mică. Amintiri din copilărie, când ne doream să „fim mari“? În fantasmele majorității oamenilor, o înălțime mare este asociată cu un indiciu de putere. În acest sens, există tendința de a supraestima înălțimea persoanelor care ocupă funcții importante sau sunt socialmente valorizate, de exemplu cea a preşedinților Statelor Unite, care este supraestimată în medie cu 7,60 centimetri de concetățenii lor[20]. De câte ori nu întâlnim o celebritate pe stradă sau într-un avion şi suntem frapați de talia sa, dintr-odată mai mică decât cea pe care ne-am imaginat-o noi...

Stima de sine a lui Jean Paul Sartre

În relatările din primii săi ani[21], Sartre îşi povesteşte copilăria sa plină de dragoste (era numit „darul cerului“...) şi progresivele chemări la ordine ale realității (el nu era evident ceea ce se poate numi „un copil frumos“), pe măsură ce creştea.

El descrie, de exemplu, suferințele sale atunci când a realizat că nu este centrul lumii: „Am trăit suferințele unei actrițe îmbătrânite: am aflat că şi alții pot place (...)“ Sau când a luat cunoştință de urâțenia lui, după ce bunicul său i-a tăiat părul, fără ştirea mamei sale: „Mama se închisese în camera ei şi plângea (...) Cât timp alunecau pe lângă urechi, frumoasele mele bucle îi permiseseră să refuze evidența urâțeniei mele“. Sau, în sfârşit, când petrecea în fața oglinzii: „Oglinda mi-era de un mare ajutor: o obligam să-mi arate că eram un monstru (...)“ Această sensibilitate specifică a lui Sartre la precupări mai degrabă feminine proveneau poate din acea că mult timp mama sa îl îmbrăcase în fetiță (ceea ce nu era ceva cu totul neobişnuit în familiile burgheze din acea epocă) şi purtase părul lung în bucle până la vârsta de şapte ani.

SFÂRȘITUL EXCEPȚIEI MASCULINE?

Alți autori, precum Robert von Musil în *Omul fără calități*, vorbesc de „vârsta când ne mai place încă să ne privim în oglindă şi când încă acordăm importanță problemelor legate de siluetă sau de coafură...“ Atunci, să fie Sartre precursorul mişcării de fond care se amorsează astăzi?

Corpul bărbaților este din ce în ce mai prezent în publicitate: parfumuri, produse cosmetice, modă... Ca şi pentru femei, dar cu o întârziere de treizeci de ani, bărbații sunt supuşi unui bombardament de imagini ale corpului ideal (musculoşi, bronzați, supli, netezi). Iată de ce sfârşitul de secol devine atât de inconfortabil pentru tații de familie care fac burtă şi care nu au timpul sau dorința de a se duce de câteva ori pe săptămână la sala de fitness cea mai apropiată pentru a ridica greutăți sau pentru a sta la ultraviolete...

AVANTAJELE ȘI DEZAVANTAJELE SOCIALE ALE FRUMUSEȚII

Nu este niciodată uşor pentru un psihoterapeut să întâlnească o persoană care vorbeşte despre urâțenia sa — mai ales atunci când aceasta nu se prea poate contesta. Ce să răspunzi pe loc ca să nu fie nici minciună, nici în van? Poate de aceea nu răspundem nimic şi începem să punem întrebări... Iată un extras dintr-o scrisoare pe care ne-a trimis-o una dintre pacientele noastre:

„Ştiu că sunt urâtă. Am ştiut-o întotdeauna. Eram deja un copil cu un fizic ingrat. Am fost conştientă de asta de foarte timpuriu: ceilalți copii nu se jenau să mi-o spună. Eu mă făceam că nu auzeam. La fel şi mama mea, pentru că şi ea auzea sarcasmele care mi se adresau la ieşirea din şcoală. Ea suferea cu certitudine, dar cum alesese să nu-mi vorbească vreodată despre asta, adoptasem şi eu această atitudine şi devenisem total blocată asupra acestui subiect. Într-o zi, una din profesoare, care îmi înțelese suferința, a încercat să-mi vorbească despre asta. N-am putut scoate un cuvânt, deşi în gând îmi spuneam: iată în sfârşit cineva care m-a înţeles. Ea a remarcat suferinţa mea, dar nu a mai îndrăznit niciodată să-mi vorbească despre asta. Este una din cele mai rele amintiri din copilărie, mai rea chiar decât răutăţile: să fiu incapabilă să prind această mână întinsă... Urâţenia implică un fel de suferinţă cronică cu care sfârşim prin a ne obişnui, dar care se reaprinde la cel mai mic şoc: o remarcă, o privire insistentă, un zâmbet... Asta devine o carceră şi o obsesesie: îi pândim pe ceilalţi, întrebându-ne dacă sunt pe cale să ne spună că... şi mai ales, mai ales niciodată nu vorbim despre asta. Dar suntem mereu nefericiţi din cauza asta. Ne obişnuim insidios să fim daţi la o parte, să nu fim aleşi, să nu fim preferaţi. Ne obişnuim să fim o victimă, să avem un rol secundar... Adult, te covingi că este inutil să vorbeşti despre asta, să mărturiseşti cuiva: presimţim prea bine că cei din anturaj vor minţi, se vor debarasa de propria lor jenă, aruncându-ne banalităţi fără noimă despre «frumuseţea interioară» şi toate aceste cuvinte inutile. Urâţenia este cel mai groaznic dintre defecte: putem încerca să schimbăm egoismul sau să acţionăm asupra temerilor. Dar cum să schimbi corpul? Deseori am visat să trăiesc într-o lume de orbi, în care înfăţişările să nu aibă importanţă...."

De ce această importanţă a fizicului în stima de sine? Poate dintr-un motiv foarte simplu: dintre toate competenţele care alimentează stima de sine, aspectul fizic este cel mai aproape, care depinde cel mai puţin de context. Pentru a demonstra competenţele şcolare, e nevoie de examene; pentru competenţele atletice, de probe de câştigat; supunerea la reguli — de un mediu care să o pună în evidenţă şi să o valorizeze. Frumuseţea se manifestă în orice ocazie. Poate de aceea a fost considerată întotdeauna o trăsătură a divinităţii: înainte de a fi buni, zeii sunt frumoşi, şi îngerii lor, de asemenea.

Piticul şi infanta

Suferinţa legată de conştientizarea urâţeniei a fost adesea descrisă de poeţi şi de romanciceri. Într-una din nuvelele sale[22], Oscar Wilde povesteşte istoria unui pitic ales pentru a servi ca bufon pentru o tânără prinţesă spaniolă. Văzându-şi pentru prima dată imaginea în oglindă, el, care până atunci fusese inconştient de aspectul său fizic, realiză pentru prima dată urâţenia sa respingătoare:

„Atunci când i s-a dezvăluit adevărul, a scos un strigăt sălbatic de disperare şi se prăbuşi în hohote de plâns. Deci, el era diformul, cocoşatul, groaznicul, grotescul. Monstrul era el, el de care toţi copiii râseseră, chiar şi prinţesa despre care credea că îl iubeşte, în timp ce ea nu făcuse decât să-şi bată joc de hidoşenia lui şi să facă haz de membrele sale ciunte. De ce nu l-au lăsat în pădure, unde nu exista nicio oglindă care să-i spună cât dezgust inspira? De ce tatăl său nu-l omorâse, în loc să-l vândă, spre ruşinea sa?

FRUMOŞI, BOGAŢI ŞI CELEBRI...

Serge Gainsbourg, care spunea că este preocupat de această problemă, vorbea de „frumuseţea ascunsă a urâţilor". În ceea ce-l priveşte pe Shakespeare, acesta considera că „frumuseţea se află în ochii celui care priveşte" (*beauty lies in the eyes of the beholder*). În ciuda acestor afirmaţii, frumuseţea nu este — din păcate — doar în minte. Numeroase cercetări au arătat că ni se acordă mai multă atenţie dacă suntem frumoşi (sau frumoase).

▸ Avantajele frumuseţii

Luaţi un copil cu fizic plăcut. Confruntaţi-l cu un adult, care să nu fie părintele său. Ei bine, adultul va fi, din simplul fapt al frumuseţii copilului, mai tolerant faţă de obrazniciile lui şi mai înclinat să-l încurajeze[23]! Aşa este în societăţile noastre: iertarea se acordă uşor copiilor „frumoşi", iar copiii „urâţi" suferă mai multe nedreptăţi. În *Morcoveaţă*, capodopera sa de largă inspiraţie autobiografică[24], Jules Renard descrie copilăria puţin fericită a unui băieţel roşcovan, dizgraţiat de mama sa care îi prefera pe faţă pe fraţii săi mai mari. Cum spunea Morcoveaţă într-o zi de *spleen*, „nu oricine poate fi orfan"...

Preferinţele pentru frumuseţe nu se referă doar la adulţi: la şcoala primară, copiii cei mai populari sunt adesea cei care sunt şi cei mai atrăgători fizic pentru colegii lor[25]. Copiii îi persecută uşor pe aceia dintre ei care au un defect fizic sau o trăsătură apreciată defavorabil de comunitatea infantilă: ochelari, culoarea părului, accent, îmbrăcăminte etc.

Tradițional, în poveşti, împărțirea rolurilor este clară: eroii sunt frumoşi, iar răii sunt urâți. Unele basme mai dau speranțe subliniind că întotdeauna este posibilă o metamorfoză: *Frumoasa şi Bestia*, *Rățuşca cea urâtă*... Dar eroii cu suflet bun sfârşesc întotdeauna prin a fi recompensați prin a obține această supremă gratificație: frumusețea. Nici o poveste, din câte cunoaştem, nu se termină cu: „Şi au trăit fericiți, în ciuda urâțeniei eroului nostru (sau eroinei noastre)". Morala care derivă este deci mai mult decât ambiguă şi confirmă copilului că este mai bine să fii frumos decât urât... Să recunoaştem totuşi că o serie de poveşti mai recente pledează pentru o mai mare toleranță la urâțenie. Astfel, în *Uriaşul de la Zéralda*, Tomi Ungerer[26] povesteşte cum o tânără fată a sfârşit prin a se căsători cu un căpcăun nu foarte înzestrat de la natură, dar simpatic, după ce totuşi l-a rugat să-şi radă barba...

Să trecem de pe terenul de joacă în lumea adulților. Şi acolo aceeaşi constatare: adulții frumoşi sunt mai credibili în ochii semenilor lor. Numeroase cercetări au arătat că se atribuie mai multe calități psihice persoanelor pentru simplu motiv că au un fizic atrăgător! De exemplu, li s-au citit studentelor o nuvelă chipurile redactată de către o altă tânără, a cărei fotografie le-a fost dată[27]. Jumătate din grup a primit portretul unei tinere frumoase, în timp ce cealaltă jumătate a primit fotografia unei femei mai puțin atrăgătoare. Rândurile erau mult mai apreciate dacă scriitoarea era frumoasă, decât dacă fizicul său era neplăcut. Iar acest efect era cu atât mai evident cu cât nivelul literar al lucrării este mai slab: dacă rândurile sunt bune, fizicul scriitorul are atunci mai puțină importanță. Sfat pentru tinerii scriitori: atât timp cât nu sunteți siguri că ați creat o capodoperă, odată cu stilul, lucrați asupra înfățişării voastre...

Frumusețea poate să atragă şi bani... Studii realizate pe mai mult de şapte mii de subiecți au confirmat că, la competență egală, persoanele care au fizicul atrăgător ar fi uşor mai bine plătite decât cele cu fizic obişnuit; dar acestea din urmă se pot consola, pentru că ele sunt ceva mai bine remunerate decât persoanele cu înfățişare foarte dezagreabilă[28]. O discriminare în plus, pe lângă cea pe criteriu de sex, vârstă şi rasă. Aceste avantaje ale frumuseţii sunt atât de insolente, încât există un fel de reticenţă în a le recunoaşte. Pudoare sau ipocrizie, top-modelele şi patronii lor explică lejer că aceste fete lucrează enorm, că fac multe eforturi, că adevărata frumuseţe este cea interioară, că personalitatea lor este bogată şi fascinantă etc. Ca şi cum ar fi prea şocant, şi fără îndoială nepopular, să se declare că ele sunt acolo graţie doar frumuseţii lor...

Sunteţi demoralizat? Liniştiţi-vă, există şi dezavantaje ale frumuseţii...

▸ Atunci când este cumplit să fii fermecător (fermecătoare)

Ştiţi că persoanelor frumoase li se atribuie mai uşor cele mai rele intenţii? De exemplu, se presupune mai uşor că ele au mai multe aventuri extraconjugale, că ele divorţează mai uşor decât persoanele mai puţin frumoase[29].

În caz de probleme cu legea, faptul că eşti atrăgător va implica sentinţe mai aspre, dacă crima este o escrocherie; e posibil ca, în acest caz, judecătorii să aprecieze — pe drept cuvânt — că frumuseţea a fost, într-un fel, arma crimei! Din contră, dacă victima nu a fost escrocată, de exemplu în caz de viol sau act violent, sentinţa poate fi mai uşoară[30]: frumuseţea incită atunci la clemenţă („Cineva frumos nu poate fi absolut rău").

Atenţie şi la a nu fi *prea* frumos: este important, pentru a obţine avantaje, să nu vă striviţi anturajul cu frumuseţea dumneavoastră. Beneficiile frumuseţii aparţin mai degrabă persoanelor „mediu" frumoase[31], întrucât ele permit fiecăruia să îşi imagineze că este aproape la fel. Dacă diferenţa este prea mare, ceilalţi riscă să se simtă urâţi alături de dumneavoastră, iar asta se va întoarce împotriva voastră[32].

Oamenii frumoşi beneficiază de o prejudecată favorabilă printre persoanele de sex opus, dar se poate întâmpla invers printre persoanele de acelaşi sex[33]. Şi această formă de gelozie există la fel de bine la bărbaţi, ca şi la femei.

În fine, frumoase şi frumoşi, amintiţi-vă că atracţia fizică a frumuseţii nu este eternă: după un conflict, considerăm în general că persoana cu care ne-am certat este mai puțin frumoasă decât înainte de dispută[34]...

CE-I DE FĂCUT CU FRUMUSEȚEA?

Toate aceste studii ne arată că este imposibil să desconsideri chestiunea aspectelor fizice. Da, frumusețea nu este în mod egal repartizată între indivizi. Da, ea conferă pur și simplu avantaje celor cărora le este hărăzită. Nu, frumusețea nu este doar în minte.

Specialiștii în psihologie evoluționistă stabilesc ca principiu că o caracteristică fizică sau psihologică care a traversat timpurile are o utilitate pentru indivizi sau pentru specie. Care sunt avantajele evolutive ale frumuseții? Fără îndoială că ea permite să fie găsiți mai ușor partenerii sexuali. De unde și importanța ei mai mare la femeie, deoarece ritualurile de curtare se bazează la ea pe atracție. Ea permite, de asemenea, să fii mai ușor acceptat de semenii tăi.

Iată de ce frumusețea influențează favorabil stima de sine...

LOOK, MODĂ ȘI STIMA DE SINE

A TE ÎMBRĂCA: CIRIPIT ȘI PENAJ...

Șifonierul Sophiei, 28 de ani, este ticsit de haine pe care nu le-a îmbrăcat niciodată. Magali, de 5 ani, ezită în fiecare dimineață în fața sertarului său de haine pentru a ști cu ce să se îmbrace. Ea se angoasează dacă părinții săi o grăbesc deoarece sunt în întârziere pentru a o duce la școală: „Nu vreau să fiu îmbrăcată ca o vrăjitoare!“

Iată că de mult hainele noastre nu mai folosesc doar la a ne proteja de frig sau a ne ascunde nuditatea. Ele au devenit și proteze sau ascunzători ale stimei noastre de sine.

Cum vă simțiți după ce v-ați cumpărat o haină frumoasă, care vă vine de vis? Fără îndoială, vă simțiți bine... Stima voastră de sine este atunci crescută. Bineînțeles că asta nu va dura prea mult, dar imaginea pe care o aveți despre dumneavoastră înșivă va fi dopată pentru câteva ore sau câteva zile. În țările occidentale, cel mai ușor și mai simplu mod de a-ți îmbunătăți imaginea este, adesea, să-ți cumperi haine.

Ar fi existat moda dacă oamenii nu ar fi avut probleme cu stima de sine? Simpla nevoie de frumusețe sau plăcerea de schimbare ar fi suficiente pentru mersul acestei industrii? Ne îndoim mult. Grija de a fi îmbrăcat așa cum o pretinde anturajul datorează mult trebuinței de a menține sau dezvolta stima de sine. Cum se poate explica altfel succesul „mărcilor“, care constă în a plăti mult mai scump o haină dacă este de firmă? La un moment dat, era șic să ai un crocodil pe piept; apoi era mai bine să arborezi un jucător de polo. Dar curând va fi vorba de altceva pentru că, pentru victimele modei (*fashion victims*), a căror unică preocupare este să urmărească tendințele modei și vitrinele pentru a fi mereu la modă, obiectivul este de a purta ceea ce se va purta, dar înaintea tuturor, și mai ales să nu-l mai porți când îl are toată lumea...

DE CE ȘI CUM URMĂM SCHIMBĂRILE MODEI?

Nu toată lumea e în pas cu moda. Nu o urmează oricum și din orice motive.

Pentru un anumit număr de oameni, moda, mai ales dacă este anticipată, este un mijloc de a crește stima de sine. Obiectivul lor este să se distingă de ceilalți, fiind primii care adoptă noile feluri de a se îmbrăca. Astfel valorizați prin statutul de precursori, ei vor fi gata să înfrunte privirile neîncrezătoare sau critice ale „masei“, îmbrăcată încă după vechea modă. Departe de a se simți depreciați, unii se pot simți chiar valorizați.

Pentru alții, a fi la modă va fi o cale de a-și diminua stima de sine. Motivația nu este un câștig pentru stima de sine, ci evitarea unei pierderi. Ei nu adoptă o modă decât atunci când aceasta se generalizează, pentru a nu fi judecați negativ după o înfățișare desuetă.

Bineînțeles, în stadiul în care „toată lumea începe a o purta“, novatorii au abandonat de mult moda respectivă: ea nu va mai aduce nimic stimei lor de sine.

DE CE STIMA DE SINE VĂ FACE SĂ CUMPĂRAŢI ŞI APOI SĂ NU MAI PURTAŢI HAINE PREA MODERNE

Cum se explică cumpărăturile repetitiv inutile ale unor subiecţi cu scăzută stimă de sine, cum este cazul Sophiei?

Aceasta se petrece în doi timpi:

Primul act: în magazin, sub presiunea mediului, Sophie ia haina pe care i-o propune vânzătoarea. Ea devine la fel ca celelalte persoane din acest univers artificial care este magazinul: vânzătoarea, alte cliente, manechine frumos fotografiate pe perete...

Actul al doilea: întorcându-se acasă, Sophie nu mai este în acest univers artificial, ci în mediul ei real. Ea s-a intersectat pe scară cu vecinul de mai jos şi ştie că, în două zile, weekendul se termină: se va întoarce la serviciu. Rochia prea „modernă", care făcea din ea o persoană ca cele din magazin, riscă prea mult să atragă atenţia asupra ei într-un mediu obişnuit: ea-şi imaginează mutrele vecinilor şi colegilor şi se răzgândeşte să mai poarte haina respectivă, care îşi va sfârşi zilele în dulap.

Proba cabinei de probă

Loc „revelator al micilor nevroze şi al marilor angoase ale cumpărătoarei"[35], cabina de probă este scena marilor manevre asupra stimei de sine. Ea este de fapt locul întâlnirii între *imaginea ideală* de sine (întrevăzută atunci când ne imaginăm într-o haină) şi *imaginea reală* de sine (propria viziune în respectiva haină şi, mai mult, în privirea vânzătoarei). Un reportaj radio realizat la ieşirea din cabinele de probă dintr-un mare magazin arăta starea sufletească a clientelor[36]: „Astăzi, totul m-a-ngrozit... Fusta îmi place, dar pe mine nu-mi mai place", „Nu-mi place să văd adevărul în faţă în felul acesta", urmat de un perspicace: „Totul e bine în minte, dar oglinzile astea..."

Visăm desigur la un studiu în care femeile ar completa un chestionar despre stima de sine înainte şi după trecerea prin cabina de probă. Aviz modiştilor interesaţi...

MODA ÎN RÂNDUL MINORITĂȚILOR

Anumite medii marginale cultivă propriile lor mode. În anii 1970, fenomenul „punk“ a reprezentat un bun exemplu în acest sens. Respingerea regulilor sociale de bun simț îi făcea pe punkişti să adopte o înfățişare mai mult decât neglijentă. Dar, puțin câte puțin, aceasta a devenit o căutare la fel de constrângătoare ca a modei „oficiale“. Pentru că a frecventat ocazional acest mediu în timpul studenției la Berlin, cineva dintre noi poate atesta că pregătirea acelui „look“ al lor lua la fel de mult timp ca şi cea a incredibilelor şi minunatelor mode din perioada Consulatului: zbârlirea părului, modelarea crestei cu spumă de ras amestecată cu bere, dispersarea savantă a acelor de siguranță, repartiția pseudoaleatorie a rupturilor pe haine... Aceia dintre ei care prezentau cele mai scăzute nivele ale stimei de sine se simțeau foarte prost pe drumul dintre casă şi locurile lor de adunare: nu era uşor să fii punkist într-un autobuz de periferie la ora terminării serviciului...

INDUSTRIILE IMAGINII SUB ACUZAȚIE?

ETERNA CĂUTARE A FRUMUSEȚII

Căutarea frumuseții este, fără îndoială, eternă. Dintotdeauna, oamenii s-au preocupat de aspectul fizic. Uneori, până la a-şi periclita sănătatea: albul de ceruză (carbonatul de plumb) de care femeile din Antichitate se foloseau pentru a-şi albi tenul era o otravă periculoasă[37]... Să ne amintim şi de deformările impuse picioarelor chinezoaicelor de viță nobilă — micimea picioarelor era un criteriu de frumusețe — sau de gâtul „femeilor-girafă“ ale numeroaselor populații africane. În aceste două cazuri, se recurgea la mutilări periculoase şi invalidante pentru sănătatea şi autonomia femeilor.

Referitor la formele corpului cerute de canoanele frumuseții feminine, unele epoci au fost cu certitudine mai îngăduitoare pentru formele rotunjoare: li se aminteşte acestora, pentru a le consola, adoraţia purtată femeilor cu fese frumoase din culturile preistorice sau africane, tablourile lui Rubens etc. Dar toate acestea sunt foarte departe de noi, răspund femeile. Poate că n-a existat niciodată o epocă în care să se facă o presiune atât de mare pentru conformarea la un canon fizic. Mondializarea modelului occidental de supleţe adolescentină pare un fenomen ireversibil în viitorul apropiat. Atât timp cât inteligenţele marketingului şi publicităţii sunt stăpâne aici...

EXTINDEREA RĂULUI

Într-adevăr, presiunea socială asupra înfăţişării fizice era altădată mai redusă, din anumite motive:

— O confruntare mai puţin frecventă cu modelele ideale: înaintea erei media, pentru un bărbat canonul frumuseţii era reprezentat de cea mai frumoasă fată din apropierea sa, ceea ce nu era fără îndoială prea diferit de celelalte fete din comunitatea rurală unde locuiau majoritatea oamenilor. Astăzi, fiecare bărbat este asaltat de mai multe ori pe zi de imaginea celor mai frumoase fete din lume de pe panourile de publicitate, din reviste, din spoturile publicitare televizate. Mai mult, o mare parte a umanităţii locuieşte în mari oraşe, unde întâlnirea cu fete frumoase necunoscute este mult mai frecventă. Pentru a păstra un cuplu stabil, Darwin recomanda, de altfel, retragerea la ţară...

— O importanţă mult mai mică a aspectului fizic în alegerea soţilor: majoritatea căsătoriilor erau altădată aranjate, între familiile învecinate sau în funcţie de interese comune. Asta nu era neapărat un lucru prea bun pentru indivizi, dar limita rolul frumuseţii: chiar şi femeile şi bărbaţii dizgraţioşi puteau forma o familie...

— Existenţa controlului social: astfel, purtarea uniformelor de către elevi sau tabuurile faţă de exhibiţia corpului, adesea ascuns în spatele unor haine ample. Aceste măsuri sociale — chiar dacă scopul lor iniţial nu era să menţină stima de sine — reuşeau totuşi să reducă diferenţele dintre indivizi, apropo de aspectul şi înfăţişarea fizică...

— O relativă — şi în final salutară? — ipocrizie socială faţă de frumuseţe: discursul oficial era că existau alte valori superioare aspectului fizic...

Dar astăzi lucrurile se schimbă şi se răstoarnă, din diferite motive: trăim într-o epocă în care suntem supuşi proximităţii copleşitoare şi oprimante a unor imagini de corpuri ideale. Din ce în ce mai puţin ipocrite — pe această temă cel puţin —, grupurile noastre sociale valorizează frumuseţea din ce în ce mai deschis. Aparent, nu e nimic rău în faptul că fiinţa umană vrea să fie mai frumoasă. Dar fenomenul s-a amplificat întrucât a devenit obiectul unor mize comerciale importante. Mesajele publicitare erau la început cantonate modei, respectiv hainelor care ascundeau corpul. Astăzi, ele atacă direct corpul, prin mijloace indirecte, în special ale industriei de cosmetice şi chirurgiei plastice. Unele mesaje devin astfel din ce în ce mai deschis culpabilizante. În campania sa publicitaă, o reţea de săli de gimnastică şi de repunere în formă nu ezita să afişeze în chip de argumentare mesaje de felul: „Adio, fese moi", „Ardeţi caloriile", „Gata cu abdomenele"*... Ce efect asupra stimei de sine a femeilor o fi avut acest bombardament culpabilizant şi devalorizant al „feselor moi"? Alt simptom: revistele pentru femei, care altădată puneau în prim-plan silueta şi regimurile, au adăugat acum chirurgia estetică... Pe când clonarea pentru a deveni mai frumoasă?

Oglindă, oglinjoară...

Oglinda este astăzi omniprezentă în mediul nostru zilnic: băile şi holurile apartamentelor, magazine, holurile clădirilor, săli de gimnastică, retrovizoarele maşinilor... Imaginea noastră este reflectată de zeci de ori pe zi. Dar n-a fost întotdeauna aşa: de fapt, până în secolul al VII-lea, oglinzile erau foarte rare. Galeria Oglinzilor din palatul de la Versailles era, în acea epocă, un excepţional semn de putere şi de bogăţie, demn de a reda extraordinara stimă de sine a lui Louis al XIV-lea, stăpânul domeniilor; dar democratizarea oglinzii nu datează decât din

* O traducere literală a acestor expresii ar fi o înşiruire de calambururi: „Adio fesmoalelor", „Ardeţi caloribilii" şi „Gata cu abdominabilele" (*N.t.*)

secolul al XIX-lea[38]. De atunci, oglinda ne-a devenit familiară şi intimă. Care este rolul acestei prezenţe copleşitoare a imaginii noastre, căreia i s-a adăugat apoi cea a fotografiei şi imaginii video, în presiunile din ce în ce mai mari asupra imaginii corpului? Desigur, nu prea anodin...

SUNTEM OARE NOI JUCĂRIILE PĂPUȘII BARBIE?

În 1959, producătorul de jucării american Mattel a pus în vânzare celebra sa Barbie. Mulţi ani mai târziu, evocând această lansare pe piaţă, creatoarea sa, Ruth Handler, declara: „Niciodată înainte nu i s-a conferit unei păpuşi o siluetă atât de feminină[39]".

De la creaţia sa, s-a vândut mai mult de un miliard de păpuşi Barbie în lume. Sub pretextul că nu este vorba decât de o jucărie, să fie acest succes atât de anodin? Şi modelul de ideal feminin pe care îl vehiculează păpuşa nu este oare nociv? Pentru că, dacă transpunem proporţiile frumoasei la o scală adultă, obţinem pentru o talie de 1,77 metri următoarele dimensiuni: 85-46-73! Literalmente inumane, aceste cifre dau o idee de siluetă „ideală" propusă generaţiilor de fetiţe şi leziuni ale stimei de sine care se produc atunci când ele ajung la adolescenţă.

De aceea mişcările feministe americane au luat de mult timp păpuşa drept ţintă şi doreau la un moment dat să figureze pe ambalaje următoarea menţiune: „Indicaţie de folosire: majoritatea femeilor nu devin ca Barbie. Orice omisiune a acestei informaţii către fetiţe poate provoca grave tulburări fizice şi psihice". Mişcarea a atins paroxismul după comercializarea unei Barbie vorbitoare, care declara cu o voce stupidă: „E grea matematica"... Drumul fetiţelor era deja marcat: să se străduiască să semene cu un ideal fizic inaccesibil, convingându-se cât mai devreme posibil de limitele lor de a urma studii „serioase". Am văzut şi programe mai bune de promovare a stimei de sine...

Cel mai îngrijorător în această poveste este că astăzi Barbie nu mai este o jucărie preadolescentină: fetiţele de patru ani o mai doresc. Ce vor deveni generaţiile de fetiţe hrănite precoce cu Barbie?

Lara Croft şi Barbie: aceeaşi dispută?

Chiar şi eroinele aparent mai „feministe" decât celebra păpuşă propun acelaşi model de corp perfect.

Lara Croft, eroina din jocul video *Tomb Raider*, are un chip perfect, o siluetă longilină de adolescentă, picioare superbe, dezvăluite adecvat de un şort de alură vag militară şi, în sfârşit, nişte sâni voluminoşi, dar fără să fie lăsaţi din cauza greutăţii lor, pentru că rămân într-o imobilitate imperturbabilă în ciuda tuturor salturilor, alergărilor şi săriturilor pe care trebuie să le facă pentru a ieşi din labirinte sau pentru a distruge adversari virtuali.

Ne putem întreba care va fi efectul acestei creaturi asupra exigenţelor feminine ale băieţilor şi ale adolescenţilor care ar privi-o sute de ore într-o etapă sensibilă a sexualităţii lor. Şi de asemenea asupra imaginii corpului fetelor, care sunt atrase în egală măsură de acest joc video...

ÎN FINE, REFLUXUL?

Aceasta ar putea fi îngrijorătoare, dar, ca şi în alte dăţi, mecanismele de reglare se mobilizează mai mult sau mai puţin spontan. În cazul păpuşii Barbie, dacă fetiţele o adoptă din ce în ce mai devreme, ele o abandonează din ce în ce mai repede. Se întâmplă frecvent ca mamele să ne povestească despre fiicele lor de 7-8 ani că o lasă pe Barbie surorilor mai mici. Mattel, producătorul ei, a decis în 1997 să modifice aspectul fizic, apropiindu-i proporţiile de cele ale unei femei adevărate (nu are importanţă care...). Fără îndoială, e un inutil acces de conştiinţă, după ce a promovat standarde prea oprimante şi prea inaccesibile...

Multe din industriile pentru frumuseţe au simţit efectiv că s-a mers prea departe în celebrarea acesteia. De la mijlocul anilor 1990, s-a observat apariţia unor manechine care nu corespund criteriilor obişnuite de frumuseţe, ci sunt purtătoarele unor „figuri" cu personalitate puternică; chipul foarte deosebit al lui Kate Moss, modelul americanului Calvin Klein, este un astfel de exemplu. În toamna anului 1998, creatorul de modă englez Alexander

McQueen a pus să defileze o tânără cu picioarele amputate. În acelaşi an, fabricantul italian Benetton a afişat fotografii ale unor tineri handicapaţi psihomotor pentru a incita la cumpărarea mărfii sale. În 1996, creatorul francez Jean Paul Gaultier a pus să defileze nişte bunici foarte elegante. Ca şi cum mesajul subliminal al acestor vânzători de veşminte ar fi: „Am înţeles că am mers prea departe cu ilustrarea imaginilor perfecte pentru a ne vinde produsele. Priviţi, ele sunt la fel de vandabile şi pentru cei care sunt la opusul frumuseţii, bătrânii, stigmatizaţii şi handicapaţii. Deci, şi voi sunteţi vizaţi, voi care vă aflaţi între cele două extreme..."

Alţi creatori au mers şi mai departe. Astfel, marca engleză *The Body Shop*, de produse cosmetice şi de toaletă, şi-a făcut campania sa publicitară în 1998 pe tema stimei de sine[40]. Această realizare, dorind să se distingă de discursul publicitar al concurenţilor săi, acuza direct industria destinată imaginii corporale: „Acum 23 de ani, manechinele cântăreau cu 8% mai puţin decât media femeilor. Astăzi, ele cântăresc cu 23% mai puţin..." Ea denunţa utilizarea perversă a frustrărilor afective: „Am pierdut patruzeci de kilograme şi mi-am găsit iubirea". Ea afişa pe ziduri păpuşa Ruby, un fel de anti-Barbie rotunjoară, menită să reprezinte imaginea „mediei" femeilor de pe planetă: „Doar opt femei sunt top-modele, trei miliarde nu sunt." Ea lua în zeflemea, în sfârşit, mesajele publicitare subliminale ale industriei cosmetice: „Se găseşte oare stima de sine într-o cremă?"

Sincer sau abil, demersul prezintă un interes major: pentru prima dată un vânzător de cosmetice refuza să adopte, perfecţionându-l, discursul obişnuit al lui „mereu mai mult..." (mereu mai multă frumuseţe, siluetă...). Într-un interviu dat în 1998, în revista feminină *Marie-Claire*, Anita Rodick, preşedinte-fondator al mărcii, declara: „Încerc să găsesc un concept de *frumuseţe onestă...*" Întreaga problemă constă în a şti ce este această „frumuseţe onestă". Fără îndoială, o frumuseţe mai tolerantă la infinita diversitate a aspectelor noastre fizice. De bine ce oamenii politici francezi au criticat mult „gândirea unică", se poate ajunge într-o zi să se facă procesul „frumuseţii unice"?

Aceste frământări, aceste prime mişcări de retragere dintr-o modă din ce în ce mai dictatorială vor fi durabile? Sau nu au reprezentat decât o pauză, dictată de vreun imperativ comercial — trebuie să lăsăm să mai respire piaţa şi consumatorii? Vor fi necesari câţiva ani pentru a o afla. Dar de-aici înainte nu va trebui să facem dovadă de o mai mare vigilenţă şi exigenţă faţă de industriile ale căror interese comerciale sunt orientate spre corpul nostru? Societăţile noastre nu trebuie să fie mai preocupate de promovarea altor căi de autosatisfacţie şi de respect faţă de ceilalţi, decât de cele care trec prin cultul unei înfăţişări conforme?

Capitolul 8
Teorii

„Orice descoperire se va fi făcut în țara amorului-propriu, încă mai rămân în ea destule meleaguri necunoscute.“

François de La Rochefoucauld

Stima de sine este încă, pentru cercetători, un vast șantier de unde nu emerge nicio teorie generală. Abordările sunt variate și abundente și nu este ușor să te orientezi printre ele. Scurta călătorie printre patru din cele mai importante teorii actualmente în vigoare, pe care v-o propunem, nu are alt scop decât acela de a vă ajuta în această orientare.

SĂ ȘTII SĂ ÎȚI ADMINISTREZI ASPIRAȚIILE

ECUAȚIA LUI JAMES

William James (1842–1910), unul dintre fondatorii psihologiei științifice moderne, este și unul dintre primii care au studiat stima de sine. Acest medic și filosof american a fost frapat de absența legăturii directe dintre calitățile obiective ale unei persoane și nivelul de satisfacție pe care o are față de sine însăși: „Astfel, scria el, un om cu capacităţi extrem de limitate poate fi dotat cu o suficienţă de neclintit, în timp ce un altul, deşi asigurat că a reuşit în viaţă şi se bucură de o apreciere universală, va fi atins de o neîncredere incurabilă în propriile sale capacităţi“[1]. Foarte logic, el a tras concluzia că satisfacţia sau nemulţumirea de sine nu depind doar de reuşitele noastre, ci şi de criteriile după care le judecăm — ceea ce a rezumat în ecuaţia următoare:

$$\text{stima de sine} = \frac{\text{succes}}{\text{pretenţii}}$$

Altfel spus, cu cât obţinem mai multe reuşite, cu atât creşte stima de sine... cu condiţia totodată ca pretenţiile noastre să nu fie prea mari. Să luăm un exemplu. Aţi fost admis la bac cu menţiunea „suficient de bine“. Este, deci, un „succes“. Cum v-aţi dorit înainte de toate să nu fiţi respins, rezultatul vă satisface pe deplin. Dar acelaşi rezultat vă va decepţiona cumplit dacă, pretenţiile dumneavoastră fiind mai ridicate, v-aţi fi aşteptat să obţineţi „foarte bine“. Într-un caz, stima de sine creşte; în celălalt, ea diminuează.

Pretenţiile ridicate pot constitui deci o frână pentru o bună stimă de sine. Ernest Hemingway, laureat al premiului Nobel pentru literatură, în apusul faimei sale, a declarat, puţin înainte de a se sinucide: „Important nu este ceea ce am scris, ci ceea ce aş fi putut scrie“. În acest fel se explică unele insatisfacţii paradoxale ale unor indivizi dotaţi sau „răsfăţaţi“ de viaţă. De asemenea şi suferinţele pacienţilor noştri: mulţi timizi, de exemplu, au o viziune prea perfecţionistă despre ceea ce trebuie să fie performanţele lor sociale („Trebuie să plac tuturor, să nu contrariez pe nimeni, să am mereu răspuns la tot, replică etc.“), ceea ce le ţine mereu sub presiune stima de sine.

Invers, starea de confort psihic a persoanelor care trăiesc în condiţii care altora le-ar părea prea puţin favorabile, provine, fără îndoială, şi din capacitatea lor de a fi mulţumite cu ceea ce au. Fericirea este adesea o chestiune de perspectivă personală. Şi este întotdeauna corelată cu stima de sine: cu cât este mai bună aceasta din urmă, cu atât se va declara subiectul mai mulţumit de viaţa sa[2].

SUCCESE ȘI RENUNȚĂRI

Ecuaţia lui James, aşa cum vom vedea imediat, nu explică doar nivelul stimei de sine, ci şi evoluţiile sale.

▸ De la un succes la altul

Théo, 5 ani, reuşeşte să meargă pentru prima oară pe bicicletă fără rotiţele de echilibru. El se simte evident mândru şi toată familia s-a adunat ca să-i admire performanţa. Câteva săptămâni mai târziu, Théo mergea mereu cu bicicleta „ca un om mare", dar mândria sa scăzuse: pretenţiile sale crescuseră odată cu succesul său; obiectivul lui nu mai era să meargă cu bicicleta fără rotiţe, ci să meargă la fel de repede ca Rémi, fratele său mai mare. Peste câtva timp, va fi fără îndoială acela de a merge pe bicicletă fără mâini...

Cu toţii am trăit acest fenomen: în urma unui succes, stima noastră de sine creşte foarte mult şi resimţim o mare plăcere. Apoi, ne obişnuim cu o reuşită a cărei repetiţie nu ne mai oferă aceeaşi intensitate a plăcerii ca prima dată şi nu ne mai „dopează" stima noastră de sine: aceasta ne va părea aproape normal. Reuşita rămâne o hrană pentru stima de sine mai mult pentru a o menţine la un nivel bun decât pentru a o ridica. Pentru a o face să progreseze din nou, vom creşte atunci, logic, pretenţiile noastre, căutând succese mai evidente sau în alte domenii...

▸ Trebuie să ştii să renunţi

A acţiona asupra pretenţiilor este şi un mijloc eficient de administrare a declinului succeselor. Un exemplu bun în acest sens este dat de îmbătrânire. Pentru a îmbătrâni fericiţi, trebuie ca, invers decât copiii, să ne limităm puţin câte puţin pretenţiile, cel puţin în unele domenii — aptitudinile fizice, de exemplu. A nu renunţa, când îmbătrânim, la performanţele sau la un corp de atlet, ne condamnă să trăim experienţe dureroase, întrucât succesele nu mai apar. James a scris deja despre asta: „Ce zi e mai plăcută decât aceea în care renunţăm să mai fim tineri sau zvelţi!" Şi Oscar

Wilde, care nu a ajuns la această detaşare, declara: „Îngrozitor la bătrânețe este că rămânem tineri".

În fond, principala învățătură a acestui model aritmetic al stimei de sine se referă la arta de a administra aspirațiile. Nouă ne revine sarcina de a găsi calea de mijloc între ambiția excesivă, care ne împiedică să fim satisfăcuți de ceea ce obținem („Mereu mai mult") şi o atitudine comodă, care ne va determina să întrerupem foarte devreme eforturile noastre de a atinge un obiectiv („Asta-mi ajunge").

A-ȚI ASUMA SAU NU RISCURILE

Se pot compara strategiile pe care le aplicăm atunci când ne investim banii şi cele pe care le folosim pentru a ne dezvolta stima de sine? Unii teoreticieni[3] şi-au pus această întrebare. Pentru ei, cantitatea de iubire primită în timpul primilor ani de viață constituie un fel de capital pe care îl vom administra ulterior.

„Marii investitori", care dispun de un important capital de demarare, îşi depun banii în acele plasamente care implică şi un anumit nivel de risc, dar care pot genera şi multiple beneficii — de exemplu, acțiunile bursiere. Deşi mult prea puțin realişti, ei sfârşesc prin a câştiga şi a depozita din ce în ce mai mulți bani. Ei nu se tem să piardă în unele plasamente, pentru că în orice caz le va rămâne suficient în altă parte.

Nefiind niciodată într-adevăr bogați, „micilor economişti" le e teamă ca, printr-un risc nechibzuit, să nu piardă şi puținul pe care îl au. Ei investesc deci cu prudență, şi mai degrabă în plasamente sigure, ca livretele caselor de economii. Din această cauză, câştigurile lor sunt pe măsura riscului: mai puțin ridicate.

Aplicat la stima de sine, acest model „financiar" permite în special să înțelegem de ce strategiile folosite de subiecții cu înaltă stimă de sine diferă de cele ale subiecților cu scăzută stimă de sine. Primii au, aşa cum am văzut, o atitudine mai ofensivă față de existență: ei îşi asumă mai mult riscurile şi au mai multe inițiative, din care extrag mai multe beneficii pentru stima lor de sine. În ceea ce-i priveşte pe ceilalți, aceştia sunt mai precauți şi prudenți:

ei se arată reticenţi în asumarea riscurilor şi o fac numai în mediile securizante şi previzibile, ceea ce le furnizează mai puţine ocazii de a-şi spori stima de sine.

Modelul financiar al stimei de sine

- Stima de sine trebuie să fie în mod regulat reinvestită pentru a nu se devaloriza;
- Câştigurile sunt la înălţimea riscurilor asumate;
- Cu cât este mai mare capitalul de demarare, cu atât e mai uşor să-ţi asumi riscurile.

Acest model ar părea inechitabil: după cum banii trag la cei bogaţi, subiecţii care dispun de un capital de demarare bun ar obţine mai uşor decât ceilalţi o bună stimă de sine. Dar interesul său principal constă în aceea că ne aminteşte că orice capital se erodează şi necesită investiri regulate: nealimentată prin iniţiativele noastre personale, stima noastră de sine va sfârşi mereu prin a se fragiliza.

„EUL-OGLINDĂ"

„Nu ştim niciodată precis cum ne văd ceilalţi, ne spune o tânără pacientă. E păcat, pentru că asta ne-ar învăţa o mulţime de lucruri. Câteodată mi-ar plăcea să ştiu ce gândesc cu adevărat oamenii despre mine, pentru a şti dacă părerea pe care o am eu despre mine este fondată sau nu. De exemplu, mi-ar plăcea să asist la înmormântarea mea şi să ascult ce povestesc oamenii la plecare. E adevărat că, în general, petrec mult timp întrebându-mă ce spun oamenii despre mine. Este în acelaşi timp şi una din principalele mele surse de plăcere — când ştiu că fac o impresie bună — sau de neplăcere — dacă percep că sunt prost apreciată de interlocutorul meu."

Această relatare ne aminteşte că nu avem niciodată despre noi o judecată *ex nihilo*. Stima de sine nu este doar o evaluare personală, ci şi o anticipare sau o estimare a evaluării celuilalt. Unii[4] numesc asta „eul-oglindă" (*looking glass self*).

DE LA CRITICĂ LA APROBARE

Suntem tentați câteodată să ne convingem că părerea celorlalți nu ne afectează; dar, sincer, critica ne lasă chiar atât de indiferenți? Nu, bineînțeles. Indiferent din partea cui vine și oricât ar fi de redus, cel mai mic comentariu negativ la adresa noastră antrenează imediat în noi o reacție emoțională dureroasă[5]. Această judecată o resimțim încă de la început ca adevărată. Doar într-un al doilea moment ne detașăm de ea printr-un proces intelectual, fie pentru a o critica („Nu, gândindu-mă bine, nu sunt de acord"), fie pentru a-i atenua importanța, distanțându-ne de interlocutor („Nu mai pot eu de ea, deci nu-mi pasă nici de părerea ei"). În funcție de oameni, acest travaliu este mai mult sau mai puțin ușor: pentru unii, care au în general o foarte înaltă stimă de sine, critica nu reprezintă decât o neplăcere trecătoare; dar, pentru alții, ea provoacă adesea o veritabilă prăbușire.

Critica ne afectează întotdeauna, de asemenea și aprobarea — iar asta-i bine. Pentru a demonstra asta, s-a efectuat o experiență pe un grup de studente din primul an[6]. Sub pretextul că se face un bilanț, ele au fost chestionate de o studentă frumoasă din anul II — de două ori mai prețioasă în ochii lor deci — care le cerea să se descrie, cu calitățile și defectele lor. Unei jumătăți dintre studente, frumoasa intervievatoare și-a exprimat o părere încurajatoare: la enunțarea punctelor forte, ea aproba („De acord cu dumneavoastră, și eu cred la fel"); la cea a punctelor slabe, ea descuraja („După părerea mea, nu e prea evident"). Pentru cealaltă jumătate din studente, nu a făcut niciun comentariu. Ei bine, când, după terminarea întrevederii, s-a făcut evaluarea, s-a constatat că scoruruile stimei de sine erau semnificativ ameliorate în primul grup, iar asta timp de câteva ore. Oricare ar fi nivelul stimei noastre de sine, aprobarea socială ne face bine; doar durata efectului său este variabilă: beneficiile pe care le putem extrage dintr-un mesaj pozitiv sunt probabil mai labile dacă ne apreciem prea puțin, în măsura în care reîncepem mai rapid să ne îndoim de noi înșine.

ESTIMOMETRU SAU SOCIOMETRU?

Plecând de la aceste constatări, unii cercetători[7] nu au ezitat să afirme că stima de sine era un „sociometru". Aşa cum barometrul măsoară presiunea atmosferică, ne previne de riscurile de furtună sau ne linişteşte asupra şanselor de timp frumos, stima de sine ar fi o dovadă a percepţiei instinctive pe care o avem despre popularitatea noastră: suntem mulţumiţi de noi pentru că, într-un fel sau altul, ne simţim apreciaţi; invers, stima noastră de sine scade atunci când nu ne mai simţim socialmente apreciaţi.

Stima de sine ca sociometru

→ Tot ceea ce creşte acceptarea socială creşte (puţin) şi stima de sine;
→ Tot ceea ce diminuază acceptarea socială diminuează (mult) şi stima de sine.

Sociometrul prezintă, din păcate, vicii de formă: de exemplu, el anunţă mai uşor şi mai puternic scăderile decât creşterile. De aceea, stima de sine este mult mai sensibilă la respingerea socială decât la acceptare. Cum spunea unul dintre pacienţii noştrii: „Stima mea de sine? Câştigă un punct când primesc un compliment, dar pierde zece dacă sunt criticat". Un altul ne povestea: „Faptul că mă simt acceptat de un grup nu mă linişteşte decât pe moment; nu se compară cu prăbuşirea pe care o simt ori de câte ori am impresia că am fost dat la o parte. De exemplu, îmi face plăcere să fiu invitat la o serată. Dar această plăcere este măsurată şi nu se compară cu tristeţea pe care o resimt când are loc o serată la care nu sunt chemat. De ce aceasta? Probabil că am nevoie să cred că sunt iubit tot timpul şi că sunt indispensabil".

Acest lucru este demonstrat de o experienţă. Câţiva voluntari au fost supuşi la o activitate pe care trebuiau să o realizeze fie în grup, fie individual. Unii au fost făcuţi să creadă că această alegere exprimă o voinţă colectivă („Aţi fost ales de membrii grupului pentru a lucra cu ei" sau „Aţi fost refuzaţi de membrii grupului, deci veți lucra singur"); altora li s-a anunțat că alegerea este aleatorie („A avut loc o tragere la sorți; unii vor lucra în grup, alții singuri"). Rezultat: se constată că stima de sine a subiecților nu este prea mult afectată dacă alegerea, pozitivă sau negativă, este prezentată ca rod al hazardului; din contră, dacă alegerea pare a emana din grup, faptul de a fi ales nu crește decât foarte moderat stima de sine, în timp ce faptul de a fi respins o alterează grav[8].

Stima de sine și afirmarea de sine

Persoanele având o scăzută stimă de sine au deseori dificultăți în a se afirma: a spune nu, a-și spune părerea dacă interlocutorul are o părere contrară etc. Să-l ascultăm pe Alain, un comerciant de 40 de ani:

„Nu sunt cu adevărat timid: de exemplu, întâlnesc cu plăcere persoane străine, fac repede cunoștință, încerc să le revăd... Am probleme atunci când trebuie să mă opun sau trebuie să-mi asum riscul de a o face: de exemplu, sunt un mare handicapat al refuzului, atunci când nu doresc să fac ceva, îmi ia ore întregi pentru a îndrăzni să o spun. Mi s-a făcut remarcat și faptul că în discuții eram întotdeauna de acord cu totul: nu contrazic niciodată pe nimeni. Am sfârșit prin a nici nu-mi mai da seama de asta. În orice caz, psihoterapia mi-a arătat că aceste lucruri se bazează pe aceeași problematică: nu vreau să-mi asum riscul unui conflict. Știu că nu l-aș suporta: părerea celorlalți este prea importantă pentru mine. Sunt sociodependent, cum spune psihoterapuetul meu!"

De unde și interesul metodelor de afirmare de sine în care persoanele ca Alain vor fi antrenate, prin intermediul exercițiilor și jocurilor de rol, să-și afirme și să-și apere calm punctele de vedere.

SĂ FACI CA CEILALȚI

Observați cu atenție figura de mai jos. După dumneavoastră, ce linie este mai aproape de linia de referință?

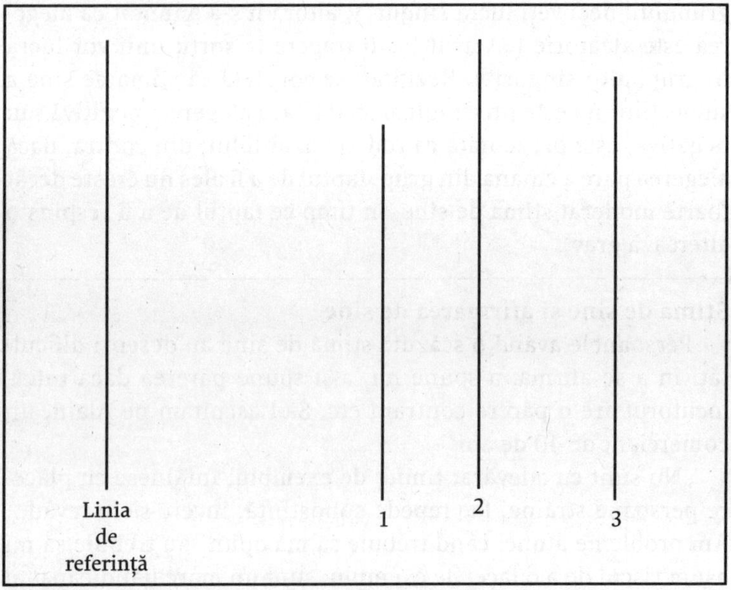

Aţi răspuns, fără îndoială — şi pe drept cuvânt —, că este vorba de linia a doua. Vi se pare evident? Şi totuşi, nu este sigur că aţi fi răspuns la fel dacă aţi fi fost plasaţi în condiţiile unei foarte celebre experienţe de psiho-sociologie[9] pe care o vom descrie...

Unor subiecţi voluntari li s-a cerut să evalueze lungimea liniilor după aceeaşi schemă ca cea pe care o aveţi în faţa ochilor. Atunci când erau singuri, mai puţin de 1 la mie se înşelau; imensa majoritate identifica deci linia a doua ca fiind răspunsul corect. Din contră, dacă subiecţii erau situaţi alături de alte persoană (de fapt, complicii experimentatorului), lucrurile se complicau. În timpul primelor două exerciţii, complicii se comportau normal, respectiv dădeau răspunsuri logice şi numeau linia corectă. La al treilea exerciţiu, complicii — se stabilise ca ei să dea răspunsul înaintea subiectului — aveau drept consemn să aleagă cu toţii linia 1 sau 3 ca fiind cea mai apropiată de linia de referinţă şi de a o face cu cea mai mare relaxare şi cât mai natural posibil. Subiecţii dădeau atunci semne de tensiune şi de jenă foarte intense; apoi, o treime dintre ei se raliau părerii grupului şi alegeau răspunsul prost.

Principalul motiv al acestui conformism este probabil teama de respingerea socială, de care am vorbit ceva mai sus: ea îi determina pe unii participanţi „să facă ce fac toţi". Această teamă este legată de stima de sine. S-a putut demonstra, de altminteri, repetându-se ulterior această experienţă pentru a studia mai bine anumite variabile[10], că acest conformism social sporeşte cu atât mai mult, cu cât este mai atacată stima de sine: cu cât subiecţii erau plasaţi în medii mai inconfortabile sau în care se simţeau mai incompetenţi (de exemplu, printre alţi voluntari foarte siguri de ei sau vizibil familiarizaţi cu laboratorul de psihologie) şi cu cât ei admirau mai mult statutul de grup (de exemplu, dacă celelalte persoane li se prezentau ca fiind membrii unui grup de experţi sau de studenţi în ani superiori), cu atât erau mai susceptibili în alegeri.

Morala? Nu vă încredeţi în alegerile voastre ori de câte ori sunteţi puşi să luaţi o decizie în sânul unui grup. Şi aceasta cu atât mai mult cu cât grupul vă intimidează şi vă faceţi să vă îndoiţi de voi înşivă: într-adevăr, cu cât stima voastră de sine va fi mai scăzută, cu atât vă veţi arăta mai gregar — câteodată în ciuda bunului simţ...

Despre toleranţă şi rasism

Când se diminuează experimental stima de sine a subiecţilor voluntari — făcându-i să eşueze la sarcini prezentate drept facile sau făcându-i să se gândească la moartea lor —, se observă că ei au tendinţa să critice mai mult alte persoane sau să devină intoleranţi faţă de infracţiunile la adresa legii sau faţă de agresiunile împotriva grupului lor cultural[11]. Astfel, unii cetăţeni americani cărora li s-a diminuat stima de sine vor avea tendinţa de a judeca mai sever persoanele care le vorbesc de rău ţara ...

Acelaşi tip de experienţă îi conduce pe subiecţi să exprime cu mai multă uşutinţă puternice prejudecăţi rasiale.

Această scădere a stimei de sine nu este probabil singura cauză a conduitelor de rasism sau intoleranţă, dar, chiar dacă nu există o ideologie care să le pregătească terenul, ea îi facilitează în mod cert apariţia.

TREBUIE SĂ URMĂM MODELELE?

Astăzi, în ajunul Crăciunului, Paul, 7 ani, şi-a pus o cravată: îl însoţeşte pe tatăl său la birou. În timp ce acesta îşi ordonează dosarele, Paul „lucrează" la calculator. Este extrem de mândru să semene cu adulţii cu care se intersectează şi-i salută pe coridoare, şi să „facă aşa cum face un om mare". Admirându-şi mult tatăl, se simte aproape egalul său în această după amiază. Astfel, stima sa de sine a crescut, într-un fel: el s-a apropiat de idealul său (a fi mare), semănând cu modelul său (tatăl).

În 1892, William James amintea până la ce punct influenţează idealurile imaginea pe care o avem despre sine: „Un bărbat care moare de ruşine pentru că nu este decât al doilea boxer sau vâslaş din lume, că i-ar putea bate pe toţi bărbaţii în afară de unul, iată că nu contează... În ochii lui, este ca şi cum el n-ar exista... Din contră, o aschimodie pe care toată lumea ar putea să o învingă, nu suferă deloc de pe urma acestui dezavantaj; de mult timp a renunţat «să facă avere în acest domeniu», cum spun comercianţii. Cine nu încearcă, nu eşuează. Cine nu eşuează, nu se înconjoară de umilinţă. Astfel, ne estimăm în această lume exact după ceea ce noi pretindem să fim şi să facem." Altfel spus, stima de sine depinde de distanţa pe care o percepem între comportamentul nostru şi ceea ce reprezintă idealul nostru: când ne apropiem de idealul nostru, ne stimăm, dar atunci când ne îndepărtăm de el stima de sine scade.

Domnul Amărât şi Domnul Bine

Experienţa următoare a fost realizată pe studenţi aflaţi în căutarea unei slujbe de vară[12]. În timpul examenului de selecţie, studentul era aşezat într-o cameră pentru a completa nişte formulare (în care figura un chestionar despre stima de sine). La un moment dat, un complice la experiment intra în cameră, se aşeza la o masă şi începea să completeze aceleaşi chestionare.

În majoritatea cazurilor (alese aleatoriu), acest complice avea o prezenţă fizică îngrijită, deschidea o geantă din care scotea un microcalculator, o carte de filosofie şi alte elemente de studiu...

Acesta era, pentru cercetători, „Domnul Bine“. În cealaltă jumătate din cazuri, situația era inversă: „Domnul Amărât“ apărea prost îmbrăcat, necivilizat, prăvălindu-se peste masă și punând lângă el un roman erotic jalnic...

După această apariție, li s-au dat studenților noi formulare cuprinzând un al doilea chestionar despre stima de sine. Apoi se compară cele două chestionare în funcție de ceea ce s-a completat înainte și după venirea complicelui. Rezultate: Domnul Bine, care amintea cât de departe ești de idealul social, determina scăderea stimei de sine, în timp ce Domnul Amărât, care arăta că, în fond, nu ești prea rău, le dădea un îndemn...

MODELE ȘI ANTIMODELE

Atingem rar idealurile noastre în viață, dar anumite persoane joacă uneori pentru noi rolul de modele. Frecventarea lor va fi benefică atât timp cât nu vom fi în competiție cu ele. Imitând în întregime sau parțial competențele lor („Să încerc să fac la fel de bine“), ne vom crește și stima de sine și priceperea. Majoritatea învățăturilor noastre se bazează pe acest principiu al imitației[13].

Dar „antimodelele“ ne pot ajuta în egală măsură să ne simțim bine cu noi înșine. Așa cum explică o pacientă, ele ne învață ceea ce nu trebuie să facem: „De-a lungul anilor, mă enervam pe mama. Mă exaspera, o consideram imatură. De fapt, eram decepționată de ea, nu corespundea modelului pe care l-aș fi vrut și care fusese în unele momente din copilăria mea. Adevărata problemă e că resentimentul meu era egoist; mă simțeam eu însămi devalorizată, spunându-mi: sunt fata ei și fără îndoială că îi semăn mai mult decât cred. Apoi am înțeles că ea nu se va schimba și că de mine depindea să evoluez. Și atunci am încercat să-i văd mai bine calitățile. Și mai ales să fiu mai tolerantă față de defectele sale: când o văd că face ceva care mă irită, în loc să mă enervez, mă întreb dacă nu fac și eu câteodată același lucru și, în acest caz, cum să evit asta“.

Altă dată, observarea antimodelelor servește pur și simplu la a ne reconforta! Faptul că unele persoane din anturajul nostru ne par — pe drept sau pe nedrept — mai puţin înzestrate decât noi într-unul sau mai multe domenii este un mijloc cvasiexperimental de a ne creşte stima de sine. Cum aminteşte dictonul: „Mă privesc şi mă decepţionez, mă compar şi mă consolez".

Idealul pentru stima de sine constă, fără îndoială, în a cultiva ambele tipuri de perspective, a privi securizant pe cei aflaţi mai jos şi stimulator pe cei de sus. De altminteri, acesta este şi motivul pentru care în sport există categorii care separă practicanţii în funcţie de nivelul performanţei: aceasta permite fiecăruia să savureze gustul victoriei, experimentând din când în când binefacerile unei mici reajustări ale stimei de sine printr-o înfrângere...

CÂND IDEALUL NE ÎMPIEDICĂ

Idealurile noastre sunt un motor; ele pot fi, de asemenea, în anumite cazuri, o piedică. Este ceea ce psihiatrii numesc „idealopatie". Când se face pendularea de la normal la patologic? Atunci când idealurile şi modelele noastre devin prea rigide şi exigente. Psihanaliştii au vorbit astfel de „Eul ideal"[14] pentru a desemna imaginea tiranică ai cărei purtători putem fi prin voinţa noastră de a ne apropia de idealurile noastre.

IDEAL „NORMAL"	IDEAL „PATOLOGIC
„Doresc să..."	„Trebuie să..."
Atingerea idealului nu este idealizată: „Va fi bine dacă-l voi împlini, dar asta nu va rezolva totul".	Atingerea idealului este idealizată: „Când îl voi împlini, va fi minunat".
Posibilitatea de a-şi atinge parţial obiectivul: „Pot obţine o parte din ceea ce visez".	Funcţionare pe principiul tot sau nimic: „Trebuie să obţin tot ceea ce doresc".
Dacă idealul nu este atins, decepţie, dar stima de sine se va reface.	Dacă idealul nu este atins, depresie şi leziuni durabile ale stimei de sine.

Idealuri şi stima de sine

Totul se joacă între „doresc“ şi „trebuie“. Dacă eu *doresc* să devin veterinar, voi face totul pentru a-mi atinge obiectivul, dar voi accepta să exercit şi o altă meserie: de exemplu, observând că studiile sunt prea dificile pentru mine sau descoperind că meseria nu îmi place. Dacă *trebuie* să devin veterinar pentru că în familie a fost aşa din tată-n fiu şi, dacă eşuez în acest obiectiv, stima pe care mi-o port va suferi: pentru a evita această suferinţă, risc să mă înverşunez, să fac sacrificii inutile etc.

În *Marele Gatsby*, Scott Fitzgerald povesteşte istoria lui Jay Gatsby, un misterios şi elegant milionar al Americii de la început de secol. Idealurile reuşitei materiale ale lui Gatsby — fiul unui mizerabil cultivator din vestul Mijlociu — au făcut din el un om foarte bogat. Dar idealurile sale sentimentale — să se căsătorească cu Daisy, bogata moştenitoare sudistă, căsătorită deja cu un arogant fiu de familie bună — îl vor duce la ruină şi la moarte. Înverşunându-se să o cucerească pe Daisy, Gatsby îşi atrage ura majorităţii vecinilor sus-puşi, pentru că el „doar“ şi-a câştigat banii, în loc să-i moştenească printr-o avere familială.

Pentru „a te vindeca“ de un ideal excesiv, a-l atinge nu este cel mai bun mijloc. Cum spunea Oscar Wilde: „Există două drame în viaţa omului: să nu ajungi să obţii ceea ce doreşti. Şi să o reuşeşti“. A te degaja de influenţa idealurilor tale nu este un lucru uşor, în special pentru că ele joacă un uneori un rol compensator pentru o leziune infantilă a stimei de sine: sentimentul de a nu fi fost respectat de tată va fi, de exemplu, la originea înverşunării în muncă şi la reuşita unui om de afaceri. Conştientizarea idealurilor noastre, uneori ascunse ochilor noştri, este adesea primul demers care ne permite să le mlădiem: acesta este scopul numeroaselor psihoterapii.

Partea a treia
Să faci față
Cum să-ți întreții și cum să-ți repari stima de sine

Capitolul 9
Maladiile stimei de sine

„Nu cunosc pe altcineva mai inutil şi mai inutilizabil decât mine."

EMIL CIORAN

„Problema mea, ne spune o pacientă, este că nu am nicio stimă pentru mine. Nu îmi plac: asta mă deprimă. Nu am încredere în mine: asta mă blochează. Nu mă respect: nu pun în practică niciun sfat bun. Când îmi merge rău, nu am chef să fac niciun efort pentru a ieşi din asta; din contră, uneori am impresia că mă complac în a mă lăfăi în problemele mele. Când îmi este bine — un fel de a spune —, sunt atât de convinsă că asta nu va dura şi că este o greşeală, încât nu caut să construiesc ceva solid, ca şi cum n-aş crede în asta. Şi totul este aşa în viaţa mea. Depresia mea, angoasele mele, tendinţa mea de a bea prea mult: asta şi toate celelalte se întâmplă pentru că nu mă iubesc."

Multe dificultăţi psihologice sunt legate de problemele stimei de sine. Acestea pot fi implicate în originea tulburărilor (este cazul complexelor), în menţinerea lor (este cazul depresiei) sau a ruşinii pe care pacienţii o încearcă atunci când sunt confruntaţi cu judecata socială (este cazul alcoolismului).

DEPRESIA

NU MĂ STIMEZ: SUNT OARE DEPRIMAT?

În fața încercărilor vieții, ne expunem riscului de „a face“ o depresie. Dar riscul variază oare în funcție de stima de sine? Cine este atunci mai expus pericolului? Ei bine, pe de o parte, este vorba de subiecții cu scăzută stimă de sine stabilă, ale căror stări sufletești constant negative şi eforturi slabe de a le depăşi îi expun în mare măsură la depresie[1]. Pe de altă parte, indivizii cu înaltă stimă de sine instabilă, ale căror eforturi permanente pentru a-şi menține rangul şi imaginea, asociate marii lor vulnerabilități la eşec şi la respingere, sfârşesc uneori prin a-i epuiza moral.

STIMĂ DE SINE SCĂZUTĂ	DEPRESIE
Stare durabilă	Modificare în raport cu o stare anterioară
Trăsătură de personalitate	Maladie
Moral fragil, cu oscilații	Tristețe patologică: durabilă, intensă, insensibilă la evenimente pozitive
Probleme în a acționa: îi lipseşte încrederea, amână totul pe mai târziu, este nemulțumit	Dificultăți majore în a acționa: nicio dorință, nicio plăcere, este zdrobit
Fără tulburări fizice deosebite	Tulburări fizice: probleme de apetit, somn, lentoare, astenie
Dificultăți în a se valoriza, tendință de a se resemna	Autodevalorizare, culpabilitate necorespunzătoare
Fără ideație de moarte sau de suicid	Uneori, ideație de moarte sau de suicid

STIMĂ DE SINE SCĂZUTĂ	DEPRESIE
Fără probleme intelectuale (sau doar subiective): concentrarea şi memoria funcţionează normal	Probleme intelectuale obiective şi măsurabile: tulburări de concentrare, de memorie

Diferenţele dintre depresie şi stima de sine scăzută

Desigur, stima de sine scăzută, mai ales dacă este stabilă şi durabilă, flirtează cu depresia. Dar între cele două există diferenţe, dintre care prima este că depresia este o maladie, în timp ce stima de sine nu este decât o trăsătură psihică.

Acestea fiind spuse, în ciuda diferenţelor, ele au mers adesea împreună. Stima de sine scăzută este, de fapt, *un simptom comun* tuturor depresiilor. Scriitorul american William Styron, care a fost victima unei depresii majore, a descris-o perfect în *În faţa tenebrelor*: „Printre alte manifestări ale maladiei — atât fizice, cât şi psihice —, unul dintre simptomele cele mai larg răspândite este sentimentul de ură faţă de sine însuşi — sau, pentru a formula lucrurile ceva mai nuanţat, o slăbiciune a iubirii de sine — şi pe măsură ce răul se accentua, mă simţeam copleşit de un sentiment crescut de inutilitate[2]".

▸ Un factor de risc

S-a demonstrat rolul pe care l-ar fi putut juca o stimă de sine scăzută în adolescenţă pentru apariţia unei depresii la vârsta adultă[3]. De asemenea, se pare că, la femeile însărcinate, riscurile de depresie postnatală — faimoasa depresie *post-partum* — ar fi foarte scăzute atunci când dispun de o bună susţinere socială şi de o bună stimă de sine[4]. Un studiu efectuat pe 738 de femei însărcinate a demonstrat chiar că riscul era mult mai mare la cele care aveau o scăzută stimă de sine[5]!

În unele cazuri, riscul poate, din păcate, să se transmită de la părinte la copil. Astfel, mamele care au suferit de o depresie au tendinţa de a transmite mai mult mesaje negative (pesimiste sau critice) copiilor lor. Din acest motiv, aceştia au o stimă de sine mai scăzută decât copiii ai căror părinţi nu au antecedente depresive[6]. Invers, un nivel bun al stimei de sine pare a reprezenta un factor protector în cazul evenimentelor de viaţă defavorabile, de exemplu atunci când părinţii divorţează[7].

▸ Un criteriu de gravitate şi cronicizare

În depresii, cu cât stima de sine este mai deteriorată, cu atât depresia este mai gravă şi cu atât mai mare este riscul de a se prelungi în absenţa unui tratament adecvat. Dacă pacientul nu se iubeşte, nu acţionează, crede că nu va fi niciodată capabil să-şi revină, este frământat de emoţii negative, nu are decât puţine ocazii de a fi încurajat şi de a primi mesaje valorizante: tot atâtea probleme îngrijorătoare. Invers, s-a putut demonstra că persoanele care suferă de o depresie aşa-zis uşoară, caută încă mesaje sociale pozitive, valorizante — cel puţin în domeniile lor obişnuite de performanţă, pentru că în alte domenii „preferă" negativul. Orice-ar fi, faptul că un pacient deprimat rămâne sensibil la mesajele pozitive este un element de prognostic bun[8].

▸ Un factor de recidivă

Astăzi se consideră că depresia este o tulburare care recidivează şi că faptul de a fi prezentat o depresie fragilizează persoana pentru câtva timp. După un prim episod depresiv, persistenţa unul nivel scăzut al stimei de sine, în ciuda unei ameliorări aparente, creşte cu mult riscul recidivelor ulterioare[9].

TRECEREA SPRE DEPRESIE

Din ce moment o deterioare a stimei de sine devine o tulburare depresivă? Diferenţele sunt atât cantitative (intensitatea durerii morale şi incapacitatea de a acţiona), cât şi calitative (dezgust faţă de sine şi uneori dorinţa de a-şi face rău).

Studii experimentale au încercat să înţeleagă dacă anumite evenimente, mai mult decât altele, riscă să faciliteze această trecere. Într-adevăr, în funcţie de individ, evenimentele depresogene nu sunt aceleaşi. Aaron T. Beck, un autor renumit în materie de psihoterapie a stărilor depresive, a emis astfel ipoteza că ar exista două dimensiuni ale personalităţii ce pot predispune la depresie, sub influenţa evenimentelor de viaţă: sociotropia şi autonomia[10] (vezi tabelul de pe pagina următoare).

Ne putem imagina că, dacă aceste evenimente de viaţă sunt deprimante pentru subiecţii predispuşi, acesta trece mai întâi printr-o deteriorare a stimei de sine: am văzut că acceptabilitatea socială (sentimentul de a fi iubit) şi capacitatea de a acţiona eficient şi liber (sentimentul de a fi competent) sunt două fundamente majore ale stimei de sine.

Tratate în mod corect, majoritatea depresiilor evoluează astăzi spre vindecare[11]. Bine prescrise, medicamentele antidepresive sunt foarte eficiente pentru a vindeca accesele depresive. Dar mai multe studii par a arăta că pacienţii care au beneficiat de psihoterapii adecvate recidivează mai puţin decât cei care nu au primit decât medicamente[12]. Oare pentru că psihoterapiile determină creşterea atât a sentimentului de eficienţă personală în faţa depresiei, cât şi a stimei de sine a pacienţilor? Putem crede acest lucru, dar nu a fost încă demonstrat. În orice caz, din ce în ce mai multe echipe de psihiatrie se preocupă să lucreze asupra stimei de sine a pacienţilor deprimaţi[13].

	PERSOANE „SOCIOTROPE“	**PERSOANE „AUTONOME“**
Definiţie	Individ care are o foarte mare nevoie de atenţie şi încurajare din partea celorlalţi	Individ care are nevoie să-şi atingă obiectivele fără control şi fără piedici din partea celorlalţi
Evenimente depresogene	Să se simtă criticat, pus la punct	Să aibă eşecuri, să fie dependent de alte persoane
Impactul asuprea stimei de sine	Pune la îndoială acceptabilitatea sa socială	Pune la îndoială capacităţile de control al evenimentelor

Profilurile cu risc şi depresia

DERAPAJELE STIMEI DE SINE

EGOUL EXCESIV AL MANIACO-DEPRESIVULUI

Am vorbit despre „depresie", dar ar fi trebuit să spunem: „tulburările depresive", pentru că există numeroase forme ale acesteia. Una dintre ele, tulburarea maniaco-depresivă[14], este numită „bipolară", întrucât comportă doi „poli": pacientul prezintă când episoade depresive clasice, când accese „maniacale", în timpul cărora prezintă o „emfază a eului" care se învecinează cu megalomania. Între aceste două stări, el se comportă normal...

În autobiografia sa, psihiatrul american Kay Redfield Jamison a descris în mod uimitor această tulburare bipolară de care ea însăşi era afectată: „În exuberanţe, este fantastic. Gândurile şi emoţiile ţâşnesc cu viteza stelelor căzătoare. Le urmez, le abandonez, găsesc minunăţii care strălucesc mai mult. Timiditatea dispare, cuvintele şi gesturile exacte vin chiar la momentul oportun. Puterea de a-i captiva pe ceilalţi este o certitudine interioară... O impresie de uşurinţă, de intensitate, de putere, de stare de bine, de opulenţă şi euforie te copleşeşte până peste cap[15]". Se consideră că această înseninare a stimei de sine îi face pe pacienţi să încerce un sentiment de atotputernicie, care îi face să piardă simţul realităţii. Din păcate, aceste accese sunt scurte şi, inevitabil, ele sunt urmate de o depresie cu atât mai severă, cu cât acestea au fost mai intense...

Câteva criterii de diagnostic psihiatric al episodului maniacal

→ Creşterea stimei de sine sau ideaţie de grandoare;
→ Reducerea timpului de somn;
→ Dorinţa de a vorbi tot timpul;
→ Implicare excesivă în activităţi plăcute, dar riscând consecinţe păgubitoare (cumpărături excesive, aventuri sexuale ocazionale, investiri comerciale iraţionale etc.).

De ce aceste accese maniacale? Nu se ştie prea bine. Deşi pare a fi cert că în joc se află fenomene de ordin biologic, psihanaliştii au emis şi interesanta ipoteză a unui lupte inconştiente împotriva tendințelor depresive: accesul maniacal ar reprezenta astfel o tentativă exasperată de a împiedica instalarea depresiei.

În orice caz, tratamentul cu litium și medicamente care reglează umorile a permis ameliorarea considerabilă a tulburării acestor pacienți. Și totuși, este surprinzător să constatăm că mulți dintre ei regretă uneori anumite aspecte ale emfazei lor maniacale, în cursul cărora se simt atât de bine. „Dacă aș fi avut de ales, explică în acest sens K.R. Jamison, deseori m-am întrebat dacă aș fi vrut să fiu maniaco-depresivă. Dacă nu s-ar fi putut procura litiumul sau dacă terapia nu mi-ar fi reușit, răspunsul ar fi fost un nu categoric — sub impactul terorii. Dar litiumul are efect bun asupra mea și îmi pot permite să-mi pun întrebarea. Ciudat, cred că aș alege să fiu bolnavă..."

Plenitudinea — și perfecțiunea stimei de sine — pe care acești pacienți le încearcă în timpul acceselor maniacale să fie una din explicațiile acestui paradox?

PREA ÎNALTA STIMĂ DE SINE A NARCISICULUI

Personalitatea narcisică — o altă tulburare psihică — se caracterizează prin convingerea de a fi superior celorlalți. Stima de sine a narcisicilor apare foarte înaltă, și chiar prea înaltă, dat fiind că lipsa lor de modestie este adesea dezagreabilă anturajului.

Câteva criterii de diagnostic psihiatric al personalității narcisice

- Sentiment crescut al importanței de sine. Personalitatea narcisică își supraestimează realizările și capacitățile. Ea se așteaptă să fie recunoscută ca superioară, fără a fi împlinit încă ceea ce este necesar pentru a fi astfel;
- Fantasme de succes nelimitat, de putere, de splendoare;
- Personalitatea narcisică crede că este „specială" și unică. În ochii săi, doar instituțiile sau persoanele de nivel înalt o pot accepta sau înțelege;
- Nevoie excesivă de a fi admirat;
- Totul i se cuvine;
- Atitudini și comportamente arogante și sfidătoare.

Adesea ne-am întrebat dacă stima de sine a acestor subiecţi narcisici nu este „prea înaltă pentru a fi adevărată". La o serie de persoane, grija permanentă de autopromovare demonstrează de fapt o concepţie despre lume marcată de anumite temeri: „Dacă nu sunt admirat(ă) nu valorez nimic" sau „Dacă nu mă zbat pentru a fi recunoscut(ă), nu mi se vor vedea niciodată competenţele". Este posibil ca aceste comportamente narcisice să vădească un sentiment de insecuritate faţă de propria sa valoare. Studiile asupra acestui subiect lipsesc încă, pentru a cunoaşte originile acestui narcisism. Ar putea fi vorba de un stil educativ prea valorizant, dar în acelaşi timp cu carenţe, aşa cum ne povesteşte una dintre pacientele noastre. Părinţii săi, care lucrau în cinematografie, erau ei înşişi personalităţi narcisice:

„Întreaga mea copilărie am auzit fraze de genul: «Meriţi ce-i mai bun» sau «Nu trebuie să stai printre cei mediocri.» În acelaşi timp, părinţii mei erau foarte acaparaţi de cariera lor şi nu se mai ocupau deloc de noi. Nu-i vedeam decât în treacăt şi se simţea clar că pentru ei nu eram decât o ocupaţie printre altele.

Îmi amintesc foarte bine de îndoielile mele. Asupra părinţilor mei: «Îi merit?» Asupra vieţii şcolare: «Voi reuşi în noua mea clasă?» Asupra relaţiilor mele de prietenie: «Oare prietenii mei mă vor părăsi din cauza caracterului meu?» Mă îndoiam de tot, dar angoasele mele erau sistematic înăbuşite. Evident, făceam eczeme, aveam probleme cu somnul, astm... Totul pentru a atrage atenţia părinţilor mei, care se mulţumeau să mă trimită, însoţită de bona mea, la cei mai mari specialişti.

Eram un copil foarte strălucit printre adulţi şi înţelesesem că părinţii mei erau mândri de mine când ne întâlneam cu toţii. Atunci, făceam pe mica stea. Vedeam şi că asta îi înduioşa: trebuie că se vedeau într-un model redus şi le plăcea.

Necazul e că, încet-încet, nu mi-am mai dat seama de asta. Şi a fost nevoie de divorţul de anul trecut, când soţul meu mi-a aruncat toate astea în faţă, şi de această psihoterapie, pentru a înţelege, în sfârşit."

A le ajuta pe personalităţile narcisice să se schimbe reprezintă în general o muncă considerabilă pentru terapeuţi şi pentru cei interesaţi de aceasta. Sunt necesare multe etape pentru aceasta:

conştientizarea problemei, dorinţa de schimbare, renunţarea la atitudinile de control şi autopromovare. Este vorba, fără îndoială, de una dintre rarele circumstanţe în care rolul terapeutului va consta — aparent — mai degrabă în diminuarea stimei de sine a pacientului său, decât în creşterea ei. În realitate, obiectivul este diferit: este vorba de întărirea stimei de sine, făcând-o mai stabilă, mai puţin avidă şi mai puţin dependentă de dovezile de respect şi de statut social.

COMPLEXELE

„Atunci când sunt invitată la o serată, trebuie să încep să mă pregătesc cu mult timp înainte şi cu multă nelinişte, ne spune o pacientă. Mă machiez foarte atent pentru a ascunde imperfecţiunile tenului meu. Asta îmi ia în general o oră. Trebuie să nu mă deranjeze nimeni. În timpul seratei, trebuie să mă duc deseori la toaletă să-mi verific machiajul. Dar nu-mi place să se remarce asta. Încerc să citesc în ochii altor persoane ce gândesc despre chipul meu şi dacă ele observă urmele de acnee.

Sunt foarte încordată dacă un bărbat începe să-mi facă avansuri. Mi-e teamă că, dacă mă va observa cu atenţie, îmi va vedea defectele ascunse sub machiaj. Evident, atunci devin foarte dezagrebilă. În acel moment, sunt în general obligată să părăsesc serata. Nu mai pot să stau şi să mă regăsesc singură acasă îmi aduce o uşurare. Dar când realizez că nu m-am gândit decât la asta toată seara, mă deprimă cumplit.

Singurele dăţi când asta nu mă obsedează prea mult este atunci când mă forţez să beau. Dar asta mă încălzeşte, am impresia că îmi amplifică problemele de piele. Şi mi-e teamă ca pe parcurs să nu fac cuperoză. Asta mi-ar mai lipsi!"

DE LA COMPLEX LA DISMORFOFOBIE

Termenul „complex" nu este un diagnostic psihiatric, în sens strict. În realitate, când pacienţii noştri ne vorbesc despre complexele lor, ei sunt convinşi că au un defect fizic (mărimea sau forma nasului, a sânilor, talie prea mare sau prea mică, greutate, piele etc.) sau de un alt tip (elocinţă, accent, cultură, diplomă etc.) cărora le atribuie toate dificultăţile pe care le-au întâlnit în existenţa lor („Nu am o viaţă amoroasă din cauza formei nasului meu", „Nu am carieră profesională din cauza înălţimii mele prea mici" etc). Ei se aşteaptă de asemenea prea mult la dispariţia presupusului defect („Dacă n-aş fi avut nasul ăsta, n-ar fi fost nici o problemă"); rezistenţi la mesajele celor din jur, care nu-i liniştesc, se simt singuri împotriva tuturor, având acest defect („Ceilalţi se înşeală şi nu-şi dau seama"); petrec un timp nesfârşit în faţa oglinzii pentru a se observa sau pentru a încerca să corijeze sau să-şi mascheze defectul sau presupusul defect. Ei prezintă o stimă de sine foarte grav deteriorată şi un sentiment global de inferioritate în raport cu alte persoane.

Frecvent, complexele se pot instala peste o relativă realitate: nasul persoanei este efectiv puţin cam lung sau înălţimea sa este mai mică decât cea a persoanelor din generaţia sa. Dar complexul este dat de importanţa excesivă acordată acestui defect şi de faptul că interesul persoanei se centrează asupra lui. Asta este foarte evident la persoanele care roşesc: ceea ce marchează diferenţa dintre persoana care începe să roşească atunci când este emoţionată şi persoana ereutofobă, respectiv care prezintă o fobie de înroşire (*ereuthos* însemnând „roşu" în greacă), este că a doua persoană face din înroşirea sa un complex acolo unde prima consideră că asta este agasant, dar nu este o dramă.

În complexele cele mai severe, psihiatrii vorbesc despre dismorfofobie sau fobia de a prezenta o diformitate. Această diformitate este cel mai adesea imaginară, dar suferinţa psihică este foarte reală. Dismorfofobia este o tulburare invalidantă, care aparţine probabil aceleeaşi familii ca tulburările obsesiv-compulsive. Într-adevăr, ideile referitoare la aspectul fizic sunt frecvente, dificil de eliminat din conştiinţă şi care determină adesea, la persoanele afectate, ritualuri de verificare a aspectului lor fizic.

O tânără povestea astfel despre convingerea ei că este respingătoare: „Cea mai mare dorinţă a mea este de a fi invizibilă, pentru ca nimeni să nu poată vedea cât sunt de urâtă. Cea mai mare teamă a mea este că oamenii mă consideră oribilă şi îşi bat joc de mine". Ca majoritatea pacienților afectați de ceea ce este o boală veritabilă, această tânără petrece mult timp cu verificări nesfârșite în oglindă, suferind o jenă extremă că este privită și evitând majoritatea situațiilor sociale[16].

CUM SĂ TE DEBARASEZI DE COMPLEXE

Complexele formează un domeniu încă relativ puțin studiat de psihiatri și psihologi, fără îndoială pentru că te fac să suferi în discreție: persoanele care le au rămân în general în umbră și nu vorbesc decât foarte rar despre ele, chiar și unui medic sau unui terapeut. Dacă merg la consultații, se duc mai degrabă la dermatolog, la chirurgi plasticieni, la esteticieni. Din păcate, dacă sunt legate de un complex sever, aceste demersuri se dovedesc adesea în van: odată efectuată intervenția fizică, problemele nu sunt întotdeauna rezolvate. Nasul refăcut cu mare cheltuială nu este cel pe care l-am dorit sau devine prea vizibil că este rodul unei operații chirurgicale. Și complexele persistă, asupra aceleiași părți a corpului sau asupra alteia...

Psihoterapeuților nu le este ușor să lucreze cu aceste persoane care consideră că părerile lor sunt fondate și că „problema nu este numai în cap". Se observă uneori în timpul acestor terapii că părerea pacientului despre el însuși se schimbă mai repede decât interpretarea pe care el o dă privirii celuilalt. „Bun, mă accept cum sunt, dar continui să cred că ceilalți mă consideră urâtă." Un tânăr student de 24 de ani era astfel convins că are mâinile prea mici ceea ce, după el, le făcea pe fetele cu care se întâlnea să creadă că și penisul lui era prea mic. La a unsprezecea ședință de psihoterapie comportamentală, convingerile sale personale în legătură cu acest subiect au fost semnificativ diminuate, dar el continua să se teamă că ceilalți gândesc așa: regăsim aici importanța părerii sociale în problematica stimei de sine[17].

În dismorfofobii, este uneori necesar să se recurgă la medicamente antidepresive, chiar dacă persoanele complexate nu prezintă depresie, în sensul strict al cuvântului. Aceste antidepresive par a avea un efect direct asupra distanțării față de credințele excesive care amenință existența individului.

ALCOOLISMUL

În *Micul Prinț*, Antoine de Saint-Exupéry povestește cum eroul său întâlnește într-o zi un personaj foarte nefericit: „Planeta următoare era locuită de un bețiv. Vizita asta fusese foarte scurtă, dar îl cufundă pe Micul Prinț într-o mare melancolie.

— Ce faci aici? îi spuse bețivului...

— Beau, îi răspunse bețivul cu un aer lugubru.

— De ce bei tu? întrebă Micul Prinț.

— Pentru a uita, răspunse bețivul.

— Ce să uiți ? se neliniști Micul Prinț, care deja îl compătimea.

— Să uit că mi-e rușine, mărturisi bețivul plecând capul.

— Rușine de ce? se interesă Micul prinț, care dorea să-l liniștească.

— Rușine că beau! încheie bețivul care se închise definitiv în tăcerea sa[18]."

Alcoolul este adesea o tentație pentru persoanele ale căror stimă de sine este vulnerabilă. După aceste efecte euforizante inițiale, el induce un sentiment de destindere și provoacă o dezinhibiție. Or, starea de bine și facilitarea acțiunii sunt tocmai ceea ce lipsește persoanei care se stimează foarte puțin.

DE CE O STIMĂ DE SINE SCĂZUTĂ NE POATE FACE SĂ BEM ALCOOL?

▸ Alcoolul ne ajută să scăpăm de imaginea critică pe care o avem despre noi

Cu cât avem o părere mai negativă despre noi, cu atât mai mult căutăm să ne uităm sentimentele de eșec și cu atât mai mult avem tendința de a bea[19]. Medicii naziști care trebuiau să selecționeze, din motive de incapacitate de muncă, victimele pentru camerele de gazare, o făceau adesea sub influența alcoolului sau beau după aceea, pentru a se elibera de culpabilitatea lor.[20] S-a demonstrat și că adolescenții care au tendința să bea sau să consume droguri au sentimentul că sunt inutili și că nu sunt stăpâni pe viața lor[21].

▸ Alcoolul este un puternic dezinhibitor care facilitează trecerea în act

Se ştie că persoanele cu scăzută stimă de sine încearcă numeroase dificultăţi de a acţiona. Or, alcoolul le furnizează un fel de miopie de anticipare[22]: el le împiedică să-şi imagineze înainte de a acţiona, aşa cum fac de obicei, toate inconvenientele posibile ale actelor lor. O anchetă efectuată asupra agresiunilor sexuale într-un campus universitar american[23] a demonstrat, de exemplu, că 80% din studenţii vinovaţi şi 70% din studentele agresate erau sub influenţa alcoolului în momentul faptelor...

▸ Consumul de alcool se face adesea sub influenţă socială

Consumarea sa este asociată cu multe din circumstanţele din viaţa de grup (petreceri, reuniuni familiale şi amicale). Din acest motiv, subiecţii cu scăzută stimă de sine, în mod special sensibili la a se conforma grupului, vor adopta cel mai uşor conduitele de alcoolism. Studiile au demonstrat că adolescenţii aveau tendinţa de a supraevalua consumul de alcool al prietenilor lor în timpul seratelor şi, din acest motiv, de a bea mai mult decât ar fi făcut-o în mod spontan.[24].

Alcoolul: semnele care trebuie să vă îngrijoreze

Emoţiile legate de sentimentul de pierdere a stimei de sine sunt un bun semnal pentru problemele alcoolismului. Dacă simţiţi intens:

- dorinţa de a bea pentru a vă uita grijile;
- sentimente de inferioritate sau de culpabilitate după ce aţi băutŞ
- ruşine în raport cu ceea ce aţi spus sau făcut sub influenţa alcoolului;
- dorinţa de a vă evita familia sau prietenii când aţi băut,

atunci trebuie să consideraţi că sunteţi pe cale să intraţi într o zonă periculoasă[25].

DE CE CONSUMUL REGULAT DE ALCOOL DIMINUEAZĂ STIMA DE SINE?

▸ Alcoolismul conduce la depresie

Anumite studii au evaluat că 98% din alcoolici suferă, într-un moment sau altul al vieţii, de depresie[26]. Mult timp s-a considerat că alcoolicii beau pentru că erau deprimaţi. Or, această ipoteză nu a fost confirmată de majoritatea studiilor şi se consideră şi astăzi că depresia este mai degrabă secundară alcoolismului[27].

Mecanismele acestui efect depresogen al alcoolului sunt, fără îndoială, multiple: biologice (perturbarea neurotransmiţătorilor legată de dependenţa fizică), sociale (ruşine şi respingere socială) şi psihice (deteriorarea stimei de sine).

▸ Alcoolul deteriorează stima de sine

Majoritatea alcoolicilor cronici prezintă o stimă de sine scăzută[28]. O pacientă ne-a scris o scrisoare despre suferinţa sa, din care vă prezentăm un extras: „Mi-e ruşine de ceea ce am devenit: când mă trezesc dimineaţa, evit oglinzile. Dar nu mă pot opri să gândesc că ceilalţi observă zilnic ceea ce eu refuz să văd: o femeie de timpuriu îmbătrânită, cu pielea atinsă de cuperoză, cu mâna tremurând, care se parfumează şi se machiază prea mult pentru a-şi ascunde aspectul şi răsuflarea. Imediat ce mă gândesc la mine, mi se face ruşine. Şi atunci, evit să mă gândesc la mine: de cele mai multe ori încep iar să beau. De ani de zile, mă îndepărtez de cei pe care îi iubesc, pentru că nu mai pot suporta privirea lor sau, mai rău, remarcile lor".

Unele studii au arătat totuşi rezultate destul de paradoxale la pacienţii alcoolici cu scoruri înalte la încrederea în sine[29]. Aceasta se poate explica prin sentimentele de ruşine, asociate alcoolismului, care îi conduc pe pacienţi la atitudini de negare şi de prestanţă.

În orice caz, stima de sine a pacientului alcoolic este foarte instabilă. În funcţie de momente şi mai ales în funcţie de gradul de alcoolizare, discursul său oscilează între negare („Nu-i chiar aşa grav") şi disperare („Nu-mi voi putea reveni vreodată"). Niciuna dintre aceste atitudini nu este, din păcate, eficientă pentru a se vindeca.

Domeniu aflat în joc	Atitudine în momentele de prăbuşire a stimei de sine	Atitudine în momentele de apărare a stimei de sine
Acceptarea problemei alcoolismului	Disperare: „Sunt dependent pe viaţă de alcool".	Negare: „Mă opresc când vreau".
Percepţia socială faţă de alcoolismul său	Ruşine: „Beau, şi asta-i rău".	Sfidare: „Dacă nu mai putem profita de viaţă..."
Asumarea alcoolismului	Culpabilitate: „Totul este din vina mea".	Acuzare: „Părinţii mei m-au făcut să sufăr prea mult, şi astăzi sunt respins".

Alcoolismul: a fi deprimat sau a se minţi

CUM ÎŞI POATE RECUCERI ALCOOLICUL STIMA DE SINE?

Alcoolismul este o tulburare greu de vindecat şi descurajantă pentru pacient, ca şi pentru medic, pentru că recidivele în acest caz sunt frecvente. De aceea, pe lângă medicamente şi psihoterapie, victimele alcoolului sunt sfătuite să facă parte dintr-un grup de foşti alcoolici, cum este „Alcoolicii anonimi". Astfel de mişcări au ca obiectiv ajutarea persoanelor dependente de alcool pentru a lupta împotriva principalelor manifestări asociate tulburării lor.

Dacă se examinează cu atenţie metodele acestor mişcări, realizăm foarte repede că eficacitatea lor se sprijină foarte mult pe o bună cunoaştere a psihologici şi a nevoilor persoanelor cu scăzută stimă de sine. De exemplu, susţinerea foarte importantă a grupului îi permite subiectului să nu se simtă singur în faţa eforturilor de realizat. Conştientizarea că alcoolismul este o boală permite evitarea unui număr de sentimente de autodevalorizare. Progresivitatea eforturilor este foarte importantă: participanţilor la programele „Alcoolicilor anonimi" li se cere să nu-şi propună eforturi decât în tranşe de 24 de ore, „de o zi", ştiindu-se că este foarte dificil pentru persoanele cu scăzută stimă de sine să-şi planifice o acţiune pe termen lung şi că, în acest fel, un eşec va fi mai puţin descurajant... Îmbunătăţirea cunoaşterii de sine este de asemenea încurajată, iar programul „Alcoolicilor anonimi" spune clar: „Am întocmit cu curaj un inventar moral minuţios despre noi înşine[30]".

TRAUMATISMUL PSIHIC

AGRESIUNILE: DE LA FIZIC LA PSIHIC

Atunci când îngrijim victime ale agresiunii, suntem adesea uimiţi să descoperim până la ce punct le este, în general, tulburată stima de sine[31]. În terapie, regăsim aproape întotdeauna sentimente de ruşine şi de umilinţă la victimele violului („Sunt pătată pentru totdeauna"), ale agresiunii („Ar fi trebuit să mă apăr mai bine") sau sentimente de culpabilitate la cei care au supravieţuit unei catastrofe („sindromul supravieţuitorului": „De ce eu am scăpat, în timp ce ceilalţi sunt morţi?"). Aceste sentimente de ruşine vor fi la originea cronicizării suferinţelor acestor persoane: le vor îndruma, de exemplu, să se izoleze, să nu mai vorbească despre problemele lor sau chiar le vor da sentimentul că nu sunt ca toţi ceilalţi, că sunt neînţelese etc.

În general, legăm intensitatea traumatismului psihic de gravitatea ameninţării suferite. Dar se întâmplă ca agresiunea asupra stimei de sine să fie mai importantă decât agresiunea asupra persoanei fizice. Lucrând asupra agresiunilor suferite de conducătorii de autobuze RATP[32], am fost uimiţi să descoperim că ei erau uneori mai şocaţi de un scuipat sau de o înjurătură primită în faţa tuturor călătorilor din partea unui preadolescent, decât de o agresiune fizică din partea unui adult: stima lor de sine suferea mai mult din cauza provocării primului, decât din cauza altercației cu celălalt.

Aceleaşi constatări se pot face în registrul violenţelor în familie: femeile bătute au întotdeauna scoruri mai scăzute la stima de sine decât femeile cu exact aceleaşi caracteristici sociale, dar care nu sunt bătute[33]. Cauzalitatea poate fi dublă: stima de sine scăzută o face pe femeie că tolereze inacceptabilul; faptul de a fi în mod regulat violentată şi umilită alterează stima de sine.

Secte: atenţie, pericol!

Psihologia şi dezvoltarea personală sunt pe cale de a deveni unul dintre caii de bătaie pentru o serie de secte[34]. Într-adevăr, din ce în ce mai multe secte atrag viitori membri pe cale psihologică, sub pretextul unui pseudo-„bilanţ de personalitate aprofundat“ sau al stagiilor de „redinamizare mentală“. Mărturiile foştilor membri ai acestor secte demonstrează clar că acestea mizează cu abilitate pe problemele stimei de sine a persoanelor care se afiliază. Cartea unei supravieţuitoare a scientologiei[35] povesteşte foarte clar:

- Sectele dau răspunsuri la îndoielile asupra identităţii personale: „Totul începe printr-un test de personalitate gratuit“.
- „Bilanţurile“ vor confirma îndoielile, dar propun şi soluţii: „Începe prin a vă spune: aveţi probleme. Şi imediat după aceea: scientologia le poate rezolva“.
- Integrarea într-un grup mic, coeziv, la marginea lumii exterioare, este valorizantă: „Se dă impresia ieşirii din anonimat“. „Scientologia le dă adepţilor ei sentimentul că fac parte dintr-o elită.“
- Noii membri ai sectei reînvaţă adesea gustul acţiunii, însă doar în grup şi prin susţinerea acestuia, ceea ce îi face total dependenţi de acesta: „Faceţi într-adevăr progrese: ajungeţi puţin câte puţin să vă dominaţi timiditatea, să vorbiţi în public, să faceţi o mulţime de lucruri, dar întotdeauna cu ajutorul sectei“.

Dacă doriţi să fiţi ajutat(ă) în căutarea unei mai bune stime de sine, luaţi-vă anumite precauţii şi nu cedaţi impresiei plăcute că aţi fost pe deplin înţeles (înţeleasă). Dezvoltarea stimei de sine nu trebuie să implice în niciun caz renunţarea la viaţa pe care aţi ales-o, la a vă frecventa apropiaţii sau prietenii. Şi în niciun caz asta nu trebuie să ducă la restrângerea libertăţii dumneavoastră. Dacă vă îndoiţi, cereţi întotdeauna părerea prietenilor voştri sau cea a unui specialist în probleme de sănătate.

PĂRINŢII „TOXICI"

Mult timp, psihiatria a culpabilizat părinţii copiilor schizofreni sau autişti. Astăzi se ştie că aceste maladii se datorează foarte puţin influenţei educative sau afective, şi mai mult disfuncţiilor biologice de diferite origini.

În materie de stimă de sine, din contră, rolul părinţilor se dovedeşte a fi important. Este vorba cel mai adesea de simple neîndemânări educative. În aceste cazuri, daunele stimei de sine sunt în final limitate. Ele pot antrena suferinţe şi dificultăţi, dar nu întotdeauna consecinţe grave pentru echilibrul persoanei adulte. Există, în schimb, veritabili părinţi „toxici", a căror terifiantă galerie de portrete a fost stabilită, în urmă cu câţiva ani, într-un bestseller american[36]. Aceşti „hoţi de copilărie" au drept punct comun alterarea severă a stimei de sine a victimelor lor. Iată principalele profiluri.

- „Controlorii" intruzivi.

Aceşti părinţi abuzivi au decis o dată pentru totdeauna că doar ei ştiu ce-i bun pentru copilul lor, căruia nu-i lasă niciun pic de autonomie. Dacă acesta încearcă să se opună, îl culpabilizează sau îl şantajează afectiv („Este pentru binele tău"). Chiar devenit adult, copilul continuă să suporte presiunea intruzivă a părinţilor asupra faptelor şi gesturilor zilnice sau a alegerilor existenţiale.

Impactul asupra stimei de sine este evident: copilul, apoi adultul care va deveni, înţelege că nu este capabil de nimic fără părinţii lui şi riscă să treacă de la dependenţa parentală la dependenţa conjugală. Să ascultăm mărturisirea lui François, 42 de ani, profesor de desen:

„Mi-au trebuit 18 ani să devin adult şi 40 să scap de mama! Mi-au trebuit, de asemenea, câţiva ani de antidepresive şi o psihoterapie... Mă întreb dacă marea mea suferinţă nu a fost aceea de a fi copil unic: a o avea pe mama tot timpul numai pentru mine a fost o încercare dură.

De exemplu, ea îmi cumpăra hainele şi, în fiecare dimineaţă, ea îmi alegea cu ce să mă îmbrac, în funcţie de prognoza meteo. Când încercam să mă revolt — asta nu mi se întâmpla prea des, dar, în adolescenţă, începusem să am ceva idei despre înfăţişarea mea —, ea îmi spunea că nu aveam pic de gust şi că eram prea influenţabil. Mai târziu, îmi controla ieşirile şi întâlnirile; ea îşi lua dreptul de a intra în camera mea la orice oră din zi şi din noapte şi de a-mi deschide corespondenţa.

Niciodată nu am putut întâlni pe nimeni pe plan sentimental, perspectiva de a suferi un interogatoriu obligatoriu din partea mamei mă paraliza din start. Când am avut un serviciu, ea a insistat ca, în ciuda salariului meu, să nu plec de acasă: am ascultat-o, eram convins de ani de zile că nu voi fi capabil. Cel mai rău era că, în timp ce mă sufoca, ea mă critica pentru imaturitatea mea, indecizia mea, fragilitatea mea...

Când m-am hotărât să plec de-acasă, mi-a făcut de toate: ameninţări, şantajuri, tentative de suicid, internări la psihiatrie, scene la telefon sau pe stradă. Dar m-am ţinut tare, şi nu regret."

▸ Alcoolicii

Aceşti părinţi îşi fac copilul să suporte schimbările lor de dispoziţie, care merg de la descurajare la ostilitate. Din cauza bolii lor, ei sunt mai puţin atenţi la nevoile şi la stările sufleteşti ale acestuia. Imaginea de mare vulnerabilitate, uneori chiar de degradare fizică şi mentală, pe care i-o dau contribuie la fragilizarea stimei de sine a copilului lor. Cum spunea şi una din pacientele noastre: „Cum să mă gândesc chiar şi o clipă că sunt cineva de valoare, când văd ce era mama mea?" Mai mult, copiii părinţilor alcoolici se culpabilizează uneori pentru starea părintelui bolnav: „Se înfurie din cauza mea". „Poate că bea pentru că eu îl supăr."

Mediul afectiv şi educativ al familiilor în care unul dintre părinți este alcoolic reprezintă cel mai adesea ceva haotic în ochii copiilor: ei nu pot prevedea care va fi reacția părintelui lor bolnav la comportamentele lor. O prostie va fi uneori tolerată sau va provoca amuzament. În alte momente, chiar dacă stă cuminte, copilul va declanşa, totuşi, furia părintelui bolnav („În unele seri, ştiam că, indiferent ce făceam, prin simplu fapt că apăream se declanşa o ceartă"). Secretul familial pe tema alcoolismului va creşte sentimentele de ruşine sau lipsa lor de încredere în universul adulților...

O serie de copii reuşesc, totuşi, să reziste la acest mediu distructiv. Unele studii[37] au putut demonstra că un procent semnificativ dintre ei (circa 20%) ajungeau să se structureze psihic, astfel încât să-şi păstreze stima de sine, dezvoltând strategii de hipercontrol al mediului lor, devenind de timpuriu independenți şi adulți, performanți la şcoală, autonomi etc. Dar această salvare prin hipercontrol le poate crea probleme odată deveniți adulți, aşa cum ne povestea această tânără:

„Socrul meu era alcoolic. Cred că soțul meu a depăşit aceasta devenind de timpuriu adult; foarte tânăr, el era cel care-i îngrijea pe părinți, pentru că mama sa era depresivă. Când venea de la şcoală, o găsea adesea stând în pat pe întuneric, cu casa într-o dezordine cumplită, în timp ce tatăl era la bar. El s-a ocupat de surioara lui, de casă, de temele lui... şi când tatăl lui se întorcea acasă, trebuia să-i apere pe toți, pentru că certurile şi chiar bătăile se țineau lanț...

Când l-am întâlnit, mi-a vorbit o dată despre toate astea, şi apoi n-a mai vorbit despre ele. Dar văd bine în ce hal l-a marcat. Astăzi, este obsedat de bunul mers al aspectului material, ca şi cum şi-ar vindeca angoasele încă persitente prin nevoia de a controla totul: suntem în regulă cu facturile? copii şi-au făcut temele? este ceva de reparat în casă? etc.

Este un tată bun şi un soț bun, dar îi lipseşte fantezia, nu se lasă în voie cu mine şi cu copiii. Când îi reproşez asta, am impresia că nu înțelege ce-i spun. Aşa că, puțin câte puțin, încerc să îl învăț ce este spontaneitatea şi lipsa de griji. Nu-i deloc uşor!"

▸ Părinții abuzivi verbal

Această categorie de părinți excelează în arta de a-și devaloriza copiii prin remarci din cele mai crude asupra greșelilor lor, punctelor sensibile, chiar trăsăturilor fizice. La un nivel mai subtil, este vorba de o manipularea ironiei sau a comentariilor sarcastice asupra performanțelor copiilor. Aceste agresiuni verbale sunt declanșate:

— De toate atitudinile copiilor care se îndepărtează de ceea ce doresc părinții; impactul asupra stimei de sine a copilului este acela că el interiorizează faptul că este de dorit să se conformeze la dorința celuilalt și că ideile sale noi sau dorințele personale sunt de aruncat.

— Încă mai pernicios, de toate atitudinile copiilor care amenință atotputernicia părinților. În special în timpul adolescenței, aceste mame nu suportă să-și vadă fiica devenind feminină, frumoasă, dorită; acești tați se simt amenințați de statura sau de capacitățile sportive ale fiului lor sau sunt geloși pe succesul lor la femei.

Agresiunile verbale ale acestor părinți se pot exprima în mod direct (remarci devalorizante) sau indirect, prin exigențe perfecționiste niciodată satisfăcute. Aceasta declanșează la copiii deveniți adulți o stimă de sine foarte vulnerabilă, cu o sensibilitate extremă la remarcile celuilalt.

▸ Părinții abuzivi fizic

Acești părinți, din multiple motive (dar legate în general de propriile lor carențe afective), sunt incapabili de a-și controla pulsiunile agresive față de copii lor. Oarecum ca și la copiii de alcoolici, universul familial devine un mediu periculos și imprevizibil. Copilul interiorizează că nu se află în siguranță nicăieri și orice ar face. Și, mai grav, că este parțial vinovat de această stare de fapt.

Unul dintre pacienții noștri, fost copil bătut, ne povestea: „Aveam impresia că tata mă bătea pentru că eram rău ; cum pe sora mea nu o bătea, credeam că era vina mea, că eram un copil ratat şi că bătăile erau o pedeapsă meritată". Absenţa reacţiei celuilalt părinte, adesea complice pasiv, reuşeşte să-i confirme copilului absenţa valorii sale intrinseci, şi chiar mai mult: el se consideră capabil să declanşeze agresivitatea în ceilalţi doar prin prezenţa sa, prin faptul că există. S-a vorbit în această privinţă de „holocaustul casnic"[38].

Tulburările stimei de sine sunt atunci marcate de îndoieli profunde asupra valorii sale proprii şi de autodevalorizare: „Părinţii mei nu mă protejau fizic, pentru că nu meritam osteneala".

▸ Părinţii abuzivi sexual

Un ultim nivel este depăşit de violenţa din mijlocul familiilor în care unul dintre părinţi are comportamente incestuoase (în general tatăl faţă de fiică sau de fiica vitregă). Copilul este agresat în ceea ce are mai intim şi niciun refugiu nu-i mai este posibil. Atmosfera de violenţă mocnită este, în general, considerabilă şi adolescenta este obiectul mesajelor culpabilizante: „Dacă nu o faci, nimeni nu te va mai iubi", „Dacă nu accepţi, voi fi nefericit şi trist", „Voi fi violent cu tine, cu mama şi cu fratele tău", „Dacă spui ceva, voi merge la închisoare şi va fi din vina ta"...

Destul de frecvent mamele sunt complice, pasive sau active („Dacă refuzi, vom suferi cu toţii"). Iată ce ne-a povestit una din tinerele noastre paciente de 16 ani, victima incestului din partea tatălui său vitreg: „Nu ştiu ce să fac. Dacă accept, am impresia că sunt rea şi perversă. Dacă refuz, îmi spune că sunt rea cu el şi că sunt o frigidă. Când rezist, se răzbună comportându-se urât cu mama sau cu fratele meu mai mic. Atunci am impresia că mama preferă să cedez..."

Copiii victime ale abuzului sexual suferă deteriorări foarte grave ale stimei de sine[39] şi adesea tulburări psihiatrice variate, de exemplu, o personalitate „borderline".

Personalitatea „borderline" şi stima de sine

Persoanele având acest tip de personalitate suferă de o instabilitate severă a relaţiilor lor afective: le este greu să stabilească relaţii normale cu celălalt, pentru că se arată hipersensibile la tot ceea ce percep ca respingere sau abandon. O remarcă, o critică, o ruptură sentimentală le vor conduce rapid într-o suferință extremă și în comportamente impulsive, adesea îndreptate împotriva lor înșile: tentative de suicid și automutilări (se ard cu o țigară, își rănesc coapsele cu un cuțit).

Psihiatrii văd multe cazuri de asemenea pacienți, care prezintă în general numeroase probleme asociate cu angoasa și depresia. Ei știu că implicarea într-o terapie este dificilă și stresantă, din cauza intensei lor fragilități și imaginii foarte proaste pe care o au aceste persoane despre ele însele. Stima lor de sine este într-adevăr sever afectată și pacienții descriu adesea cât de mult se detestă și își detestă corpul, comportamentul, emoțiile.

Această proastă stimă de sine este una dintre explicațiile dificultăților lor relaționale: subiecții borderline percep respingerea în spatele oricărei luări de distanță, chiar moderată sau trecătoare. Și stima lor de sine extrem de fragilizată nu mai rezistă. Multe studii au putut demonstra că aceste persoane au suferit cel mai adesea carențe afective grave în copilărie, ajungând uneori până tratamente vătămătoare, și chiar la abuzuri sexuale.[40]

A TE VINDECA ÎNSEAMNĂ A-ȚI REGĂSI STIMA DE SINE

De foarte multe ori, vindecarea în psihiatrie trece prin regăsirea stimei de sine. Faptul de a lua mai mult în considerare stima de sine a pacienților este important din trei motive.

În primul rând, pentru că a fi „pacient de psihiatrie“ este deja o primă ofensă adusă stimei de sine. Mult timp persoanele nu îndrăzneau să vorbească despre problemele psihice, pentru că exista o judecată socială foarte negativă asupra maladiei mentale. Acesta era un factor de izolare și de suferință suplimentară. Astăzi, problemele psihice sunt cunoscute mai bine, pacienții nu ezită să se grupeze în asociații[41], să-și apere pe față interesele. Aceasta reprezintă un progres notabil pentru stima de sine.

Apoi, pentru că cea mai mare parte a tulburării psihopatologice este legată de probleme ale stimei de sine, indiferent care este natura acestui raport, aşa cum o arată tabelul de mai jos.

În fine, pentru că în continuare trebuie ca terapeuţii să se obişnuiască să dezvolte cu pacienţii lor relaţii încă şi mai respectuoase şi egalitare; mult prea adesea, cunoaşterea şi puterea se află de partea terapeutului şi pacientul trebuie să accepte absenţa explicaţiilor asupra maladiei şi întrebările fără răspunsuri.

ROLUL STIMEI DE SINE SCĂZUTE	EXEMPLE DE PATOLOGIE
Stima de sine scăzută este la originea tulburării	Depresie
Stima de sine scăzută agravează tulburarea	Timiditate şi fobie socială
Stima de sine scăzută cronicizează tulburarea	Traumatisme psihice
Stima de sine scăzută este la originea dificultăţilor de ameliorare a tulburării	Bulimie

Stima de sine şi tulburările psihice

Ca într-o formulă politică din nefericire celebră, pacienţii de astăzi se doresc „responsabili“ (şi doresc un rol activ în vindecarea lor), dar nu „vinovaţi“ (nemaiacceptând să fie stigmatizaţi pentru maladiile de care nu ei au ales să sufere).

Capitolul 10
Mici aranjamente cu stima de sine: cum să o protejăm pe termen scurt

Multe dintre comportamentele noastre cotidiene servesc, uneori fără ştirea noastră, la a înălţa sau la a apăra zi de zi stima noastră de sine, atunci când este ameninţată. Pentru că aceasta nu ne este conferită o dată pentru totdeauna. Ca şi o fiinţă umană, ea are nevoie să fie în mod regulat hrănită şi îngrijită.

Aceste mici aranjamente nu au totuşi decât un efect limitat asupra stimei de sine. Se întâmplă ca ele să fie suficiente pe timp scurt, dar ele nu înlocuiesc acţiunea în profunzime pe care o vom descrie în următorul capitol. Să le cunoaştem deci pentru a nu ne lăsa păcăliţi de ele.

MECANISMELE DE APĂRARE A STIMEI DE SINE

Charles, 8 ani, a decretat că nu vrea să mai meargă la cursul său de judo. Tatăl său îl întreabă:

„— De ce? Ţi-e frică de luptă?

— Nu, nu, deloc. Asta nu mă sperie, din contră.

— Eşti sigur?

— Da, pe cuvânt.

— Atunci, ce-i

— Oh, cred că este un mediu prost, cei mari nu sunt simpatici..."

Tatăl lui Charles ştie că, de când s-a înscris la club, fiul său este anxios, pentru că detestă micile lupte de antrenament care se desfăşoară la sfârşitul fiecărui curs. Dar Charles nu vrea să recunoască asta în faţa tatălui său, din cauza amorului-propriu. Şi nu îndrăzneşte să o recunoască nici în faţa lui însuşi: judoul este pasiunea lui, este abonat la toate revistele de specialitate şi el şi-a dorit această înscriere... şi atunci?

Atunci, Charles pune în mişcare ceea ce se numeşte „mecanism de apărare", şi anume o operaţie mentală sau un comportament al cărui scop este de a ne proteja stima de sine de o realitate pe care nu putem sau nu vrem să o asumăm: el şi-a negat anxietatea în faţa competiţiei, pentru a nu-şi pierde prestigiul în ochii tatălui său sau faţă de el însuşi.

LA CE SERVESC MECANISMELE DE APĂRARE

În principal, la a ne feri de emoţiile sau de gândurile penibile pentru conştiinţa noastră. Este, de altminteri, normal să recurgem la ele atunci când ne confruntăm cu dificultăţi, pentru că ele joacă rolul de amortizor. A refula o amintire penibilă în uitare sau a ne refugia în visare când suntem îngrijoraţi sunt, de exemplu, două mecanisme de apărare care ne permit să nu trebuiască să ne mai gândim la neplăcerea ce poate să ni întâmple.

Cu cât suntem mai fragili, cu atât avem tendinţa să le utilizăm, pentru că ele apără stima de sine. Ele evită repunerile în discuţie prea frontale şi reprezintă o formă de remaniere şi de evitare a realităţii.

Şi totuşi, ca toate evitările, ele ne amplifică fragilitatea. Ele funcţionează precum curtenii care îşi petreceau vremea spunând: „Totul merge bine, Sire" unui rege izolat în palatul său, în timp ce afară izbucnea revoluţia: suveranul nu va întreprinde niciun efort de schimbare, pentru că singurele mesaje pe care acceptă să le audă sunt cele care îl liniştesc. Pacienţii noştri, procedând la fel, filtrează literalmente informaţiile, pentru a nu le reţine decât pe cele care îl securizează şi nu le pretind eforturi de adaptare.

Într-un anumit fel, mecanismele de apărare reprezintă deci un troc inconştient în cursul căruia subiecţii îşi sacrifică dezvoltarea personală pentru un sentiment — fals — de siguranţă[1].

MECANISMELE DE APĂRARE	FUNCŢIA ÎN MENŢINEREA STIMEI DE SINE
Evitare, retragere	A scăpa de riscul unui eşec
Negare	A refuza să admită problemele
Proiecţie	A atribui celorlalţi propriile sentimente negative şi dificultăţi
Fantasme şi reverii	A-şi imagina reuşita în loc de a o construi
Raţionalizare	A recunoaşte problemele, dar a le atribui cauze care evită repunerea în discuţie
Compensaţie	A evita un sentiment de inferioritate prin a se implica în alte domenii

Principalele mecanisme de apărare

Mecanismele de apărare au avantaje şi dezavantaje. Atunci când am suferit un eşec usturător, putem alege să povestim apropiaţilor noştri o variantă amuzantă a acestuia, pentru a evita să ne plângem sau să oferim o imagine devalorizantă despre noi înşine şi pentru a lupta împotriva unui sentiment de tristeţe care ne copleşeşte atunci când evocăm amintiri neplăcute. Din contră — şi acesta este reversul medaliei —, oferind o versiune umoristică a unui naufragiu personal poate fi de asemenea o modalitate de a evita reflectarea la propria suferinţă şi de a te confrunta cu consecinţele sale.

Pe de altă parte, nu folosirea ocazională a mecanismelor de apărare este cea care pune probleme, recurgerea excesivă la ele: o persoană care râde mereu de ea şi nu este „niciodată serioasă" lasă adesea o senzaţie de disconfort interlocurorilor săi, care percep clar aspectul defensiv a unui comportament sistematic de autoderâdere.

Cum se apără defectuos stima de sine

Jerôme este un tânăr de 26 de ani, care locuieşte cu părinţii săi. El şi-a întrerupt studiile de filologie încă din primul an de facultate, pentru că nu se simţea bine la universitate şi nu învăţa. A făcut apoi un stagiu de un an la o universitate particulară din Marea Britanie, pentru a obţine o diplomă în comerţ. Dar, la întoarcerea în Franţa, nu a găsit locul de muncă pe care îl căuta şi trăieşte din mici afaceri interimare.

Părinţii săi l-au determinat să ia contact cu unii prieteni şi cunoscuţi de familie care l-ar fi putut ajuta să găsească un serviciu interesant, dar Jerôme a refuzat mereu să-i solicite. El evită şi să se ducă la puţinele serate la care este invitat. Aceste *evitări* îi permit să nu se simtă devalorizat în aceste ocazii în care se teme că s-ar simţi depreciat din cauza situaţiei sale profesionale precare.

Atunci când sora lui îi vorbeşte de solitudinea sa sentimentală, el îi răspunde că nu suferă mai mult ca ceilalţi. Atunci când părinţii lui îi reproşează că nu se mobilizează suficient, el le răspunde că sunt mulţi tineri ca el, că „cocooning"* este o tendinţă la persoanele de vârsta lui: această *negare* îi permite să evite să recunoască faptul că, de fapt, comportamentul său nu este normal.

El adaugă că oricum fetele de vârsta lui sunt prea superficiale, că se plictiseşte la serate şi că precis nu l-ar fi interesat serviciile pe care le-ar fi propus prietenii părinţilor săi: prin aceste

* În engleză, în original: „să stai la căldurică". (*N.t.*)

raționalizări el evită să înfrunte veritabilele probleme și îndoielile față de sine.

Îi acuză uneori pe părinții săi că îl stresează și că îl îmbolnăvesc „punându-l sub presiune" și culpabilizându-l excesiv: el *proiectează* asupra lor propriile sale stări sufletești și îi face vinovați, pentru a nu vedea că își alimentează singur, în mare parte, sentimentele sale de angoasă și de devalorizare.

Petrece multe ore visând că într-o zi va întâlni femeia vieții sale, pe care o va seduce dintr-o singură privire: aceste *fantasme* îi fac bine pe moment, dar îl mențin într-o viziune absolut falsă asupra adevăratelor raporturi umane și va fi profund decepționat dacă va reuși într-o zi să aibă o aventură sentimentală.

Operează perfect la calculatorul său și cunoaște multe despre internet. Este abonat la toate revistele existente și se consideră expert în acest domeniu: această competență îi permite *să compenseze* în parte deplinul faliment al vieții sale personale. El visează, de altminteri, să fondeze o mișcare umanitară, pe care ar numi-o „Informaticieni fără frontiere" pentru a-i învăța pe copiii din țările subdezvoltate să lucreze pe calculator...

Toată lumea recurge la mecanismele de apărare. Indiferent dacă avem o înaltă sau o scăzută stimă de sine, aceste mici compromisuri cu realitatea fac parte din cotidianul fiecăreia și fiecăruia dintre noi. Ele se prezintă uneori sub o formă relativ pură și apropiată de ceea ce am descris. Pe de altă parte, ele evoluează mascat. Vom face acum un tur de orizont al manifestărilor acestora.

CUM SĂ PROTEJEZI O STIMĂ DE SINE SCĂZUTĂ

Subiecții cu stimă de sine scăzută se tem, înainte de toate, de eșec. De aceea ei se consacră mai mult protejării stimei de sine decât dezvoltării, mai mult prevenirii eșecurilor decât gestionării riscului. Din acest motiv, regăsim adesea la ei mecanisme de apărare precum evitarea și retragerea (a nu acționa pentru a nu eșua) sau negarea (a nu-și recunoaște frustrările și evitările).

Această teamă de eşec se va manifesta în mod global printr-o atitudine socială prudentă şi rezervată, ba chiar precaută: a nu se pune prea mult în evidenţă, pentru a nu risca să fie criticat sau respins. Multe dintre persoanele cu stimă de sine moderată rămân astfel în umbră, nu pentru că nu le-ar plăcea lumina reuşitei, ci pentru că se simt incapabile să plătească preţul pentru a accede la ea. Deoarece, pentru a obţine un succes, trebuie, în general, să intri în competiţie cu alţii. Şi deci să-ţi asumi riscul de a irita, de a suscita opoziţii, de a pierde... Prea destabilizant pentru un subiect cu stimă de sine scăzută!

Dar aceste persoane au, ca şi ceilalţi, nevoie de reuşite şi de gratificaţii pentru a-şi menţine stima de sine la un nivel acceptabil. Cum să procedezi? Iată câteva soluţii la care ele recurg frecvent.

A REUŞI PRIN INTERMEDIUL CELORLALŢI: SUCCESUL PRIN PROCURĂ

O primă strategie posibilă va consta în a beneficia de reuşita unei alte persoane, la succesul căreia ne simţim asociaţi. Această altă persoană poate fi un apropiat din anturajul nostru, precum un copil sau un soţ. Astfel, pentru cineva care a suferit pentru că nu şi-a putut urma studiile, a-şi vedea copiii reuşind la şcoală va fi bineînţeles o sursă de plăcere altruistă, dar şi un mijloc de a-şi înălţa stima sa de sine. E ceea ce i s-a întâmplat şi Elodiei, 22 de ani, studentă la litere: „Mama noastră provenea dintr-un mediu modest; căsătoria cu tata, membru al burgheziei, fusese un eşec şi s-a trezit că trebuie să ne crească singură. Cum divorţul s-a desfăşurat prost, ea a rupt legăturile cu tatăl nostru şi nu primea pensie alimentară. Ea s-a sacrificat pentru a ne plăti studiile superioare. Pentru noi, era o povară greu de dus, deoarece când aveam examene ne simţeam presate, ne spunea că nu aveam dreptul să o dezamăgim. La fiecare notă proastă, am încă sentimentul culpabilizant că i-am trădat încrederea. Simt că este foarte important pentru ca noi să reuşim în studiile noastre".

Asta poate privi şi reuşita soţului: într-o vreme, numeroase femei se sacrificau pentru a asigura reuşita soţului lor, de care puteau fi apoi mândre. Aşa erau soţiile de medici până în anii 1960 (a fi „soţia doctorului“ era ceva bun pentru stima de sine).

Succesul prin procură se poate referi şi la legături mai îndepărtate de actorul reuşitei, ca în cazul suporterilor sportivi, care se simt mândri sau abătuţi în funcţie de reuşitele sau de eşecurile echipei lor favorite. La scară colectivă, observatorii străini au observat cum stima de sine a Franţei se îmbunătăţea după victoria fotbaliştilor în cadrul Cupei Mondiale din 1998. Satisfacţia a fost atât de intensă, încât această victorie a dat naştere uneia dintre cele mai mari sărbători populare pe care a cunoscut-o ţara după Eliberare.

Să fim bine înţeleşi: nu suntem pe cale de a vă spune că orice formă de susţinere sau de plăcere extrasă din succesul unei persoane sau unui grup cu care avem o legătură este o dovadă de scăzută stimă de sine! Este normal să investeşti în reuşita altora. Dar trebuie să ştii că voinţa inconştientă de a remonta stima de sine este adeseori legată de aceste comportamente.

Când se poate spune că se face exces de acest tip de strategie? În primul rând, când acest mecanism de procurare este singurul ce poate valoriza persoana. Şi apoi, când aceasta reacţionează cu violenţă la eşecul celor în care a investit. Acest fenomen a fost observat în mod spectaculos la suporterii sportivi: unele persoane se sinucid dacă echipa lor pierde sau îi agresează pe presupuşii vinovaţi ai înfrângerii (arbitri, jucători, directori). Ne amintim adesea de jucătorul columbian asasinat în 1994, la întoarcerea de la Cupa Mondială de fotbal care se desfăşurase în Statele Unite: marcase un gol în propria poartă şi a determinat eliminarea echipei sale. Ultimul semn de exces, în fine, apare atunci când presiunea exercitată asupra persoanelor însărcinate să valorizeze stima noastră de sine este abuzivă: este cazul copiilor „însărcinaţi cu o misiune“ de către părinţii lor. Aceştia, ratându-şi mai mult sau mai puţin în viaţă (cel puţin în ochii lor), îşi însărcinează, aşa cum am văzut, progenitura să realizeze ceea ce ei înşişi nu au putut face: studii strălucitoare, schimbarea clasei sociale, reuşită sportivă etc.

Şi persoanele cu înaltă stimă de sine folosesc succesul prin procură: în Evul Mediu, suveranii erau reprezentaţi în turniruri de „campionii" lor — un rege nu-şi putea asuma riscul să fie doborât la pământ! În general, subiecţii cu înaltă stimă de sine savurează în egală măsură procurarea succesului, dar o exploatează mai deschis: ei nu se tem să iasă în faţă când e cazul şi să ia totul asupra lor.

SĂ RĂMÂNEM GRUPAȚI!

A fi integrat în grup este ceva bun pentru stima de sine.

Recunoaşterea socială este foarte legată, după cum am văzut, de stima de sine: a fi acceptat într-un grup demonstrează o minimă acceptanţă din partea semenilor. Nivelul stimei sociale de care beneficiază grupul în exterior are, de fapt, puţină importanţă. Cel mai adesea, subiecţii cu scăzută stimă de sine preferă să aibă locul asigurat într-un grup puţin performant sau puţin valorizat social, decât să „se zbată" pentru a apăra o strapontină într-un grup în care competiţia este dură. Astfel, un băieţel cu stimă de sine scăzută se va simţi mai bine într-o echipă de fotbal care încasează înfrângere după înfrângere, dar în care este liniştit că joacă şi că este la înălţimea partenerilor săi...

Înainte de toate, grupul permite împărţirea: atât a succeselor, cât şi a eşecurilor. Înţelegem de ce persoanele cu stimă de sine scăzută sunt în mod special atrase de inserţia într-o colectivitate: pregătite să împartă succesele, ele găsesc aici mai ales siguranţa unei diluări a responsabilităţilor în caz de eşec. Şi mai ales a unei devalorizări mai mici în privinţa stimei de sine. Pentru că ele se tem de eşec, mai mult decât apreciază succesul.

Nu ne miră faptul că adolescenţa este vârsta de aur a găştilor. Am văzut că este o perioadă în care stima de sine este în mod deosebit vulnerabilă.

La persoanele cu înaltă stimă de sine, a se regrupa serveşte mai mult la a se diferenţia (de exemplu, să aparţii unui grup de vază). În timp ce, la subiecţii cu scăzută stimă de sine, regruparea serveşte la a fi mai puţin singur şi mai bine protejat.

REVERII, PROIECTE VAGI ȘI LUMI VIRTUALE...

Unele persoane cu stimă de sine scăzută se dedau uneori reveriei, fără limită. „Petreceam zile întregi în camera mea fără să fac nimic, explică un pacient; aveam vise de reuşită strălucitoare: când să devin preşedintele unei mari companii sau cercetător şi premiat Nobel; când campion mondial de formula 1 şi alte inepții... Bineînțeles că acestea nu erau însoțite nici de cea mai mică încercare de trecere la act, cum ar fi să mă înscriu la o şcoală economică sau să urmez cursuri de şoferie. Treceam de la o himeră la alta, ca o insectă din floare în floare; dar eram ca un fluture, fără să produc ceva, nici măcar ca o albină, care, în zborurile ei, cel puțin face miere."

Reveria este bună uneori. Dar, la persoanele cu stimă de sine scăzută, ea prezintă pericole pentru că implică satisfacții care țin locul acțiunii şi îl obişnuieşte pe subiect să neglijeze etapele intermediare ale reuşitei (şi deci eforturile de a produce, eşecurile, tentativele ratate, diversele dificultăți de înfruntat).

Frecventarea universului virtual (jocuri video, foiletoane TV, romane) poate releva, de asemenea, acelaşi demers. La unii mari consumatori de astfel de mijloace de evaziune, principalul motor este evitarea realității, prea dureroasă pentru stima de sine.

Aceste reverii există şi la persoanele cu înaltă stimă de sine, dar la acestea visul este adesea un preambul al acțiunii, în locul reprezentării unei alternative.

CUM SĂ PROTEJEZI O ÎNALTĂ STIMĂ DE SINE?

A priori, lucrurile sunt mai simple pentru subiecții cu înaltă stimă de sine. În general, modul lor de acțiune (a-şi asuma riscurile, a căuta să îşi dezvolte competențele, a-şi depăşi limitele) permite o menținere sau o dezvoltare regulată a stimei de sine. Persoanele cu stimă de sine scăzută acționează puțin pentru a se confrunta cât mai puțin posibil cu eşecul. Nu este şi cazul subiecților cu înaltă stimă de sine: ei acţionează, deci au mai multe reuşite, dar şi mai multe eşecuri. Nimeni nu vă va spune vreodată că îi place să eşueze. Atunci, cum fac ei pentru a le face faţă?

ARTIFICIILE ATRIBUTIVE

Există mai multe modalităţi de a reacţiona la eşec. Fie că îl acceptăm ca atare şi tragem învăţăminte din el — este atitudinea cea mai utilă, dar şi cea mai costisitoare emoţional, mai ales dacă eşecurile sunt destul de numeroase sau repetate. Fie privim lucrurile într-un alt mod: „Nu este vina mea, nu-i grav, o să se schimbe". Este ceea ce psihologii numesc „teoria atribuirii". Pornind de la un anumit eveniment, avem tendinţa de a atribui anumite caracteristici: ceea ce se întâmplă depinde de mine sau de exterior, se va reproduce sau va fi un caz izolat, este reprezentativ sau este limitat.

A jongla cu aceste atribuiri permite acomodarea la un număr suficient de probleme existenţiale. De exemplu, subiecţii cu înaltă stimă de sine au o propensiune irezistibilă de a-şi atribui reuşitele şi a imputa responsabilitatea eşecurilor unor circumstanţe exterioare — destinului sau altor persoane[2]. În caz de eşec, ei sunt capabili să fie mai specifici în autocriticile lor[3]: „Am fost slab în acest sau acest punct", şi nu „Am fost lamentabil".

	Ceea ce ştii	Ceea ce nu ştii
Ceea ce ştiu ceilalţi	Domeniul public	Pata oarbă
Ceea ce nu ştiu ceilalţi	Domeniul ascuns	Domeniu necunoscut

Strategiile atributive ale subiecţilor cu înaltă stimă de sine, confruntaţi cu un eşec

François I, obligat să se retragă şi luat prizonier în bătălia de la Pavie, în 1525, îi scria mamei sale, ducesa de Angoulême, faimosul: „Totul este pierdut în afară de onoare". Frumos exemplu de non-generalizare a unei autocritici.

La blocul operator

Regăsiţi strategiile folosite de un chirurg cu înaltă stimă de sine, care a fost confruntat cu un accident operator:

„Intervenţia mea a reuşit perfect. Bolnavul a decedat pentru că anesteziştii nu au ştiut să facă faţă problemei. În orice caz, era un caz special, am vrut să-l operez pentru că nimeni altcineva nu voia să o facă, trebuia să intervin..."

ATENŢIE LA DEFECTELE ALTORA: COMPARAŢIA CU CEI MAI SLABI

90% din oamenii de afaceri se estimează ca fiind superiori oamenilor de afaceri medii şi 70% din subiecţii care au absolvit şcoli renumite sau universităţi prestigioase consideră că au capacităţi peste media colegilor lor[4]. Persoanele cu înaltă stimă de sine se judecă relativ favorabil atunci când se compară cu semenii lor! De altminteri, s-a constatat că ele au grijă să aleagă ca puncte de comparaţie dimensiunile care le erau cele mai favorabile. Fără îndoială că asta explică faptul că tendinţa spre comparaţie socială flatantă se regăseşte astfel la toate categoriile sociale. La cadrele didactice, de exemplu, 90% dintre profesorii de liceu se estimează ca superiori colegilor lor. 25% din studenţii din învăţământul universitar consideră că fac parte din cei 1% capabili şi demni de a-i conduce pe alţii[5]. Se pare că, din contră, această comparaţie socială nu se manifestă în toate culturile (sau cel puţin nu se exprimă în aceeaşi manieră): un studiu efectuat asupra liceenilor japonezi ne arăta că la ei nu există nicio tendinţă de a se valoriza comparându-se favorabil cu alţii; mai degrabă era chiar invers![6]

Chiar şi oamenii de seamă privesc uneori spre cei mai slabi...

Viaţa lui Freud este o inepuizabilă sursă de anecdocte pentru cine este interesat de stima de sine, întrucât cea a marelui om era în acelaşi timp înfloritoare şi crudă pentru celălalt, în special pentru discipolii săi prea îndrăzneţi. Iată ce povesteşte, în acest sens, biograful şi discipolul său, Ernest Jones[7]:

„Atunci când Stekel (un elev al lui Freud) credea că ajunsese mai departe decât Freud cu descoperirile sale şi se scuza pentru asta cu o oarecare modestie, spunând că un pitic cocoţat pe umerii unui uriaş poate vedea mai departe decât uriaşul însuşi, Freud a declarat ironic: «Poate că aşa este, dar nu atunci când este vorba de un păduche de pe capul unui astronom».“

Această tendinţă este bineînţeles exacerbată dacă persoanele cu înaltă stimă de sine eşuează. Ele vor avea atunci, mai mult ca niciodată, tendinţa de a se linişti comparându-se cu cei inferiori lor pe scara succeselor şi competenţelor. Pentru aceasta, ele vor fi mai atente la defectele şi la lacunele altor persoane. Aceasta a fost demonstrată de unele lucrări amuzante[8]. Unii subiecţii cu înaltă şi cu scăzută stimă de sine au fost determinaţi să eşueze la unele sarcini simple. În urma acestor eşecuri (care le erau clar subliniate), aveau de trecut o altă probă, care consta în citirea unei liste de comportamente pozitive sau negative de către altă persoană („Jacques a reuşit strălucit la examen“ , „Dar el a refuzat să-i dea bani prietenului său la nevoie“ etc). Ceva mai târziu, li s-a cerut să rememoreze comportamentele care li s-au citit; s-a observat că subiecţii cu înaltă stimă de sine, după ce eşuaseră, îşi aminteau mai uşor defectele altora. Atenţie, deci, la şeful dumneavoastră, dacă suferă o înfrângere care îi afectează stima de sine: îşi va aminti imediat toate greşelile pe care le-aţi făcut sau va începe să vă caute nod în papură — pentru a se convinge că nu este singurul incompetent al întreprinderii şi a-şi dovedi că se poate şi mai rău...

CRITICA JUDECĂTORULUI

„Spune-mi ce gândeşti despre mine ca să-ţi spun cât valorezi.“ Această strategie este adesea folosită de subiecţii cu înaltă stimă de sine. Iată un exemplu: câţiva voluntari au urmat o şedinţă cu un psiholog. La încheierea şedinţei, psihologul le oferă un portret valorizant sau critic. Li s-a cerut atunci voluntarilor să evalueze validitatea judecăţii emise şi competenţa psihologului. La subiecţii cu scăzută stimă de sine, aspectul pozitiv sau negativ al portretului conturat de psiholog nu interferează cu părerea lor. La subiecţii cu înaltă stimă de sine, cu cât portretul este mai pozitiv, cu atât este considerat mai pertinent... şi cu atât psihologul este considerat mai competent[9]!

TREBUIE SĂ PUI BEȚE ÎN ROATE PENTRU A-ȚI ÎMBUNĂTĂȚI STIMA DE SINE?

Micuţa Bérangère, 3 ani şi jumătate, se joacă „Memory“ — un joc de atenţie pentru copii — cu sora ei mai mare, în vârstă de cinci ani şi jumătate şi cu o prietenă a acesteia. Tatăl ei, de care ea este tare ataşată, trece pe acolo şi aruncă (stângaci!): „Ei, fetelor, cine va câştiga?“ Apoi priveşte jocul câteva minute. Începând cu acel moment, Bérangère începe să joace prost, să nu se mai concentreze, să nu mai privească la cartonaşe, să înceapă să „vorbească precum un bebeluş“. Cele două fete mai mari se indignează, ameninţând că o dau afară din joc. Înţelegând că a gafat, tatăl se aşează la masa de joc, o ia pe Bérangère pe genunchi, o linişteşte şi o îndeamnă să se concentreze. Puţin câte puţin, îşi reia jocul...

Ce s-a întâmplat cu Bérangère? De ce şi-a compromis brusc şansele de a câştiga, deşi era foarte capabilă să-şi menţină locul în joc?

S-a remarcat de mult că unii indivizi adoptă comportamente paradoxale, care par a le ruina şansele de reuşită: ei îşi slăbesc eforturile tocmai atunci când sunt aproape gata şi când succesul le este la îndemână, nu se mai pregătesc înaintea unei scadenţe importante (de exemplu, studentul care nu mai repetă înainte de examene) sau chiar îşi pun pur şi simplu beţe în roate (de exemplu, cineva care solicită un loc de muncă şi întârzie la interviu)... De ce procedează ei astfel?

EXISTĂ O NEVROZĂ DE EȘEC?

Psihanaliştii s-au preocupat foarte mult de ceea ce se numeşte „nevroză de eşec[10]“. Ei cred că o serie de indivizi prezintă un gust pentru eşec sau o teamă de succes. Sentimentul de a nu merita succesul, o culpabilitate faţă de reuşită explică, după ei, aceste fenomene de eşuare. Această teorie a devenit, de altminteri, foarte cunoscută în special în lumea sportului, unde se vorbeşte adesea de „teama de a câştiga" a unui campion.

Dar există şi alte explicaţii, dintre care unele sunt legate de stima de sine. Am văzut, de exemplu, că subiecţii cu scăzută stimă de sine se „regăsesc" mai mult în eşec, decât în reuşită, fără a ajunge totuşi să se bucure de el. Este şi ceea ce ne spunea o pacientă: „Uneori am impresia că sunt mai în siguranţă în eşec; cel puţin m-am obişnuit cu el, nu mai am surprize, aproape că mă linişteşte". Teoria cea mai interesantă pentru a explica aceasta este cea a autohandicapului[11]. Ea spune foarte simplu că a nu te pregăti pentru o scadenţă importantă sau a alege sistematic obiective prea dificile nu înseamnă a te pedepsi, ci a avea grijă de stima de sine!

Să luăm exemplul unui student care nu se pregăteşte la un examen. Nemairepetând aşa cum ar trebui, el se dedă la o frumoasă manevră de autohandicap. Cu ce scop? Ei bine, în caz de eşec, el va putea spune: „E adevărat, am eşuat, dar asta pentru că nu am învăţat destul". Făcând astfel, nu este în joc competenţa sa personală globală (de care depinde stima de sine), ci doar lipsa lui de organizare... Acelaşi student poate să şi vorbească într-un fel de asta (chiar dacă, cel mai adesea, aceste strategii sunt inconştiente): „Dacă voi munci din toate puterile şi tot voi eşua, va fi dovada lipsei mele de valoare; în timp ce, dacă eşuez fără a face într-adevăr eforturi, eşecul meu va fi imputabil acestei lipse de efort, mai mult decât lipsei mele de competenţe".

Dacă aţi citit deja capitolele precedente, veţi concluziona că o persoană care raţionează în această manieră trebuie să aibă o scăzută stimă de sine, pentru că ea anticipează mai curând un eşec decât o reuşită. Şi aţi avea dreptate: autohandicapul este o strategie deseori folosită în caz de scăzută stimă de sine.

Ce fac persoanele cu înaltă stimă de sine? Ele anticipează mai mult o reuşită decât un eşec. Şi ele nu se autohandicapează pentru a se apăra de eşec, ci pentru a-şi creşte meritul în caz de reuşită. Să alegem acum studentul cu înaltă stimă de sine. Ce s-ar întâmpla dacă nu repetă? Şi dacă — reuşeşte la examen, aşa cum crede el, pentru că are o înaltă stimă de sine? Ei bine, prestigiul său va creşte: „Am reuşit fără să mai repet ceva".

Să subliniem că recursul declarat la această strategie de autohandicap poate fi atunci o formă de snobism: să-i faci pe ceilalți să creadă că nu ai pregătit un examen pentru a extrage din asta un merit în plus. Este un exercițiu de stil foarte prizat de anumiți subiecți cu înaltă stimă de sine. În plus, ni se pare că această strategie este anormal dezvoltată în Franța și în țările latine, unde se valorizează mult reușita datorită talentului sau inspirației, decât datorită muncii perseverente. Pentru stima de sine este socialmente mai bine să fii un elev dotat decât un elev sârguincios. Studenții anglo-saxoni, de exemplu, încearcă mai puțin să trucheze realitatea: dacă muncesc mult, nu le va fi rușine să o recunoască.

ÎNALTĂ STIMĂ DE SINE	SCĂZUTĂ STIMĂ DE SINE
Pentru a crește stima de sine în caz de succes (limitarea câștigurilor)	Pentru a proteja stima de sine în caz de eșec (limitarea pierderilor)
Activat în situațiile în care este anticipat succesul	Activat în situațiile în care este anticipat eșecul
Asociat excitației	Asociat aprexensiunii

Când se folosește autohandicapul?

SCENELE VIEȚII DE ZI CU ZI

O mare parte din actele noastre cotidiene pun mai mult sau mai puțin în joc stima de sine. A cumpăra ceva sau a-ți vorbi de rău vecinul sunt, adesea fără știrea noastră, comportamente destinate să facă bine stimei noastre de sine, indiferent dacă este înaltă sau joasă. Să facem împreună un mic tur de orizont al acestor conduite de zi cu zi...

A CONSUMA PENTRU A TE STIMA

▸ A cumpăra

Deseori s-a făcut procesul societăţii de consum, care ne determină să cumpărăm şi să posedăm mai mult decât este necesar. În joc sunt, desigur, imperativele de piaţă şi priceperea comercianţilor, dar, dacă aceasta merge atât de bine, este fără îndoială pentru că târguiala corespunde unor nevoi mai fundamentale decât se pare. În special în materie de stimă de sine. A cumpăra înseamnă a te valoriza, chiar dacă este vorba de o strategie al cărei efect este labil şi tranzitoriu. Comercianţii şi agenţii de publicitate au înţeles bine asta, în special în industria de lux: sunteţi incitat să credeţi că prin cumpărarea unui obiect luxos intraţi într-o categorie socială de cunoscători şi privilegiaţi. Este oare shoppingul de sâmbătă după-amiaza un drog al stimei de sine? În orice caz, bunii vânzători vor şti întotdeauna să se descurce flatând egoul clienţilor lor, astfel încât să acţioneze asupra stimei lor de sine...

„La mine e ceva maladiv, ne povestea într-o zi acest avocat de treizeci şi şase de ani. Soţia mea numeşte asta «cumpărături nevrotice». Există cumpărături pe care nu le fac din nevoi materiale, ci psihologice. De exemplu, să-mi cumpăr o mapă frumoasă sau o lampă peste măsură de scumpă pentru cabinetul meu. Cel mai adesea, nu fac acest gen de cumpărături decât atunci când mapa mea veche este uzată sau lampa precedentă s-a spart. Le fac atunci când sunt puţin nefericit sau sufăr un mic eşec. Astfel că am nevoie să mă valorizez. Nu cumpăr de bucurie, ci pentru a mă vindeca, pentru a stopa învolburarea sufletească, pentru a mă revaloriza în faţa mea. Îmi face bine să introduc în viaţa mea un obiect nou, frumos, util, pe loc, în 30 de secunde, cât îmi ia să plătesc."

Luciditate

„Pe cine nu suportaţi cel mai mult în lumea asta?" La această întrebare, care a fost pusă în revista *Elle*, în 1998, umoristul Muriel Robin răspundea:

„Pe mine. Pe mine şi fundul meu între două luntre, contradicţiile mele. Ca de exemplu să mă conving că, dacă voi cumpăra ultimul tip de cameră video care tocmai iese pe piaţă şi care este supergrozavă, îmi va merge mai bine. Cum toată lumea în jurul meu o are, hop! O îndes la mine în casă, şi apoi? Mă simt ridicol, îmi spun: „Şi cu ce te-alegi, idiotule! Mă voi strădui să câştig cincisprezece mii de franci, şi asta doar pentru a-i plasa în camera video, iar apoi îmi vor mai trebui încă cincisprezece mii de franci pentru altceva, şi apoi?"

Psihiatrii întâlnesc uneori „cumpărătorii compulsivi", care fac cumpărături frecvente, inutile şi peste resursele lor. La aceşti pacienţi, problemele stimei de sine sunt sistematice, oarecum ca la persoanele bulimice sau cleptomane, aceste trei tulburări fiind, de altfel, frecvent asociate.

‣ A poseda

Plăcerea de a cumpăra o precede adesea pe cea a posesiunii. Dar aceasta din urmă este mai durabilă. Posesiunea obiectelor valorizante reprezintă proteze pentru stima de sine: mobile frumoase, casă frumoasă etc. Există şi — mai ales — maşinile: frumoase, mari sau potrivite, de o marcă sau alta. Cum să nu te gândeşti la o nevoie ostentativă de a-ţi arăta valoarea văzând proliferarea vehiculelor 4X4 strălucitoare, cromate şi inutile în marile oraşe? Oare vehiculele 4X4 fac pentru stima de sine ceea ce face siliconul pentru sâni?

‣ A arăta

E bine să cumperi şi să ai. Dar ce păcat dacă nu arăţi pentru a face încă şi mai mult bine stimei de sine! Este cu mult mai valorizant să dai drumul la maximum radioului de la maşină în faţa unei cafenele decât pe o mică stradă pustie. Şi să-ţi parchezi măreaţa maşină în faţa unui local unde vei cina, decât într-o parcare subterană, anonimă, unde nimeni nu te vede coborând din ea. Ostentaţia este în general în serviciul stimei de sine. Publicitatea unei cărţi de credit pentru mari credite bancare prezenta, în 1998, posedarea acestei — costisitoare — cărţi de credit ca „semnul exterior al bogăţiilor voastre interioare"...

▸ A stârni invidii

În fond, toate astea ne trimit la plăcerea infantilă de a fi admirat pentru ceea ce avem, mai mult decât pentru ceea ce suntem. Unele cataloage de vânzare prin corespondență acționează prin acest mecanism. Astfel este catalogul *Bărbatul modern* (mai, 1998), cu privire la o „saltea-piscină": „Departe de plajele şi piscinele suprapopulate, alintați de blândețea brizei sau cufundați într-un roman, *veți stârni invidii prin preajmă*". Scopul este clar: nu este vorba doar de a profita de confortul unui material improbabil, ci mai ales de a fi văzut de vecini, în timp ce vă scufundați uşor! Ca din întâmplare, fotografia ce ilustrează articolul arată aşa-zisa „saltea-piscină", ocupată de o frumoasă blondă (şi nu de un cumpărător masculin, precum cei cărora li se adresează catalogul). Subînțeles: nu numai că creați invidii, dar toate fetele frumoase din anturajul vostru nu vor mai avea decât un singur scop, să vină la voi pentru a se scufunda în „piscina voastră".

A seduce şi a se lăuda: un sport vechi de când lumea

Acuzând cu uşurință femeile că sunt superficiale şi guralive, bărbaților le place, la rândul lor, să se laude cu cuceririle lor: lăudăroşenia întăreşte stima pe care şi-o poartă.

În timpul turnării filmului *Contesa desculță* de Mankievicz, Ava Gardner a avut o legătură cu toreadorul Luis Miguel Dominguin. Legenda spune că, în prima seară a relației lor, Dominguin se ridică, se îmbracă şi sare pe fereastră. „Pot să ştiu unde te duci?" se informă frumoasa Ava. „Să le povestesc asta prietenilor", răspunse cu naivitate matadorul[12]"...

MICILE BUCURII ALE EXISTENȚEI

Să exercițí rarele competențe

Vi s-a întâmplat fără îndoială să vă întrebați care era interesul să fii campionul lumii la bilboquet* sau să stăpâniți sanscrita prin citirea pe vârful degetelor... Ei bine, în afară de faptul că

* Bilboquet: joc compus dintr-un bastonaş ascuțit la un capăt, legat cu o cordeluță de o bilă; constă în a reuşi să înfigi bila în vârful ascuțit (*N.t.*)

asta poate da satisfacţii autentice, ea poate fi şi o chestiune legată de stima de sine... Dacă aveţi o scăzută stimă de sine, veţi găsi două avantaje să excelaţi într-un domeniu foarte puţin practicat. Primul este că aici concurenţa este rară; deci vă va fi mai uşor să străluciţi. Al doilea este că nu ameninţaţi pe nimeni; deci, nu riscaţi să declanşaţi gelozia sau agresivitatea altuia. Dacă stima de sine este înaltă, veţi aprecia în special să fiţi unic sau precursor. Va trebui totuşi ca această competenţă să fie apreciată în mediul social în care aspiraţi să fiţi recunoscut.

▸ A controla şi a domina

Cu cât stima de sine este mai ridicată, cu atât subiectul simte mai mult nevoia de a controla situaţia; cu cât exercită mai mult control, cu atât îşi creşte stima de sine[13]. Cum se exprimă în cotidian această dublă mişcare? Cucerind şi exercitând puterea, bineînţeles! Unii se lansează în politică. Alţii aleg soluţii mai simple. De ce, de exemplu, atâţi cetăţeni se înverşunează să posede rase de câini atât de mari şi de viguroşi? De ce golanilor de la periferie le plac atât pittbullii? Dincolo de motivele sentimentale (s-au uitat prea mult la *Frumoasa şi Bestia* la televizor când erau mici) sau practice (puterea de a-i intimida pe adversari), răspunsul este simplu: asta face bine stimei de sine. Cu cât câinele este mai mare şi aparţine unei rase agresive reputate, cu atât putem suspecta mai mult stima de sine a stăpânului. Cel mai subtil este de a explica foarte doct că, de fapt, este vorba de rase inofensive, „cu condiţia de a-i face să înţeleagă clar cine este şeful"... Proprietarii câinilor mai mici, categoria stăpânilor persecutori („Şezi! Culcat! Ridicat! Stai liniştit! Vino aici!") sunt, de altminteri, în aceeaşi situaţie: „Cum nimeni nu mă ascultă aici, am găsit o creatură pe care să o domin". Să subliniem că există unele variante: cu partenerul, copiii sau subordonaţii...

▸ A fi cel mai bun la „Monopoly"

Jocul de societate este un derivat al raporturilor de forţe sociale. Miniaturile din Evul Mediu îi înfăţişează pe Saladin şi Richard

Inimă de Leu confruntându-se la şah. La unii, această înrudire a jocului cu înfruntarea este perceptibilă: îi face să uite de plăcerea jocului şi caracterul său convivial normal. Există două indicii care ne fac să bănuim o investire excesivă a stimei de sine în joc: să nu ştii să pierzi („Dacă-i aşa, atunci eu plec"), fiind gata să te cerți cumplit cu partenerii; şi să fii gata să trişezi pentru plăcerea de a câştiga sau din cauza incapacității de a suporta înfrângerea.

▸ A încălca legea sau a te fofila

A încălca legile, care sunt făcute pentru viața în comun a muritorilor, a conduce mai repede ca alții, a nu plăti amenzile, a comite o fraudă fiscală — sunt tot atâtea modalități pentru unele persoane (narcisicii, de exemplu) de a-şi dopa considerabil stima de sine. Alții preferă doar să se fofileze. Ce să spui de plăcerea pe care o conferă faptul de a trece în fața altora la o coadă? Trăsătura aceasta a devenit în țara noastră o virtute națională sub numele de capacitate de a te descurca: să fie un semn bun pentru stima de sine a națiunii noastre?

EU ȘI CEILALȚI

▸ A denigra, a bârfi, a-şi bate joc

„E o nulitate tipul ăsta." „Fata asta e frumoasă, dar e proastă." Ce interes există în a-i vorbi de rău pe ceilalți? De ce „asta face bine"?

Bârfa permite reducerea distanței dintre tine şi ceilalți. A vorbi de rău starurile („Se pare că acest actor nu este prea inteligent"), a-ți imagina că personalitățile lumii, prinți sau milionari, sunt în realitate foarte nefericiți, asta îi apropie de noi.

Să fie oare bârfa bună pentru moral?

Unii cercetători au studiat problema prezentând unor subiecți deprimați şi unor subiecți nedeprimați personaje celebre şi cerându-le să emită judecăți despre ei[14].

Au remarcat că participanții aveau tendința de a devaloriza celebritățile asupra dimensiunilor unde aceştia se simțeau „în concurență“ cu ele. De exemplu, femeile care se considerau atrăgătoare aveau tendința să spună despre un top-model: „Nu-i chiar așa grozavă.“; sau chiar bărbații care se considerau inteligenți aveau tendința de a afirma despre un intelectual recunoscut: „Nu spune numai lucruri geniale“.

Evaluând dispoziția unei persoane înainte și după exercițiu, cercetătorii au mai observat și că critica astfel efectuată nu le făcea bine decât subiecților deprimați. Ceilalți vedeau mai ales că dispoziția lor se posomorăște. Oare din cauza faptului că bârfa îi alină — cel puțin pentru scurt timp — o serie de depresivi netratați se prezintă adesea ca niște morocănoși? Atenție totuși dacă sunteți depresiv, nu vă va face niciun bine să bârfiți!

Unii subiecți cu înaltă stimă de sine care întâmpină un eșec vorbesc ușor de rău persoanele mai puțin norocoase sau mai puțin bine dotate. Pe de-o parte, snobismul constă în a râde de cei mai vulnerabili, cu scopul de a-și valoriza stima de sine. Anumitor umoriști le mai place să ia în derâdere și lacunele verbale ale sportivilor, adesea proveniți dintr-un mediu social mai defavorizat decât al lor: această strategie a celui puternic de a-l ataca pe cel slab este întotdeauna dezagreabilă și iritantă, pentru că este vorba pur și simplu de a-l înjosi pe un altul pentru un câștig personal, psihologic sau financiar.

▸ A nu pierde prestigiul

„Vacanța în Bretagne? Era superb!

— Dar se pare că a plouat tot timpul!

— Nu, ce tot spui, așa au zis meteorologii. Nu, și apoi, în orice caz, noi adorăm ploaia...“

A refuza să-ți recunoști eșecurile, ratările sau punctele slabe este o modalitate de a proteja stima de sine. Ea se poate exercita la scală individuală. Dar ea poate fi, de asemenea, la nivelul întregii țări. Regimurile comuniste au fost, fără îndoială, cele care au dus aceste strategii până la cel mai înalt punct. De exemplu, China comunistă, din care un sfert de populație a murit de foame în timpul „marelui salt înainte“, dar care distribuia pretinse surplusuri alimentare ţărilor înfrăţite pentru a salva aparenţele. O variantă mai ofensivă constă în a denigra, în preambulul unei discuţii, punctul de vedere al celuilalt: „E inutil să vezi lucrurile aşa, lasă-mă să-ţi explic".

Arta de a avea întotdeauna dreptate

În *Arta de a avea întotdeauna dreptate*[15], filosoful german Schopenhauer stabilea o listă impresionantă a ceea ce numea „viclenii şi şiretenii" pentru a nu-ţi recunoaşte niciodată neajunsurile. Iată câteva dintre ele:

— Strategia 32: „Ne putem debarasa rapid de o afirmaţie a adversarului contrară cu ale noastre, sau cel puţin a o face îndoielnică, încadrând-o într-o categorie în general detestată, atunci când se apropie de aceasta doar prin asemănare sau printr-un raport vag. De exemplu: „Dar ăsta-i maniheism*, arianism**, pelagianism***".

— Strategia 33: să afirmi, când nu mai ai argumente, „Poate că e adevărat în teorie, dar este fals în practică".

— Strategia 36: „Să-l uimiţi, să-l stupefiaţi pe adversar printr-un flux absurd de vorbe..."

Poate că-s bune pentru stima de sine, dar cu siguranţă nu şi pentru relaţiile sociale...

▸ A te autopromova

Cum să te pui în valoare, chiar fără să ai aerul că faci asta? Iată trei strategii clasice:

---

* Maniheism: religia lui Mani, fondată pe un dualism absolut între bine şi rău. (*N.t.*)

** Arianism: doctrina lui Arius, preot al Alexandriei (256–336 e.n.), care, negând divinitatea lui Christos, a provocat una din crizele cele mai grave ale bisericii creştine. Erezia ariană a fost condamnată de consiliul de la Nisa (325) şi de la Constantinopole (381). (*N.t.*)

*** Pelagianism: doctrină a călugărului Pélage, ce minimiza rolul harului divin şi exalta primordialitatea şi eficacitatea efortului personal în dobândirea virtuţii (fondată în anul 431 e.n.). (*N.t.*)

— *Name-dopping** este un procedeu care constă în a lăsa să se înțeleagă că frecventăm personalitățile lumii: „Știi, ieri seară am fost invitați la Claudia. Cum? Claudia Schiffer, desigur, ah, iartă-mă, nu ți-am spus. Este a-do-ra-bi-lă..."

— *Super-perspicacitatea* constă în a deține informații pe care ceilalți nu le au sau de a probleme acolo unde nimeni nu le-a remarcat. „Dar ești chiar naiv să crezi asta, e mult mai complicat decât crezi..." Versiune psihologică: interpretările sălbatice asupra comportamentelor vecinilor de masă sau membrilor familiei.

— *Pescuitul complimentelor* (*fishing for compliments*), în cursul căruia facem asalturi de falsă modestie cu scopul de a suscita felicitări din partea interlocutorilor.

ÎN VIAȚĂ MAI EXISTĂ ȘI ALTCEVA DECÂT STIMĂ DE SINE!

Probabil că acum aveți impresia că stima de sine se aciuează peste tot. E adevărat, dar nu este doar ea în viață! Dacă avem un câine, dacă ne bucurăm de succesul școlar sau de înfățișarea plăcută a copiilor noștri, nu se datorează automat nevoii de a ne valoriza. Totuși, dacă este așa, nu e nimic de criticat în asta.

Făcând acest acest mic tur de orizont, dorința noastră era pur și simplu de a vă atrage atenția asupra strategiilor — cumpărături, lăudăroșenii, critici, bârfe etc. — pe care le punem în mod obișnuit în serviciul stimei noastre de sine. Pentru că nu le putem cere ceea ce nu pot da. Ele ne permit doar ajustări limitate ale stimei de sine. Pentru a o proteja sau a o crește în mod durabil, sunt necesare alte strategii. Pe acestea le vom aborda imediat.

* *Name-dopping*: a te îmbăta cu numele unei personalități (în engleză, în original). (*N.t.*)

Capitolul 11
Mă iubesc, deci exist
Cum să-ți dezvolți stima de sine

În unele momente ale vieții noastre ne încearcă nevoia de a ne gândi la stima noastră de sine. Micile operațiuni de a o între-ține, șantiere de renovare sau reconstrucții complete: cum să procedezi?

ESTE POSIBIL SĂ TE SCHIMBI!

Ne putem modifica stima de sine odată ajunși la vârsta adultă? Sunt numeroși cei care nu cred asta. Pentru ei, stima de sine face parte din aceste trăsături psihice care sunt date o dată pentru totdeauna. Nu este cazul aici. În cursul vieții noastre, într-adevăr, pot interveni modificări. Desigur, dacă aveți o înaltă stimă de sine, există puține riscuri să treceți în categoria persoanelor cu scăzută stimă de sine; dar, invers este posibil. Este şi ceea ce arată un recent studiu în cursul căruia două sute de femei au fost urmărite timp de mai mulţi ani: după şapte ani, majoritatea celor care avuseseră o stimă de sine scăzută nu o mai aveau astfel[1].

Cărui fapt se datorează această schimbare? În studiul pe care îl evocăm, s-a putut stabili o corelaţie între creşterea stimei de sine şi o îmbunătăţire a relaţiilor interpersonale şi a statutului profesional. Dar oare îmbunătăţirea stimei de sine a provocat aceste evenimente de viaţă favorabile, sau invers? Studiul nu o spune... Anecdota următoare ilustrează bine dificultatea de a găsi cauza exactă a unei schimbări de acest gen.

O pacientă vine la consultaţie pentru o psihoterapie. Ea suferă de probleme majore ale stimei de sine, de o bulimie şi se declară nemulţumită de viaţa sa sentimentală şi profesională. Un an şi jumătate mai târziu, şi-a găsit un nou prieten cu care se înţelege în sfârşit bine, un nou serviciu, nu mai este bulimică; pe scurt, se simte mai mulţumită de sine.

Încântat, şi cu atât mai mândru de munca sa, de care era atât de neliniştit la început, terapeutul este convins că toate aceste binefaceri sunt o consecinţă directă a terapiei sale. Asta îi păru cu atât mai clar, cu cât, după el, lucrurile s-au derulat bine, în ordine logică: stima de sine a pacientei s-a îmbunătăţit şi, puţin câte puţin, condiţiile sale de viaţă s-au schimbat.

Recapitulând la sfârşitul terapiei travaliul efectuat, terapeutul a întrebat-o pe pacienta sa ce anume, după părerea ei, a ajutat-o cel mai mult în aceste ultime luni. Pacienta, puţin jenată, îi răspunde: „Ei bine, doctore, terapia dumneavoastră m-a ajutat mult, dar cred că, dacă nu l-aş fi întâlnit pe prietenul meu, nu aş fi progresat astfel!"

Este incontestabil faptul că anumite circumstanţe de viaţă sunt noi începuturi pentru stima de sine. O întâlnire de dragoste cu un partener care, deşi nu se înşală cu privire la dumneavoastră, vă dă încredere prin dragostea sau prin sfaturile lui, o întâlnire amicală, inserţia într-un grup, accesul la o profesie, accesul la un statut social — toate acestea pot ajuta la construcţia sau, mai ales, pot contribui la consolidarea unei stime de sine până atunci puţin cam ezitantă.

Dar evenimentul nu este întotdeauna suficient. Unele persoane, indiferent dacă au o înaltă sau o scăzută stimă de sine, par să fi făcut o specialitate din a „a rata ocaziile". Viața sentimentală este, în acest domeniu, un câmp de studiu cvasiexperimental. Unii vor păcătui prin orgoliu, ca această tânără frumoasă şi exigentă în alegerea partenerilor săi care, după ce i-a respins regulat, şi-a dat seama că sunt din ce în ce mai rari pe măsură ce se apropia de patruzeci de ani. Alții păcătuiesc prin exces de inhibiție, ca acest tânăr convins că n-a ştiut să-şi recunoască norocul şi că o lăsase pe femeia vieții sale să plece la brațul altuia.

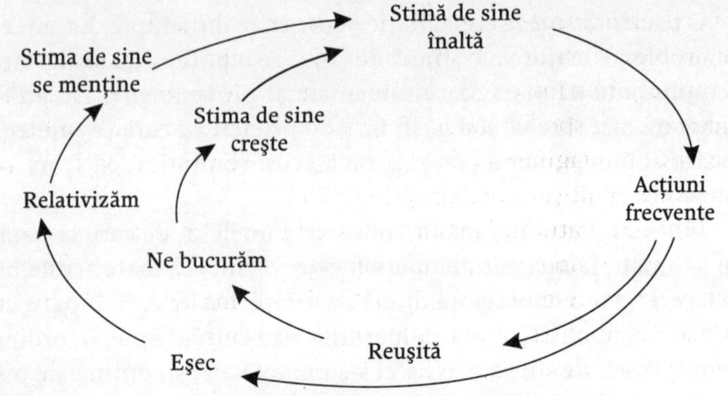

Cercurile înaltei stime de sine

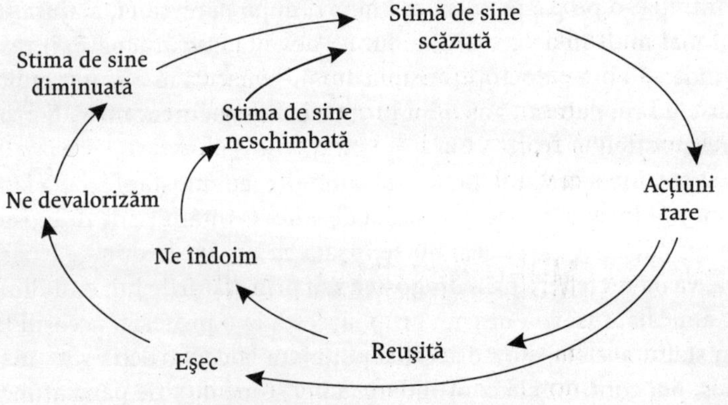

Cercurile scăzutei stime de sine

Dacă schimbările sunt posibile, trebuie făcut ceva în mod special pentru ca ele să se producă? A acționa sau a nu acționa: aceasta ar putea fi întrebarea... Ca multe alte manifestări psihice — anxietatea și depresia, de exemplu —, stima de sine este un fenomen care se autoîntreține.

Cum am văzut în această carte, un subiect cu înaltă stimă de sine va acționa mai mult, adunând deci mai multe succese, care îl vor valoriza. În cazul în care cunoaște eșecuri, stima sa de sine îl va împiedica să se prăbușească și nu-l va face să se răzgândească în a-și încerca iar norocul mai târziu. În schimb, un subiect cu scăzută stimă de sine va ezita îndelung înainte de a se lansa într-o acțiune. Succesele pe care le va strânge vor fi deci mai puțin numeroase. Pentru că se va îndoi că le-a meritat cu adevărat și pentru că se va întreba dacă este capabil să le reînnoiască, aceste succese îi vor spori prea puțin stima de sine. În caz de eșec, lovit din plin în imaginea sa de sine, subiectul se va descuraja; nu va persevera și nu-și va încerca iar norocul.

Tendința naturală a stimei de sine este de a rămâne la nivelul său inițial, în ciuda micilor oscilații legate de viața cotidiană. Dar ea se poate modifica semnificativ în urma unor evenimente de viață majore (trebuie să-ți păstrezi speranța!) sau în cazul deciziei personale de a se schimba (care va implica, la rândul ei, evenimente de viață).

În *Noile confesiuni*, scriitorul englez William Boyd povestește cum, atunci când se simte „posac și resemnat" — două semne de suferință a stimei de sine —, încearcă să se mobilizeze: „Mă străduiam să-mi trezesc optimismul meu înnăscut, încercam să renasc în mine un sentiment al propriei mele valori. Fără stimă de sine, nu putem realiza nimic". Acestea sunt eforturile personale despre care vom vorbi acum.

CUM SĂ-ȚI MODIFICI STIMA DE SINE?

Vă propunem să vă împărțiți eforturile în trei domenii principale, fiecare dintre ele fiind compus din trei dimensiuni specifice, pe care le vom numi „soluții".

Fiecare domeniu şi fiecare soluţie au importanţa lor, dar este posibil ca nu toate să vă privească pe dumneavoastră.

Pe de altă parte, fiţi atenţi la echilibrul dintre aceste trei domenii. Am întâlnit adesea persoane care au depus toate eforturile cu precădere într-unul dintre ele, ceea ce le-a dus la un exces de introspecţie (cum este desfăşurarea stadiilor de dezvoltare personală), de sociabilitate (cum este dezvoltarea relaţiilor sociale) sau implicarea în acţiune (ca la anumite persoane obsedate de munca lor).

Nu există nicio reţetă miracol pentru a modifica rapid şi fără durere stima de sine. Dacă ar fi fost, s-ar fi ştiut... Într-adevăr, experienţa noastră de terapeuţi ne-a învăţat că cel mai greu este primul pas. Sfatul nostru va fi să nu alegeţi decât un obiectiv şi să-l abordaţi energic. A schimba o singură piesă a problemei va provoca reacţii în lanţ şi vă va învăţa un mod de a acţiona pe care îl veţi reproduce în continuare.

DOMENIU	SOLUŢII
Raportul cu stima de sine	1) A te cunoaşte 2) A te accepta 3) A fi sincer cu tine
Raportul cu acţiunea	4) A acţiona 5) A reduce la tăcere critica interioară 6) A accepta eşecul
Raporturile cu ceilalţi	7) A se afirma 8) A fi empatic 9) A se baza pe susţinerea socială

Cele nouă soluţii ale stimei de sine

SĂ-ŢI SCHIMBI RAPORTUL CU TINE ÎNSUŢI

▸ Soluţia numărul 1: să te cunoşti

„Cunoaşte-te pe tine însuţi", amintea adesea Socrate. Este prima regulă în materie de stimă de sine. Ea se referă şi la concepţia pe care o aveți despre voi și maniera în care vă prezentați altora. Atenție: nu este vorba aici de a te pierde în introspecție, ci mai ales de a lua cunoștință de capacitățile și limitele tale.

Un instrument de reflecție asupra sinelui, folosit în psihoterapie, „fereastra Johari", ne poate fi utilă în acest exercițiu[2]. El postulează existența a patru mari domenii referitoare la cunoașterea de sine:

— „Domeniul public": ceea ce este cunoscut atât de dumneavoastră, cât și de anturajul dumneavoastră. Exemplu: „Se spune despre mine că sunt fidel prieteniilor mele. Și serviabil. E adevărat, sunt de acord".

— „Pata oarbă": este vorba de ceea ce știu ceilalți despre dumneavoastră, dar de care nu sunteți în mod clar conștient. De exemplu, se poate spune despre dumneavoastră: „Este o fată inteligentă, dar prea îndoielnică", atunci când dumneavoastră vă vedeți mai degrabă ca o persoană plăcută și foarte înzestrată.

— „Domeniul ascuns": cuprinde tot ceea cunoașteți despre dumneavoastră, dar ceilalți ignoră. Exemplu: „Sunt foarte gelos. Și deloc sigur de mine: în spatele aerelor mele de persoană în largul ei și destinsă, mă îndoiesc de mine în permanență și ascund cu grijă asta de ceilalți".

— „Domeniul necunoscut": includem aici tot ceea ce persoana nu a descoperit despre sine și nici anturajul său nu intuiește. Unii indivizi ajung să „se descopere" astfel în anumite circumstanțe noi. Exemplu: „Mi s-au încredințat responsabilități și mi-am dat seama că îmi place, că eram capabil să devin lider".

	Ceea ce știi	**Ceea ce nu știi**
Ceea ce știu ceilalți	Domeniul public	Pata oarbă
Ceea nu știu ceilalți	Domeniu ascuns	Domeniu necunoscut

Fereastra Johari

Se consideră că ceea ce extinde „domeniul public" îmbunătățește stima de sine. Pentru aceasta trebuie:

— Să transformi „pata oarbă" în „domeniu public": pentru aceasta este necesar să asculți sistematic și chiar să soliciți părerea persoanelor din anturajul tău. Chiar și în cazul mesajelor critice este util să mulțumești persoanei pentru ceea ce te-a învățat despre tine: „Ei bine, ascultă, nimănui nu-i place să audă ceea ce-mi spui, dar îți mulțumesc pentru franchețea ta, este important pentru mine că m-ai pus la curent".

— Să transformi „domeniul ascuns" în „domeniu public": instrumentul principal este *revelarea de sine*, ce constă în a nu ezita să-ți exprimi gândurile și emoțiile, chiar dacă nu ești sigur că ele concordă cu cele ale interlocutorilor sau că le fac plăcere: „Trebuie să-ți spun că nu gândesc deloc ca tine". Alt beneficiu al acestei atitudini: ea permite să confrunți faptele cu ceea ce gândești și ceea ce resimți când ești pus la încercare. Și adesea să corijezi unele greșeli. Desigur, revelarea de sine trebuie să fie practicată cu precauție. Viața socială ar fi imposibilă fără o anumită disimulare. Nu vă simțiți obligați să exclamați: „Oh, ce-ai mai îmbătrânit de la ultima noastră întâlnire!" sau „Am găsit discursul patronului complet în afara subiectului!"

— Să transformi „domeniul necunoscut" în „domeniul public": este interesant să te situezi în situații neobișnuite, să trăiești noi experiențe.

Câteva întrebări pentru a vă cunoaște mai bine

Iată o listă, nelimitativă, de întrebări pe care să vi le puneți. Dar reflectați și la maniera în care aceste puncte pot fi comunicate persoanelor din anturajul dumneavoastră. Dacă stima voastră de sine este mai degrabă scăzută, am văzut că veți avea tendința să vorbiți mai puțin despre dumneavoastră. Și într-un mod prea neutru și „temperat": gândiți-vă să puneți mai multă culoare și să fiți mai tranșant în portretul dumneavoastră.

→ Îmi place/nu îmi place
Sunteți capabil să definiți cu claritate ceea ce vă place și ceea ce nu vă place? Cum veți vorbi celorlalți despre asta? Și cum veți accepta punctele de vedere diferite de ale voastre?

→ Cunosc/nu cunosc

Care sunt domeniile în care aveți mai multe cunoștințe decât media? Cum veți vorbi despre asta pentru a-i învăța câteva lucruri și pe ceilalți? Veți îndrăzni să puneți întrebări în domeniile în care sunteți necunoscător?

→ Eșecurile mele/reușitele mele

Puteți vorbi despre eșecurile dumneavoastră fără să vă devalorizați? și despre succesele dumneavoastră fără a avea impresia că vă lăudați?

→ Defectele mele/calitățile mele

Știți să vă identificați defectele și calitățile? Și — când situația o cere — să le comentați celorlați fără lăudăroșenie și fără lamentații?

▸ Soluția numărul 2: să te accepți

Să te cunoști nu este decât o primă etapă. Ce să faci apoi cu defectele și limitele pe care le-ai identificat? Contrar față de ceea ce credem uneori, nu este necesar să fii fără defecte pentru a avea o bună stimă de sine. Din contră, trebuie să fii capabil să le asumi sau să le schimbi. Cum se explică faptul că anumite persoane își asumă defectele, în timp ce altora le provoacă un sentiment de rușine atât de puternic, încât „sfredelește amorul-propriu și stima de sine[3]"? Psihiatrii și psihologii au studiat culpabilitatea, care este remușcarea *a ceea ce a fost făcut*, lăsând rușinea, această confuzie față de *ceea ce suntem*, moraliștilor și filosofilor. De aceea ea este strâns legată de problemele stimei de sine.

Rușinea este cea care transformă conștiința unui defect în complex. Dacă nu știți să dansați și cineva vă invită, vi se oferă o alternativă: fie vă este rușine și nu recunoașteți, inventând un pretext oarecare — trei inconveniente totuși: nu vă simțiți în largul vostru, persoana care vă invită o simte, probabil, și nu veți învăța să dansați; fie mărturisiți că nu știți să dansați, iar lucrurile se inversează: sunteți mai calmă, interlocutorul înțelege și poate chiar vă va propune să vă ajute să învățați.

În profesia noastră de terapeut, suntem confruntați adesea cu această problemă, de exemplu la persoanele timide cărora le este teamă să nu roşească[4]. Cât timp înroşirea este asociată cu ruşinea („Este ridicol să fiu aşa"), progresele sunt imposibile: datorită obsesiei că „trebuie să ascund asta", aceşti subiecţi se închid în tulburarea lor. Unul dintre obiectivele terapiei va fi de a-i determina să nu se mai focalizeze asupra acestui subiect şi să vorbească despre el (spontan sau răspunzând la remarci).

Cei mai buni aliaţi ai ruşinii sunt tăcerea şi solitudinea. Imediat ce aţi hotărât să vorbiţi unei persoane anume despre ceea ce vă provoacă ruşine, aţi făcut ce era esenţial pe această cale.

▸ Soluţia numărul 3: să fii sincer cu tine

Am văzut în capitolul precedent, descriind mecanismele de apărare, că uneori era tentant să recurgi la mici trucuri pentru a te minţi, pentru a-ţi apăra, cel puţin pentru scurt timp, stima de sine. Şi că unul dintre cele mai frecvente mecanisme era negarea.

Sunteţi într-o maşină pe care şoferul o conduce prea repede faţă de gustul dumneavoastră. Vă este teamă, dar nu îndrăzniţi să o spuneţi. Şoferul simte aprehensiunea dumneavoastră. Şi vă întreabă: „Sper că nu vă este teamă?" Ce răspundeţi dumneavoastră?

Aşteptaţi rezultatele de la un concurs pe care l-aţi dat pentru a obţine o angajare. Aflaţi că nu aţi obţinut postul la care aţi râvnit. Unul dintre colegi să apropie de dumneavoastră şi spune: „Sper că nu eşti prea decepţionat!" Ce îi răspundeţi?

Sunteţi pe cale să ridicaţi tonul faţă de cineva apropiat care a făcut ceva care nu v-a plăcut. El vă întreabă: „Nu te-ai supărat, nu-i aşa?" Ce îi răspundeţi?

În aceste trei cazuri, aţi fi avut probabil tentaţia să vă negaţi emoţiile, din cauza stimei de sine în stare proastă: a nu recunoaşte că-ţi este teamă, că eşti trist atunci sau că eşti contrariat face parte cu certitudine din convenienţele sociale. Dar, în spatele acestor convenienţe, se găsesc foarte des probleme ale stimei de sine: nu dorim să pierdem prestigiul recunoscându-ne emoţiile.

Putem observa două reacţii de negare a evenimentelor ce ne ameninţă stima de sine: autoapărarea („Nu, deloc!") şi supunerea în faţa evenimentelor („Asta e!"). În primul caz, autoapărarea, persoana are tendinţa să nege sistematic stările sale emoţionale:

ar fi fost de recunoscut angajamentul său în anumite obiective („Țin foarte mult să fiu admis la acest examen"), anumite exigențe („Nu vreau să mi se facă lucruri care nu-mi plac") sau anumite limite („Mi-e teamă de mașină"). În al doilea caz, supunerea în fața evenimentelor, este vorba de o formă inversă de a te minți: se trece de la refuzul implicării, la refuzul tentativei de a acționa pentru a schimba. Discursurile sunt atunci dominate de resemnare („Oricum nu se poate schimba nimic ") sau de banalizare („Nu reușesc ceea ce îmi doresc: nu-i grav").

Unii dintre pacienții noștri procedează sistematic în acest fel în timpul consultațiilor, ceea ce îi lasă terapeutului o senzație de disconfort până când identifică problema. O tânără puncta, de exemplu, toate plângerile sale prin „orice ar fi, asta e" cu scopul de a dezamorsa toată intervenția terapeutului, dându-i de înțeles că ea acceptă aceste probleme, și cu scopul de a-l face astfel să-i împărtășească concepția despre lume, supusă și resemnată. Un bărbat mai în vârstă (și trimis la terapeut de soția sa, epuizată de angoasele sale) adopta o atitudine inversă: abia schițată o problemă, pe care terapeutul încerca să o preia, el se precipita să o minimizeze („De fapt, nu-i atât de teribil, nu vreau să dau impresia că exagerez"). Repriza de observare dură aproape trei luni, și-abia după aceea el putu să vorbească direct și onest despre suferința sa.

A nu-ți asuma emoțiile negative	A nu-ți asuma dorința de a schimba situațiile
„Nu sunt înfuriat." „Nu sunt decepționat." „Nu sunt neliniștit."	„Asta-i viața." „Trebuie să ne adaptăm." „Asta este."

Două feluri de a te minți

SĂ-ȚI SCHIMBI RAPORTURILE CU ACȚIUNEA

▸ Soluția numărul 4: să acționezi

Acțiunile sunt gimnastica de întreținere a stimei de sine. Desigur, marile reușite cresc stima de sine, dar nu cunoaștem în fiecare zi succese profesionale, sentimentale sau sportive. În schimb, viața de zi cu zi ne furnizează o mulțime de obiective, chiar modeste, care, odată atinse, ne permit să simțim o ameliorare a stimei noastre de sine.

De exemplu, comparând persoanele în vârstă care, din proprie alegere sau din probleme de sănătate, nu mai conduc automobile, cu altele care nu încetaseră să conducă s-a remarcat că, în condiții egale de vârstă şi probleme de sănătate, cele care nu conduceau prezentau mai mult mici semne depresive şi de afectare a stimei de sine decât celelalte[5].

Considerați deci activitățile zilnice nu doar ca simple corvezi, ci ca mijloace de a creşte senzația de autocontrol şi de a vă apropia de imaginea dumneavoastră ideală. Este şi ceea ce resimt anumite persoane atunci când ne spun: „Odată ce am făcut puțină curățenie mă simt mai bine pentru a face şi altceva" sau „Când sunt în stare proastă, mă ocup de mărunțişuri".

La obiective modeste, câştiguri modeste, veți spune. Dar e mai bine să te simți revigorat după ce ai pus în ordine vesela, decât să rămâi să rumінezi gânduri posace pentru că nu reuşeşti să te pui pe o treabă importantă. Fără a mai ține cont şi că a trece la acțiune într-un domeniu modest ar putea să vă ajute, ca o încălzire, să vă apucați de o muncă mai pretențioasă.

Una dintre pacientele noastre, cu scăzută stimă de sine, dar dispunând de mult umor față de sine, ne povestea astfel dificultățile sale de a acționa: „Sunt o mare specialistă în non-acțiune. Aş putea scrie chiar şi o carte pe acest subiect. De exemplu, aş putea să le încredințez cititorilor mei rețeta: A rumina, A tăia firul în patru, A bombăni şi A nu face nimic..."

Trebuie totodată să evitați să folosiți aceste mici activități şi să ocoliți sarcinile importante sau urgente, cum face studentul care îşi petrece timpul ordonându-şi cursurile, mai degrabă decât să le învețe, sau salariatul care pierde ziua despuind minuțios corespondența, în loc să dea câteva telefoane urgente.

Un alt fel de a acționa este de a deveni expert într-un domeniu. Regăsim acest sfat în multe din tratatele despre stima de sine sau despre starea de bine interioară. Practica regulată a unui hobby sau a unei pasiuni pare să facă bine stimei de sine, ameliorând sentimentul de competență personală, dar favorizând şi recunoaşterea socială (mai ales dacă ați ales, de exemplu, bucătăria ca domeniu de excelență!). S-a putut astfel demonstra că artele marțiale favorizează dezvoltarea stimei de sine[6].

Pentru a schimba, este deci indispensabil să acționezi. Totul începe printr-o modificare concretă a comportamentului. Nu foloseşte la nimic să te schimbi doar în minte; stima de sine nu va fi modificată durabil. Chiar minim şi simbolic, un proiect care se traduce printr-un act este o promisiune pentru un viitor mai bună decât cel care rămâne doar în stare de intenție. La limită, orice decizie de schimbare trebuie să se traducă printr-un gest în următorul minut: să dai un telefon, să faci corespondența, să ieşi imediat din casă etc.

▸ Soluția numărul 5: să reduci la tăcere „criticul interior"

„Mi-a luat şase ani ca să-mi dau teza în medicină. De fiecare dată nu mă simțeam pregătită, la înălțime. De altminteri, mi-am schimbat de trei ori subiectul din cauza asta. Problema mea era simplă: imediat ce mă puneam pe lucru şi scriam câteva rânduri, mă simțeam nemulțumită. Coordonatorii lucrării mele se străduiau în zadar să-mi spună că era bine, că se poate face ceva, era epuizant pentru mine, ca şi cum o voce interioară mi-ar fi repetat încontinuu că nu merge, că nu era bună. Îmi imaginam membrii juriului strâmbând din nas frunzărind lucrarea... Din fericire, ultimul meu coordonator s-a enervat şi mi-a spus ce trebuia: «Fiecare cu treaba lui! Tu lucrezi şi eu critic!» Asta m-a ajutat să nu mai amestec lucrurile: aveam tendința de a acționa şi a-mi judeca acțiunile, în acelaşi timp: procedând astfel, nu se ajunge la nimic..."

„Criticul interior[7]" este reprezentat de toate gândurile *a priori* critice pe care ni le adresăm. Este vorba adesea de un discurs parental interiorizat, consecință a ceea ce am auzit când eram copii. Există numeroase modalități: înaintea acțiunii („La ce bun?", „Asta nu va merge") sau după acțiune („Era neimportant", „Asta n-a folosit la nimic", „Asta nu-i suficient").

CRITICUL INTERIOR	IMPACTUL ASUPRA STIMEI DE SINE
„E inutil, la ce bun?“	Descurajează acţiunea
„Asta nu va merge.“	Nelinişte sau perfecţionism inutil
„Nu făcea doi bani.“	Devalorizare
„Nu foloseşte la nimic.“	Descurajează alt început
„Nu-i suficient.“	Nemulţumire

Criticul interior şi impactul său asupra stimei de sine

Cum să faci faţă criticului interior? În primul rând, să fii conştient de existenţa sa. Aceasta presupune să înţelegeţi că dificultăţile nu provin doar din sarcina pe care o aveţi de întreprins, ci şi din problemele voastre legate de stima de sine („Nu mă simt protejat decât de perfecţiune“). În plus, obişnuiţi-vă să vă puneţi întrebările potrivite asupra gândurilor prezente în mintea voastră în acel moment: această gândire este realistă? Mă ajută ea să mă simt mai bine? Mă ajută ea să rezolv mai bine situaţia? Mă va ajuta să fac mai bine faţă data viitoare?

„Aseară nu am fost la înălţime.“	RĂSPUNS	STRATEGIE
1) Este realistă această gândire?	Nu ştiu, n-am altă părere în afară de a mea.	Voi întreba alte persoane ce gândesc despre asta.
2) Această gândire mă ajută să mă simt mai bine?	Nu, mă întristează şi mă angoasează.	Încetez să mă mai frământ şi acţionez: „Ce-i de făcut acum?“

„Aseară nu am fost la înălțime."	RĂSPUNS	STRATEGIE
3) Această situație mă ajută să fac mai bine față situației prezente?	Nu, mă închid în mine.	Voi încerca să telefonez imediat unui prieten.
4) Această gândire mă va ajuta să facă față mai bine data viitoare?	Nu, din contră, îmi va spori dificultățile: data viitoare voi și mai puțin în largul meu.	Voi reflecta la seara viitoare: „Cum să fac pentru a nu resimiți acest sentiment de nemulțumire?

Cele patru întrebări ce pot fi puse pentru a lupta împotriva criticului interior (exemplul unui bărbat de treizeci și cinci de ani, nemulțumit de comportamentul său la o petrecere la care fusese în seara precedentă)

▸ Soluția numărul 6: să accepți ideea eșecului

„Eșecul este o parte din victorie." Maxima este a alpinistului Eric Escoffier, dispărut în iulie 1998, în timp ce escalada Broad Peak (8 407 metri), în India... După ce fusese „un monstru a cărui forță îi înfricoșa pe alți alpiniști", Escoffier este victima, în 1987, unui accident de mașină din care a scăpat hemiplegic. Într-o atitudine de sfidare, care evocă o înaltă stimă de sine, el și-a reluat escaladările în ciuda sechelelor handicapului său... până la moartea sa accidentală[8].

În general, nimănui nu-i place eșecul. Or, pentru a te schimba, trebuie să acționezi, deci să-ți asumi riscul de a eșua. Cum spunea unul dintre pacienții mei: „Nu eșecul trebuie acceptat, ci ideea de eșec". În unele momente, terapeutul poate chiar să și „prescrie" eșecul pacientului său, dacă estimează că ar fi mai bine să facă această experiență — pentru a o dedramatiza — decât să o evite cu orice preț!

Este ceea ce am făcut pentru Sébastien: venise la noi la consultaţie în urma unei depresii foarte severe, de care fusese vindecat cu antidepresive. Vindecat, dar nu şi liniştit, pentru că se temea de o recidivă; se simţea inferior din cauza a ceea ce i se întâmplase. După el, lipsa de încredere în sine i-a provocat această depresie; iar această lipsă de încredere a fost şi mai mult agravată de depresie....

Sébastien era obsedat de frica de eşec şi de slăbiciune. După ce s-a discutat mult cu el despre asta, am putut decela de unde provenea această teamă: tatăl său era un perfecţionist anxios şi autoritar, cu o judecată foarte critică la adresa copiilor săi. Carnetele de note erau citite cu voce tare, seara, în familie, la cină, şi vai de cel care greşea, chiar şi foarte puţin. Nu primea niciodată încurajări, pentru că „era normal să munceşti bine". Sébastien a adoptat astfel stilul de gândire caracterizat de injoncţiuni foarte severe: „Trebuie să înţelegi din prima", „Nu trebuie să eşuezi niciodată", „Trebuie să fii stăpân pe tine" etc. Stima sa de sine era foarte scăzută şi neîncetat ameninţată de o contraperformanţă.

La un moment dat în terapie, păru evident că Sébastien, deşi înţelesese bine de unde provenea problema sa, nu putea să-şi modifice modalitatea de a vedea lucrurile. I-am propus atunci ceea ce terapeuţii cognitivişti numesc „proba realităţii": să verifice *realmente* dacă aceste predicţii erau fondate. Altfel spus, a eşua pentru a vedea în final dacă eşecurile din viaţa sa de adult se adevereau atât de teribile ca cele din viaţa de copil.

După ce Sébastien a fost convins şi s-a luat decizia de comun acord, am reţinut trei „teste" în care el trebuia să eşueze: 1) să intre într-un magazin de informatică şi să-i spună vânzătorului că nu a înţeles nimic din explicaţiile sale; 2) să meargă la un comerciant din cartierul său, pe care îl cunoştea, cu scopul de a cumpăra ceva şi să descopere atunci că nu are bani la el; 3) să nu pregătească o parte a unui expozeu pe care trebuia să-l prezinte în fiecare săptămână la serviciu. Am verificat cu el că fiecare din aceste situaţii, de dificultate crescândă, nu putea fi uşor provocată (chiar şi cea care se referea la serviciul său).

Sébastien se achita de exerciţiile sale şi putu să remarce cu această ocazie că ceea ce a făcut nu provoca nicio catastrofă şi că stima sa de sine ieşea mai de grabă sporită de operaţiunea sa: vânzătorul recunoscuse că nu fusese clar, comerciantul râsese şi i-a spus să ia marfa şi să plătească altă dată, iar în privinţa colegilor, aceştia au răspuns la scuzele sale şi au afirmat că asta n-avea nicio importanţă...

Puţin câte puţin, Sébastien ajunsese să se debaraseze de teama sa excesivă şi de handicapul eşecului. Vindecarea sa se acceleră vizibil.

VIZIUNE AGRAVANTĂ A EŞECULUI: GÂNDURILE CATASTROFALE	VIZIUNE AJUTĂTOARE A EŞECULUI: GÂNDURILE REALISTE
Un eşec este întotdeauna total: „Este o catastrofă".	Un eşec este o neplăcere: „Este enervant".
Un eşec este întotdeauna definitiv: „Nu voi fi niciodată în stare să înfrunt o astfel de situaţie".	Un eşec este o etapă: „Trebuie să progresez pentru a mă simţi în largul meu într-o astfel de situaţie".
Un eşec este întotdeauna irecuperabil: „Consecinţele sunt iremediabile".	Majoritatea eşecurilor sunt recuperabile: „Există consecinţe?"
Un eşec este întotdeauna riscant: „Mă voi lăsa dus şi mă voi obişnui cu mediocritatea".	Nu există dependenţă de eşec: „Nimănui nu-i place să eşueze, nu există riscul să mă obişnuiesc".
Un eşec este întotdeauna ridiculizant: „Imaginea mea a primit o lovitură mortală".	Nu este ridicol să eşuezi: „S-a văzut poate că mai aveam de progresat".
Un eşec este întotdeauna o sursă de pierdere a încrederii din partea celorlalţi: „După asta nu mi se va mai acorda încredere".	Un eşec este întotdeauna atenuat de o reuşită ulterioară: „Oamenii vor vedea că am alte competenţe pentru a reuşi mai târziu".

Cum să ai o viziune realistă a eşecului

Iată câteva sfaturi pentru a şti să-ţi administrezi mai bine eşecurile:

— *Să nu vezi lucrurile doar în alb-negru* (gândire dihotomică). Este una dintre cele mai frecvente probleme la persoanele care au probleme în a acţiona. Ele nu ajung să-şi imagineze un rezultat intermediar între triumf şi catastrofă. Cum sunt suficient de lucide pentru a vedea că nu sunt pe calea succesului, anticipează catastrofa. Majoritatea timpului trebuie doar să nuanţezi viziunea eşecului.

— *Să-ţi aminteşti că toată lumea a eşuat, eşuează şi va eşua...* Societatea noastră este adesea ipocrită faţă de eşecuri: atunci când celebrează reuşitele, ea uită adesea să vorbească despre ratările care le preced. De aceea, multe persoane cred că ceilalţi nu eşuează. Dar oamenii care au reuşit au început în general prin a eşua. Mergem deseori la congrese de psihiatrie şi am remarcat că foarte rar se prezintă comunicări despre eşecurile unei metode; ele ar fi totuşi la fel de interesante ca cele despre succese. Discutând cu tinerii terapeuţi, aceştia ne-au mărturisit adesea că, după ce îi ascultaseră pe cei mai în vârstă şi încercaseră să aplice metodele propuse de aceştia, nu reuşiseră să le reproducă rezultatele. Concluzionaseră deci că sunt practicieni mediocri (alterare a stimei de sine), când de fapt terapeuţii rutinaţi poate că doar trecuseră sub tăcere primele lor încercări, pentru a nu prezenta decât rezultatele lor favorabile (promovarea stimei de sine).

— *Să tragi învăţăminte din eşecuri.* Consideraţi eşecurile dumneavoastră ca pe nişte surse de informaţie despre voi înşivă, şi nu ca dovezi de incapacitate. Dacă reuşiţi să ajungeţi în această stare de spirit, atunci fiecare eşec vă va apropia de reuşită.

SĂ SCHIMBI RAPORTURILE CU CEILALŢI

▸ Soluţia numărul 7: să te afirmi

Afirmarea de sine este capacitatea de a exprima ceea ce gândeşti, ceea ce vrei, ceea ce simţi, respectând în acelaşi timp ceea ce gândeşte, vrea, simte celălalt. Este puterea de a spune nu fără agresivitate, de a cere ceva fără a te scuza mereu, a răspunde calm la critică etc.

La sfârşitul anilor 1960, primele lucrări despre afirmarea de sine[9] au arătat foarte clar că a te afirma nu serveşte doar la a obţine ceea ce vrei şi a te face respectat, ci şi la a te simţi bine în pielea ta şi a-ţi dezvolta stima de sine. A te afirma necesită a te respecta suficient pentru a-ţi oferi drepturi în faţa altor persoane (dreptul de a se exprima, de a contrazice, de a răspunde, de a cere etc.). Or, a avea aceste drepturi înseamnă a-ţi asuma riscul de a-l deranja pe interlocutor sau de a-i displace.

De aceea persoanelor cu scăzută stimă de sine, prea sensibile la riscul de respingere socială, le este cel mai adesea greu să se afirme: „Dacă refuz, interlocutorul meu se va înfuria"; „Dacă spun ce gândesc cu adevărat, vom ajunge să ne certăm."

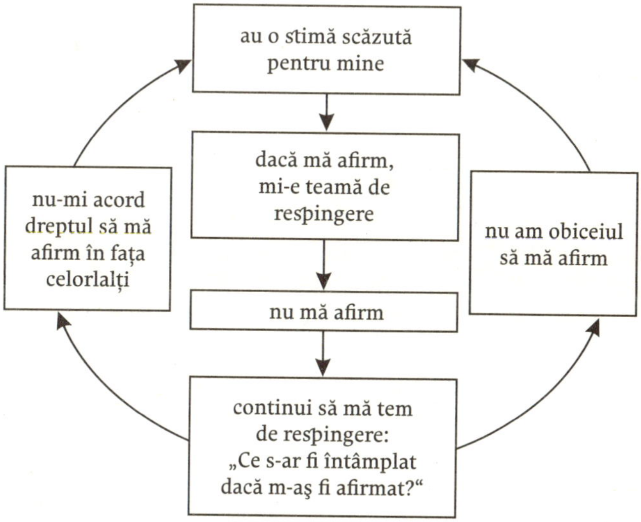

Stima de sine scăzută şi lipsa afirmării de sine

Atunci când nu ne putem afirma, recurgem la alte comportamente relaţionale:

— Comportamentul inhibat („ştergător de picioare"): constă în a suporta relaţiile cu celălalt fără a îndrăzni să exprimi ceea ce gândeşti sau vrei. Din contră, accepţi sistematic toate ideile şi cerinţele altora (să nu ştii să spui nu este principalul său simptom). Acest comportament este întotdeauna în asociaţie cu o scăzută stimă de sine.

— Comportamentul agresiv („arici"): constă în a privilegia nevoile şi punctele tale de vedere şi a le neglija pe ale celorlalţi. În cazul rezistenţei interlocutorilor, nu eziţi să recurgi la conflict sau la ameninţare. Acest comportament este cel mai adesea asociat cu o înaltă stimă de sine („Nevoile mele trebuie să fie respectate"), dar în general instabilă („Nu suport contradicţia"). O regăsim uneori şi la subiecţii cu stimă de sine scăzută atunci când îşi ies din ţâţâni.

Stima dumneavoastră de sine va creşte inevitabil dacă învăţaţi să vă afirmaţi. Dar, începând cu momentul în care aţi învăţat să o faceţi, veţi avea de ales; şi, uneori, veţi alege să nu vă afirmaţi! „Decât să încerce să fie fericiţi, oamenii preferă adesea să aibă dreptate[10]": a şti să renunţi — pe moment — pentru a evita un conflict inutil demonstrează o înaltă stimă de sine!

▸ Soluţia numărul 8: să fii empatic

Empatia este capacitatea de a asculta şi de a simţi punctul de vedere al celorlalţi, a căuta să-i înţelegi şi să-i respecţi, chiar dacă nu eşti total de acord cu ei. Fără acest ultim punct, empatia este de neconceput: „Înţeleg foarte bine ce vrei să-mi spui, dar nu gândesc neapărat ca tine".

Empatia autentică este un motor puternic pentru dezvoltarea stimei de sine. Ea ne permite să rămânem aproape de ceilalţi şi să fim apreciaţi de ei. Ea ne permite în acelaşi timp să ne afirmăm mai uşor: punctele noastre de vedere vor fi ascultate mai uşor dacă ne-am arătat capabili să ascultăm ceea ce ni s-a spus.

Atunci când suferim de o scăzută stimă de sine, ne putem arăta foarte prinşi în a-i asculta pe ceilalţi, uneori până la a uita de sine şi de a pierde din vedere propriile interese. Modestia şi supunerea persoanei cu stimă scăzută de sine traduc atunci nevoia pe care aceasta o încearcă în a „cumpăra" aprobarea altora prin ascultare. Este ceea ce se numeşte „hiperempatie": să asculți fără să te afirmi. Mărturia lui Franck, treizeci de ani, este cu totul clarificatoare:

„Prea sunt gata să-i ascult pe ceilalți. Imediat ce mi se cere ceva, fac pe dracu'n patru pentru a face plăcere. Şi nu-mi calc pe inimă: chiar îmi doresc asta. Dar, când fac bilanțul vieții mele, îmi dau seama că îi ascult mult pe alții şi că nu mă fac suficient ascultat. Alaltăieri seară, la întoarcerea de la o serată, o prietenă căreia îi vorbeam despre asta şi care mă observase în timpul seratei, îmi spuse: «Nu mă miră, tu te-ai ascultat când vorbeşti cu oamenii? Parcă spui mereu: înțeleg, aşa e, absolut, bineînțeles... Nu faci decât să aprobi ce spun alții». Avea dreptate, remarcam că sunt mai preocupat să fiu de acord cu alții, decât să-i fac să asculte punctul meu de vedere. Ca şi cum mi se părea că este contradictoriu..."

▸ Soluția numărul 9: să te bazezi pe susținerea socială

Susținerea socială, despre care am vorbit deja de mai multe ori în această carte, este constituită din ansamblul relațiilor pe care le întreținem cu persoanele din anturajul nostru şi de ajutorul pe care îl obținem din ele. Să repetăm, acest raport cu alții este un element esențial al stimei de sine. Teoreticienii spun adesea că ea se compune din patru „ingrediente": susținerea stimei („Ştim că eşti de valoare"); susținerea afectivă („Suntem alături de tine, te iubim"); susținerea materială („Te vom ajuta"); susținerea informativă („Iată o informație care îți va fi de folos"). Ea va conferi două resurse prețioase stimei de sine: sentimentul de *a fi iubit* şi sentimentul de *a fi ajutat*.

Cum să dezvolți susținerea ta socială? Iată câteva sfaturi:

— *Nu ezitați să cereți susținerea*, dar acceptați că nu vi se poate oferi pe moment. Susținerea socială nu poate fi o cârjă permanentă.

— *Activați cu regularitate rețeaua voastră socială*. Nu vă utilizați susținerea socială doar pentru a vă plânge sau doar în cazul unei lovituri grele.

— *Diversificați-vă susținerea socială*. Apropiații nu sunt singurele persoane de la care să primiți susținerea socială. Se consideră că există trei cercuri concentrice: persoanele intime, colegii şi camarazii, cunoştinţele. Aceste trei categorii sunt importante în diverse grade. Studiile au arătat că, atunci când eşti în şomaj, regăseşti cel mai uşor de lucru mai ales datorită cunoştinţelor (cercul extins al susţinerii sociale).

STRATEGIILE SCHIMBĂRII

Gata de schimbare? Foarte bine! Iată ultimele noastre sfaturi, care vor fi utile în eforturile voastre de punere în aplicare a schimbării.

TRANSFORMAŢI-VĂ PLÂNGERILE ÎN OBIECTIVE

Această reţetă este veche de când lumea, dar ea merge întotodeauna... Este vorba doar de a modifica formularea lucrurilor, de a spune: „Mi-ar plăcea" mai degrabă decât: „Mi-e lehamite". Pentru aceasta, trebuie să vă întrebaţi ce nevoie se ascunde în spatele plângerii voastre: deci căutaţi o soluţie acestei plângeri.

Această strategie este folosită în special în terapiile cognitive ale stărilor depresive, în cursul cărora terapeuţii, ori de câte ori pacienţii emit o plângere datorată suferinţei lor depresive, încearcă să-i facă să o precizeze sub formă de obiectiv:

„Doctore, nu mai am chef de nimic.

— Adică?

— Ei bine, din tot ce ajungeam să fac înainte, acum nimic nu mă mai motivează.

— Aţi vrea să simţiţi iar dorinţa pentru unele activităţi, nu-i aşa?

— Da.

— Îmi puteţi spune care anume?

— Lucruri foarte simple: să mă duc să mă plimb cu câinele meu, să citesc ziarul, să gătesc, să le telefonez prietenilor...

— Înţeleg. Am putea considera asta ca prim obiectiv al terapiei: să puteţi practica iar aceste activităţi cu oarecare plăcere?"

ALEGEȚI OBIECTIVELE ADAPTATE

A alege obiectivele neadaptate este adesea prima dintre cauzele eşecului. Noi vă ajutăm desigur să tolerați mai bine eşecurile, dar e inutil să le facilitezi alegând scopuri greşite.

PROCEDAȚI PRIN ETAPE

Am văzut că reveria nu era un mijloc eficient de atingere a obiectivelor. Ea prezintă totuşi şi un interes, acela de a ne arăta idealul față de care tindem. Dar, cum acest obiectiv este în general destul de îndepărtat de realitatea noastră actuală, percepția unei mari distanțe ne descurajează adesea să facem eforturi de schimbare.

EXEMPLU DE OBIECTIV ADAPTAT	EXEMPLU DE OBIECTIV NEADAPTAT
Depinde de dumneavoastră (să-mi invit mai des prietenii)	Depinde de ceilalți (A fi invitat mai des)
Poate fi repetat cu regularitate (Să faci o plimbare de două ori pe săptămână)	Nu poate fi practicat decât rar (Să mergi la thalasoterapie)
Realist (Să te duci iar la cursurile de teatru)	Nerealist (Să devii un star)
Precis (Să îndrăznesc sistematic să cer ajutorul în munca mea atunci când nu înțeleg nimic)	General (Să am mai multă încredere în mine)
Prezintă un interes pentru dumneavoastră (Să plec în vacanță cu prietenii)	Prezintă puțin interes pentru dumneavoastră (Să vopsesc iar uşa de la pivniță)

Arta de a-ți alege obiectivele

O regulă bună va fi deci aceea de a reflecta la noţiunea de etape intermediare între punctul dumneavoastră de plecare şi obiectivul vostru.

Imaginaţi-vă, de exemplu, o persoană care scrie într-un tabel cu două coloane realitatea şi visele sale.

REALITATE	VISUL MEU
Nu am o viaţă sentimentală satisfăcătoare.	Să întâlnesc marea iubire.
Mă plictisesc în serviciul meu.	Să am un serviciu pasionant.
Întâlnesc întotdeauna aceleaşi persoane.	Să cunosc multă lume.
Mă simt mereu stresat (ă).	Să fiu mereu destins (ă).

O distanţă descurajatoare

Acest gen de tabel o va ajuta pe această persoană sau, din contră, o va deprima ceva mai mult? Şi mai ales, odată redactat, dă el indicaţii precise despre maniera de a proceda? Nu, bineînţeles. Lipseşte într-adevăr o coloană în centrul său, pe care o putem intitula „etape intermediare".

REALITATE	EXEMPLE DE ETAPE INTERMEDIARE	VISUL MEU
Nu am o viaţă sentimentală satisfăcătoare.	Să vorbesc mai mult cu colegele mele (colegii mei) din întreprinderea mea.	Să întâlnesc marea iubire.
Mă plictisesc în serviciul meu.	Să cer o formare continuă, să răspund la anunţurile publicitare.	Să am un serviciu pasionant.

REALITATE	EXEMPLE DE ETAPE INTERMEDIARE	VISUL MEU
Întâlnesc întotdeauna aceleaşi persoane.	Să mă înscriu într-un club sportiv, la un club de dans.	Să cunosc multă lume.
Mă simt mereu stresat (ă).	Să fac yoga, să fac sport o dată pe săptămână.	Să fiu mereu destins (ă).

Să-ţi atingi obiectivele prin etape

TERAPIILE

„Nu sunt mulţumită de viaţa mea şi nu ştiu cum să fac să-mi schimb viaţa, cu atât mai mult cu cât, din cauza reacţiilor mele neadecvate, mi-e greu să deosebesc între ceea ce este obiectiv dificil de trăit şi ceea ce nu este.

Mi-e greu şi să văd clar, pentru că stările mele sufleteşti de dimineaţă fluctuează cu timpul, aş zice chiar că cele de dimineaţă nu au în general nimic în comun cu cele de seara...

Am nevoie să fiu ajutată să evoluez, pentru că, cu totul singură, simt că nu evoluez deloc, nu ştiu cum să fac şi sfârşesc ineluctabil prin a mă afla din nou în situaţiile dureroase cunoscute şi a fi invadată de aceleaşi sentimente şi emoţii perturbatoare, poate chiar distructive, pentru că nu înţeleg de ce ele mă asaltează şi nu le pot controla..."

CÂND SĂ MERGI LA O TERAPIE?

Cum am văzut în extrasul de mai sus dintr-o scrisoare pe care ne-a adresat-o una dintre pacientele noastre, uneori este dificil să îţi modifici singur stima de sine.

Puteţi fi interesat să vă consultaţi dacă resimţiţi frecvent anumite emoţii: nemulţumire, frustrare, tristeţe, neputinţă sau dacă aveţi impresia că se repetă aceleaşi dificultăţi; eşecuri sentimentale sau profesionale, inhibiţii faţă de obiectivele pe care aţi dori să le atingeţi etc.

Puteţi fi interesat să vă consultaţi dacă apar anumite tulburări: depresie, anxietate, dependenţă de alcool...

Uneori, anturajul dumneavoastră este cel care vă va incita să mergeţi la terapeut: plângerile sau ameninţările unui partener, remarcile superiorilor sau ale colegilor de serviciu, sfaturile prietenilor cărora le-aţi vorbit despre dumneavoastră...

CE SĂ AŞTEPŢI DE LA O TERAPIE?

Lucrul asupra stimei de sine este, în fond, scopul direct sau indirect al oricărei psihoterapii. Dar terapia nu înseamnă magie. Este preferabil de ştiut ce vă poate oferi: să te cunoşti mai bine şi să te poţi exprima, să modifici puţin câte puţin micile comportamente cotidiene şi ceea ce ea nu vă poate garanta: o metamorfoză completă, rapidă, uşoară a succeselor imediate...

SĂ ALEGI TERAPEUTUL BUN

Psihoterapia deschide, pentru o serie de persoane, un univers misterios, cu reguli bizare („Nu răspunde niciodată la întrebările mele"), populată de oameni ciudaţi: psihoterapeuţii.

Trebuie să ştiţi că „psihoterapeutul" nu are nevoie, cel puţin deocamdată, de o „diplomă oficială", spre deosebire de titulatura de psihiatru sau psiholog. Deci, oricine se poate proclama psihoterapeut şi instala ca atare. Diploma nu este o garanţie, desigur, şi cunoaştem terapeuţi buni care nu sunt nici psihiatri, nici psihologi. Dar absenţa diplomei vă dă dreptul să puneţi întrebări terapeutului asupra experienţei şi legitimităţii sale.

▸ Drepturile pacientului

Ca pacient, aveţi drepturi inalienabile:

— *Dreptul de a fi ascultat*. Dacă terapeutul dumneavoastră nu vă ascultă şi dacă, frecvent (oricine poate fi obosit într-o zi!), are aerul de a fi grăbit sau agasat de mărturisirile dumneavoastră, puneți-vă întrebări despre capacitatea sa de a vă ajuta.

— *Dreptul de a primi răspunsuri la întrebările pe care vi le puneți*: cărei școli aparține terapeutul? Ce diplome are? Ce metode are? De ce folosește o metodă sau alta?

— *Dreptul de a primi cele mai bune îngrijiri posibile conform cunoștințelor actuale*. Psihoterapia, ca și medicina, comportă ceea ce se numește o „obligație" a mijloacelor, și nu a rezultatului. Terapeutul nu vă poate garanta vindecarea. În schimb, el trebuie să se angajeze, dacă acceptă să vă îngrijească, să facă tot ce-i mai bine pentru a vă vindeca.

▸ Obligațiile terapeutului

Iată câteva caracteristici importante, după noi, pentru un bun terapeut:

— Nu vă îmbarcă pe loc într-o terapie
— Vă explică cum vede el problema
— Vă explică cum va decurge terapia
— Pune la punct cu dumneavoastră obiectivele realiste
— Acceptă întrebările și remarcile dumneavoastră
— Nu încearcă să vă devină prieten sau guru
— Nu se simte obligat să vorbească de rău alte școli de terapie.
— Acceptă să întrerupeți terapia, fără a încerca să vă culpabilizeze sau să vă angoaseze, dar după ce v-a oferit părerea sa despre această problemă.

Ce este o psihoterapie

„Psihoterapia nu trebuie să fie o tehnică nedefinită, adresată problemelor neprecizate, cu rezultate nemăsurabile[11]."

DIFERITELE TIPURI DE TERAPIE

▸ Medicamentele

Înainte de a vorbi de psihoterapii, dorim să ridicăm problema medicamentelor. Pot acționa ele asupra stimei de sine? *A priori*, răspunsul pare a fi nu. Stima de sine este rezultanta unui mare număr de fenomene psihice şi, din acest motiv, până în prezent nu se poate pretinde că vreo moleculă de acest fel o poate ameliora. Aşa cum nu există pastilă pentru fericire, nu există nici pastilă pentru stima de sine.

Şi totuşi, există tratamente — în special antidepresive — care acţionează indirect asupra stimei de sine, de exemplu ameliorând moralul unui deprimat sau atenuând angoasele unui fobic. S-a emis şi ipoteza că o familie specifică de antidepresive, serotoninergicele, care cresc concentraţia la nivel cerebral a serotoninei (un important neurotransmiţător), ar putea avea un efect direct asupra stimei de sine[12]. Asta rămâne să fie confirmat în viitor.

▸ Psihoterapiile

Principiul unei psihoterapii este simplu: să reflectezi asupra ta cu ajutorul unui specialist, pentru a adapta noi moduri de gândire şi de acţiune, mai conforme cu aspiraţiile tale.

Ameliorarea cunoaşterii de sine şi a stimei de sine este un rezultat comun al tuturor psihoterapiilor, în orice caz atunci când merg... Dar mijloacele folosite pentru a atinge aceste obiective diferă. În mare, există două familii principale de psihoterapii: cele care aparţin familiei psihanalizei şi terapiile comportamentale şi cognitive.

Primele corespund ideii comune despre psihoterapie: eşti încurajat să vorbeşti despre trecutul tău cu un terapeut care vorbeşte puţin şi nu dă decât puţine sfaturi practice.

Celelalte, de apariţie mai recentă, sunt realizate de un terapeut mai interactiv, care îşi spune părerea, oferă sfaturi şi îi propune pacientului său tehnici pentru a-şi dezvolta noi moduri de a fi.

TERAPII DE TIP PSIHANALITIC	TERAPII COMPORTAMENTALE ŞI COGNITIVE
Centrate mai ales pe trecut sau pe interfaţa trecut-prezent	Centrate mai ales pe aici şi acum
Orientate spre retrăirea şi comprehensiunea elementelor importante din istoria personală.	Orientate spre achiziţionarea competenţelor de a administra dificultăţile actuale
Terapeut neutru	Terapeut interactiv
Puţine informaţii specifice oferite de terapeut despre tulburările pacientului şi despre terapie	Multiple informaţii specifice oferite de terapeut despre tulburările pacientului şi despre terapie
Obiective de durată nedeterminată	Obiective şi durată determinată
Scop principal: modificarea structurii psihice subadiacente (ceea ce îi va permite modificarea simptomelor şi a conduitelor)	Scop principal: modificarea simptomelor şi conduitelor (ceea ce va permite modificarea structurilor psihice mai profunde)

Cele două mari familii ale psihoterapiilor

• *Terapiile comportamentale şi cognitive.* Unul dintre principiile terapiilor comportamentale şi cognitive este acela că travaliul asupra trecutului nu este întotdeauna suficient pentru a rezolva dificultăţile. Adesea am întâlnit pacienţi care înţeleseseră perfect de unde proveneau problemele lor, fără a reuşi totuşi să se elibereze de ele. Obiectivul este atunci de a-l învăţa pe pacient metode să-şi modifice comportamentele şi gândurile („cogniţiile") şi să experimenteze noile feluri de a fi, mai adecvate aşteptărilor personale.

De exemplu, la un subiect fobic, terapeutul, după ce a înţeles de unde provenea fobia, îl va ajuta pe pacient să se confrunte puţin câte puţin cu ceea ce îl înspăimântă. Pentru problemele de stimă de sine, el va căuta, după caz, să-l ajute pe pacientul său să acţioneze mai mult, să aibă mai puţine gânduri devalorizante despre sine, să se afirme mai mult în faţa altora etc.[13]

În general, terapeutul comportamentalist şi cognitivist este implicat şi interactiv: îşi spune părerea, propune sfaturi, încurajează eforturile pacientului său. În contraparte, pacientul va face eforturi să le realizeze, ceea ce nu este uşor pentru unii subiecţi cu scăzută stimă de sine: s-a putut demonstra, de exemplu, că pacientele bulimice care nu se angajează într-o terapie comportamentală şi cognitivă sunt cele care au stima de sine cea mai scăzută.[14]

Iată un extras din istoria Catherinei, una dintre pacientele noastre, care a fost ajutată printr-o terapie comportamentală şi cognitivă. Ea a venit să ne consulte, la vârsta de treizeci şi şase de ani, pentru o problemă de anxietate socială şi timiditate în raporturile sale cu ceilalţi.

„Provin dintr-un mediu rural foarte sărac din vestul Franţei. Sunt a treia din şase fraţi. Am primit cu toţii o educaţie dură, fără tandreţe şi nici valorizare din partea părinţilor noştri. În fond, acest mediu era foarte sever. La noi nu existau niciodată alte discuţii decât cele despre situaţia materială şi a fermei. Am avut întotdeauna dorinţa de a scăpa de viaţa asta. Gândul că riscam să-mi petrec întreaga mea viaţă acolo mă terifia ca o condamnare la moarte.

Din fericire, eram una dintre cele mai bune eleve, aveam reuşite foarte bune la şcoală. Era singurul domeniu în care aflam lucruri plăcute despre mine: că eram inteligentă, sârguincioasă, disciplinată... Aceasta mi-a permis să urmez studii superioare în drept. Şi să obţin posturi cu responsabilitate juridică în mari întreprinderi.

Dar eu, care credeam că, adultă fiind şi îndepărtată de familia mea, totul ar fi fost roz şi minunat, am fost dezamăgită. Mi-am dat seama nu numai că suferisem în copilăria mea, dar şi că ajunsesem inaptă pentru fericire. Eram incapabilă să mă deschid într-o relaţie sentimentală. Eram mereu nemulţumită de munca mea. Astfel că îmi schimbam mereu locurile de muncă şi prietenii. Oamenii mă credeau orgolioasă şi exigentă: îşi imaginau că eu credeam că merit mai mult. Dar, de fapt, era cu totul altceva: mi-era teamă că nu sunt la înălţime.

„De exemplu, când un bărbat se îndrăgostea de mine, se îndrăgostea de imaginea mea. Nu de mine. Şi când îmi dădeam seama de asta, rupeam relaţia de teamă să nu îl dezamăgesc dacă am continua. În munca mea era la fel: mi-era întotdeauna teamă că, la un moment dat, n-aş mai putea induce pe nimeni în eroare.

În ciuda aparenţelor exterioare, nu am crezut niciodată în mine. Nu mă iubeam. Eram considerată mai degrabă frumoasă fizic, dar îmi amintesc foarte bine că le invidiam pe prietenele sau pe colegele mele mai puţin frumoase, dar pe care le consideram mai fermecătoare şi mai feminine decât mine. Mi-ar fi plăcut să fiu altcineva. Nu corespund cu nimic din ceea ce-mi place la ceilalţi."

Catherinei îi era excesiv de teamă de judecata celorlalţi — ceea ce se numeşte „anxietate socială" —, dar ea prezenta, de asemenea, şi probleme de bulimie şi episoade depresive frecvente. Terapeutul său identifică rapid problemele sale majore de stimă de sine ca principală sursă a dificultăţilor. I-a propus atunci o terapie „bifocală", respectiv dirijată simultan spre două obiective.

Primul travaliu consta într-o terapie de grup pentru afirmarea de sine. În acest tip de grup, reunind în jur de opt persoane, se lucrează prin jocuri de rol punându-se în scenă situaţii din viaţa curentă. Participanţii sunt antrenaţi să dezvolte modalităţi de comunicare ce corespund nevoilor lor. Catherine a învăţat, de exemplu, să spună nu cererilor abuzive, să vorbească despre ea fără să se devalorizeze, să-şi exprime sentimentele şi punctele de vedere, chiar dacă se temea că interlocutorii săi nu gândeau la fel. Într-adevăr, înainte de terapie, ea se temuse întotdeauna că nu ştie să răspundă la o întrebare, că nu spune lucruri interesante, că va fi respinsă dacă se afirma.

Catherine lucra, în egală măsură, în şedinţe individuale de terapie cognitivă, asupra „credinţelor" sale: „Dacă le arăt celorlalţi cum sunt de fapt, atunci voi fi respinsă sau luată în râs"; „Nu am suficiente calităţi pentru ca cineva să se ataşeze de mine"; „Singurul mijloc de a fi acceptată de ceilalţi este de a mă supune punctelor lor de vedere". Cu terapeutul său a învăţat să identifice cum o determinaseră aceste credinţe să adopte atitudini puţin valorizante, care-i confirmau încă părerea proastă despre sine.

După ce a luat cunoştinţă cu acest fenomen, a întreprins ceea ce se numeşte „proba realităţii": să testeze dacă predicţiile sale se adevereau sau nu. De exemplu, să vorbească despre timiditatea şi lipsa ei de încredere în sine actualului său prieten, pentru a vedea dacă acesta o va părăsi imediat, aşa cum credea ea. Nu s-a întâmplat nimic, bineînţeles. Sau să se pună — fără agresivitate — în dezacord cu cineva în timpul unei cine cu prietenii. Spre surprinderea ei, nu numai că persoana contrazisă nu i-a luat-o în nume de rău şi a recunoscut că poziţia Catherinei e mai bine fondată, dar şi mulţi alţi invitaţi care nu spuseseră nimic până atunci se declarară de acord cu părerea ei...

După doi ani de terapie, Catherine mergea mult mai bine. Avea o mai bună stimă de sine: ştia să-şi recunoască calităţile şi să-şi asume defectele. Putea accepta un post cu responsabilităţi pe care îl refuzase până acum. Se căsători cu un prieten care îi cunoscuse dificultăţile şi limitele despre care ea îi vorbise: dar ea nu se simţea deloc obligată să le ascundă în faţa lui sau să se simtă inferioară din cauza asta. Progresele sale se menţin şi după trei ani de la sfârşitul terapiei. Ea nu mai suferă de bulimie şi nu a mai prezentat nicio recidivă depresivă.

„Plusurile" terapiilor comportamentale şi cognitive:
- → sunt cele mai eficiente pentru a modifica comportamentele şi modurile de gândire;
- → terapeutul propune o susţinere activă;
- → sunt validate de numeroase studii ştiinţifice.

„Minusurile" terapiilor comportamentale şi cognitive:
- → pretind eforturi pacientului;
- → necesită confruntarea cu ceea ce ne temem sau ceea ce ne este dificil (ceea ce nu este întotdeauna agreabil);
- → sunt puţin orientate spre comprehensiunea a „de ce sunt aşa?".

• *Terapiile analitice*. Principiul unei psihoterapii de inspiraţie analitică este că, înţelegând şi retrăind, în cursul terapiei, elemente din trecut va permite să te debarasezi de dificultăţi, care reprezintă forme de „blocaj" asupra unei anumite perioade din viaţă. Aceste blocaje sunt la originea „compulsiei la repetiţie", adică a tendinței inexorabile de a rejuca o dificultate nedepășită în copilărie.

Obiectivele acestor terapii sunt în principal să ajute pacientul să ia cunoștință de anumite semnificații ascunse ale dificultăților sale și, în fond, să dobândească o mai mare cunoaștere de sine. Sentimentele și gândurile pe care pacientul le încearcă în raport cu terapeutul său (ceea ce psihanaliștii numesc *transfer*) fac parte integrantă din procesul terapeutic, permițând înțelegerea și retrăirea relațiilor cu persoanele importante din copilăria sa, surse de dificultăți în relațiile vieții adulte.

Stilul terapeutului este mai degrabă neutru; se vorbește despre „neutralitatea binevoitoare". În ceea ce se numește „cură tip" — modelul cel mai desăvârșit al acestei tehnici —, psihanalistul intervine foarte puțin, nu dă niciun sfat, dar pune întrebări pentru a facilita conștientizarea și propune interpretări. În fapt, mulți dintre terapeuții care practică terapiile de inspirație analitică adoptă un stil intermediar și se implică în același timp mai mult. Un studiu recent a arătat, de altfel, că însuși Freud, deși recomandase discipolilor săi să urmeze sfaturile sale referitoare la neutralitate, își permitea uneori să fie foarte angajat și implicat cu propriii săi pacienți[15].

Iată mărturisirea lui Emmanuel, treizeci și cinci de ani, ajutat printr-o terapie analitică. Era cel de al doilea fiu dintr-o familie cu trei băieți.

„Am impresia nu am fost niciodată simpatizat de tatăl meu. Încă de la primele mele amintiri revăd scene în care mă devaloriza în raport cu frații mei, mai conformi cu ceea ce se aștepta de la noi. De exemplu, eram cu totul nul la școală, nu mă interesa deloc, chiar mă complexa. În timp ce frații mei erau buni la școală, ca tatăl meu, care era un înalt funcționar.

Mama m-a supraprotejat mereu, pentru a compensa respingerea pe care tatăl meu m-a făcut să o suport. Acum cred că asta n-a aranjat lucrurile, pentru că l-a determinat pe tatăl meu să mă dezinvestească și s-a deculpabilizat spunându-și că eram «fiul mamei». Visam uneori ca mama mea să moară pentru ca tata să se ocupe în sfârșit de mine... Era o femeie nefericită și singură, de care tatăl meu nu se ocupa deloc. Suferea și pentru că era în umbra lui şi pentru că renunţase la cariera sa profesională, pentru a se ocupa de copii şi de casă. Se consola ducând o viaţă destul de mondenă, superficială, fiind foarte seducătoare, plăcând...

Ea m-a învăţat totul şi m-a crescut şi pe mine în cultul aparenţelor. M-am folosit mult de asta. Am devenit un bun orator. Oamenii m-au considerat întotdeauna mai capabil decât puteam fi vreodată. După ce mi-am ratat complet studiile, am făcut mici afaceri unde întâlneşti mulţi oameni ca mine: afaceri imobiliare, administrarea buticurilor de îmbrăcăminte... De fiecare dată era acelaşi scenariu: plăceam prin al meu «look», prin flecăreala mea, prin buna mea educaţie. Apoi era căderea, pentru că nu lucram niciodată corect. Mult timp am crezut — şi am lăsat să se creadă — că era din cauza trândăviei: în realitate, era din cauza incompetenţei. Dar o incompetenţă care ar fi fost simplu de rezolvat: mi-ar fi fost suficient să-mi recunosc limitele, să cer două-trei sfaturi în dreapta şi-n stânga, să fac unele specializări de câteva zile pentru a reuşi... şi totuşi, nu o făceam, fără îndoială pentru că îmi imaginam că problema era mai gravă: eram convins că eram un impostor total. Şi că situaţia mea era fără speranţă. Deci nu am făcut niciun efort pentru a progresa.

Când mi-am cunoscut soţia — profesoară —, am minţit-o şi pe ea. Ea a crezut că eram un artist, un neînţeles, rătăcit în lumea comerţului. Şi-atunci, ea mi-a permis să nu fac nimic timp de doi ani, sub pretextul că scriu romane. E inutil să vă spun că nu am scris nimic. Evident că nu mă pricepeam la asta. O ştiam şi pe vremea aceea, dar asta îmi dădea întotdeauna un răgaz... Problema e că în acest timp am făcut doi copii, din dorinţa mea de a fi întotdeauna cum trebuie, de a face «ca şi cum» totul mergea bine...

Când am început să avem probleme financiare grave, m-am dus să văd un psihoterapeut. Dar asta nu mi-a plăcut, tipul nu deschidea gura timp de trei sferturi de oră, ci doar la sfârşit pentru a-mi spune: «Foarte bine, continuăm data viitoare»... şi pentru a-mi cere să plătesc consultaţia. Nu am vrut să mă mai întorc acolo, dar soţia mea m-a ameninţat că mă părăseşte. Nu i-am spus atunci, dar m-aş fi simţit mai uşurat dacă m-ar fi părăsit. Este atât de obositor să minţi fără încetare asupra a ceea ce eşti! Apoi, într-o zi, un prieten mi-a vorbit de o altă terapeută care îl vindecase. M-am dus la ea, a fost bine. Mi-a propus o terapie față în față.

La început, mi-a pus întrebări asupra trecutului meu. Asta mă făcea să reflectez asupra unor detalii la care nu mă gândisem niciodată. Ca, de exemplu, slăbiciunile tatălui meu, responsabilitatea sa față de mine, în timp ce eu gândisem întotdeauna că eram singurul vinovat. Terapeutul mi-a arătat de asemenea şi cum, chiar cu ea, încercam să fac paradă, minimizându-mi dificultățile şi prezentându-mă sub o lumină favorabilă. Într-o zi, mi-a spus aşa: «Ştiți, nu este obligatoriu să îmi plăceți».

Dintr-odată am făcut o depresie destul de severă, pentru că terapia mă făcea să mă privesc în față şi rezultatul era de plâns. Terapeuta m-a susținut atunci mai mult, dar fără să mă dădăcească matern, ea m-a reîndreptat mereu spre responsabilitățile mele. Nimeni nu mă mai tratase aşa: să mă respecte suficient pentru a fi exigent cu mine.

După această trecere grea, am început să merg mai bine. Nu mai simțeam nevoia să caut mereu să disimulez, să mă justific, să afişez mereu o mină veselă şi mulțumită... Nu mai era nevoie să seduc şi să trişez. Aveam o imagine justă despre mine: mai modestă şi mai puțin flatantă. Dar totuşi puteam în sfârşit să mă pun în poziția de a progresa şi a învăța. Şi să am iar încredere în mine..."

Emmanuel, după trei ani de terapie, lucrează astăzi la un laborator farmaceutic ca asistent medical. În prezent, continuă să se simtă bine. Raporturile sale cu ceilalți sunt mult mai simplificate: nu se mai simte sistematic obligat să placă sau să seducă pentru a-şi masca îndoielile...

„Plusurile" terapiilor de inspirație psihanalitică:
- → conferă o bună cunoaştere de sine;
- → conferă răspunsuri la întrebarea „de ce sunt aşa?"

„Minusurile" terapiilor de inspirație psihanalitică:
- → nu sunt întotdeauna eficiente pentru modificarea comportamentelor;
- → adesea sunt prea îndelungate;
- → terapeutul manifestă puțină susținere.

▸ Cum să alegi între diferitele psihoterapii?

Se spune adesea că la fel de importantă ca tipul terapiei este şi calitatea terapeutului. Nu este adevărat pentru toate dificultăţile: astăzi se ştie că, dacă suferiţi de fobie, trebuie să consultaţi mai degrabă un comportamentalist decât un psihanalist, indiferent cât de competent ar fi el; de altfel, în afara cazurilor particulare, chiar şi acesta din urmă va avea tendinţa de a recomanda unui pacient fobic un confrate comportamentalist. Invers, comportamentaliştii ar putea eventual să vă sfătuiască să mergeţi la un analist dacă dorinţa dumneavoastră este de a şti de ce relaţiile dumneavoastră cu mama au fost atât de frustrante şi de ce continuă ele să vă facă şi astăzi să suferiţi.

Şi totuşi, din ce în ce mai mulţi terapeuţi folosesc astăzi abordări aşa-zis „eclectice", respectiv servindu-se de instrumente provenite din mai multe curente terapeutice.[16] Ei folosesc mai multe metode, ca de exemplu modalitatea secvenţială: la început lucraţi cu afirmarea de sine, apoi reflectaţi asupra relaţiilor pe care le aveţi cu tatăl, pentru a înţelege mai bine dificultăţile de a vă afirma.

Recomandările pe care vi le-am propus în aceste pagini se bazează pe experienţa noastră de psihoterapeuţi. Sperăm că ele v-au permis să reflectaţi la maniera în care puteţi acţiona asupra stimei dumneavoastră de sine.

Aceste sfaturi nu sunt singurele posibile şi există desigur încă multe altele.

În orice caz, gândiţi-vă să nu vă rezumaţi doar la dificultăţile voastre; gândiţi-vă, de asemenea, să cultivaţi şi să dezvoltaţi tot ceea ce merge bine la dumneavoastră. O terapie sau o schimbare personală nu constă doar în a te debarasa de probleme, ci şi de a accentua punctele forte.

Căile stimei de sine sunt diferite de la o persoană la alta. Pentru unii, norocoşi, ele se aseamănă cu o autostradă. Pentru alţii, cu o stradă îngustă şi înfundată. Dar important nu este oare să ajungi la destinaţia bună?

CHESTIONARUL NUMĂRUL 2 – „CUM SĂ TE SCHIMBI?"

Chestionarul de mai jos își propune să vă acorde o indicație asupra eforturilor de schimbare pe care le puteți întreprinde în materie de stimă de sine. Citiți cu atenție fiecare afirmație și răspundeți fără a vă gândi prea mult bifând cu o cruciuliță coloana care se potrivește cel mai mult cu punctul vostru de vedere actual. Pentru a cunoaște comentariile noastre, vedeți anexa de la pagina 281.

ÎNTREBĂRI DESPRE RAPORTUL CU TINE ÎNSUȚI	MAI DEGRABĂ ADEVĂRAT	MAI DEGRABĂ FALS
1) Nu mă iubesc prea mult		
2) Mi-e greu să iau decizii		
3) Nu sunt apreciat și recunoscut de ceilalți după cum aș vrea		
4) Nu știu prea bine cât valorez		
5) Nu perseverez dacă întâmpin dificultăți		
6) Eșuez în viața mea sentimentală		
7) Chiar și când lucrurile merg mai degrabă bine, mă simt neliniștit(ă)		
8) Evit situațiile în care nu mă simt în largul meu		
9) Sunt prea dependent de concepția altora despre mine		
10) Când am dificultăți, mă învinuiesc adesea pe mine și mi se întâmplă chiar să mă detest		

ÎNTREBĂRI DESPRE RAPORTUL CU TINE ÎNSUȚI	MAI DEGRABĂ ADEVĂRAT	MAI DEGRABĂ FALS
11) Mi s-a făcut deseori reproşul că fug în acţiune şi că „fac prea mult"		
12) Mă simt adesea gelos (geloasă), am adesea resentimente faţă de anumite persoane		
13) Nu fac alegeri bune în viaţă		
14) Suport greu eşecul şi critica a ceea ce fac		
15) Mă las prea mult copleşit de alţii		
16) Mă simt nemulţumit(ă)		
17) Eşuez adesea		
18) Sunt de prea multe ori agresiv (ă) şi critic (ă) faţă de alţii		
19) Mi-e greu să-mi găsesc calităţi		
20) Amân deseori lucruri pe care trebuie să le fac rapid		
21) Uneori am impresia că eu însumi provoc rupturile sau conflictele		

CONCLUZIE

Dragă Doctore,

M-ați rugat să vă trimit noutăți despre mine: iată-le, cu puțină întârziere, pentru că, în aceste ultime luni, viața mea este mult mai activă decât pe vremea când veneam să vă consult.

De la mutarea mea de anul trecut, totul continuă să meargă bine şi cred că am mai progresat. Serviciul îmi dă satisfacții şi m-am adaptat fără prea multe dificultăți la noile mele responsabilități, fără a mai simți acel faimos „sindrom de impostor" de care am vorbit adesea. Îmi dau seama că nu îmi mai conduc gândurile în cerc închis: am ajuns să vorbesc despre îndoielile şi întrebările mele fără a mai avea sentimentul de a le releva celorlalți vreo incompetență. Îmi spun mai des părerea şi accept să fie contestată: nu mă mai simt atunci nici umilită, nici renegată. În final, cel mai clar îmi dau seama de progresele mele în materie de stimă de sine, astfel că mă simt mai în largul meu când spun: „M-am înşelat" sau „Am făcut o greşeală". Nu mi se mai pare că sunt în pragul paradoxului! Dar nu am schimbat numai această dimensiune defensivă. Ştiu şi să îmi „vând" mai bine ideile: la întrunirile de serviciu sau cu clienții îmi susțin mai bine decât înainte punctul de vedere şi nu-mi mai este ruşine să încerc să mi-l spun deschis. Asta nu-mi atrage nicio neplăcere, din contră, cred că sunt mai bine apreciată pentru franchețea mea, decât eram pentru conformismul sau discreția mea.

Dar cel mai important lucru pentru mine este că mă simt mai bine moral, mai puternică, mai stabilă. Nu mai traversez acele lungi perioade de demoralizare şi devalorizare. Momentele mele de bine nu mai seamănă cu acea „bucurie anxioasă" de care am vorbit în numeroase şedinţe. Nu ştiu prea bine din ce cauză. Fără îndoială, în mare parte datorită atitudinii mele mai active decât altădată: realizez astăzi — în schimb — până la ce punct trăiam în evitări şi inhibiţii ale acţiunii. De când am ajuns aici, v-am urmat sfaturile: am simpatizat cu colegii mei, m-am îndreptat spre ei în loc să mai aştept pasiv să mă accepte, i-am invitat la mine, în loc să mă focalizez pe despachetarea cutiilor mele şi pe decorarea apartamentului, iar unele dintre aceste noi cunoştinţe sunt pe cale să devină prietenii! M-am înscris de asemenea imediat la cor, fără a-mi oferi pretextul unei „perioade de aclimatizare" sau unei oboseli, totuşi reale: m-am lansat în acţiune, pentru a nu risca să mă pun pe îndoială. Şi în această privinţă m-a ajutat amintirea conversaţiilor noastre. Remarc că, la seratele sau reuniunile amicale, îmi spun mai uşor părerea decât altădată. În discuţii, vorbesc despre mine, pun întrebări, îmi recunosc ignoranţa şi curiozitatea de a şti mai mult, contrazic: pe scurt, mă simt pur şi simplu *normal*. În sfârşit!

Şi totuşi, asta este în funcţie de zile: există încă momente în care încep să mă îndoiesc. Este destul de penibil, pentru că asta îmi tulbură foarte repede moralul. În câteva minute, demonii mei vechi revin, resimt exact aceeaşi suferinţă ca altădată. În aceste momente, remarc cu precizie până la ce punct rămân fragile progresele mele şi cât de precară este starea mea de bine: nu mi-ar mai trebui prea mult ca să mă prăbuşesc din nou. Diferenţa este că, pe de-o parte, dispun de multe alte lucruri de care să mă sprijin: mă simt mai puţin singură, nu mi-e ruşine să mă încred sau să cer ajutorul altora (asta îmi aminteşte de exerciţiile şi de jocurile noastre de rol despre telefoanele pe care trebuia să îndrăznesc să le dau apropiaţilor); şi că, pe de altă parte, frânez rapid aceste stări sufleteşti negative: reduc la tăcere „criticul interior" pe care l-am evocat atât de des. De la sosirea mea, am cunoscut momente de cădere sau de descurajare, duminici mai degrabă cenuşii şi posomorâte, dar niciun moment nu m-am mai simţit „zaharisită" în eşec, ruminaţii şi renunţare, cum mi se întâmpla să o fac cândva. De altfel, remarc mai bine cauzele posomorelii mele dureroase: dacă înainte aveam impresia că era victima unui fel de fatalitate biologică sau psihologică şi că aceste momente sumbre mă apucau fără motiv, astăzi am ajuns să le înţeleg şi să le analizez. Realizez mai clar rolul decepţiilor şi eşecurilor, pe care-l minimizam altădată, atât era de dureros să-mi recunosc ratările. Dar există şi o contraparte a acestui progres (trebuie într-adevăr ca medaliile să aibă şi un revers): am devenit mai dependentă la semnele de recunoştinţă sau de apreciere, deşi înainte eram surdă la ele. Am mai multă nevoie de a reuşi sau de a fi valorizată din când în când; şi mă angajez să suscit şi să obţin această „hrană a stimei de sine".

Şi totuşi, cea mai mare schimbare este mai ales că toate confuziile mele nu mai durează săptămâni sau luni. În general, după câteva ore şi de la prima experienţă plăcută care apare, mă simt mai bine: suferinţele mele sunt curabile, şi nu durabile. Totuşi, am sentimentul că am rămas o persoană uşor mai tristă ca ceilalţi: poate din cauza suferinţelor mele trecute, ca o cicatrice psihică ce rămâne dureroasă. Credeţi că asta se va risipi într-o zi? Bineînţeles că îmi veţi răspunde că da şi sper să aveţi dreptate. Pentru a conchide cu toate aceste note muzicale, mă simt deci uneori încă fragilă şi mi se întâmplă să mă îndoiesc de progresele mele, să am impresia că bat pasul pe loc: în aceste cazuri, recitesc carnetele şi notiţele mele din timpul terapiei. Realizez atunci calea parcursă. Şi îmi permit să fiu pentru o clipă mândră de mine.

Trebuie că vă întrebaţi şi despre viaţa mea sentimentală. Sunt de şase luni cu un nou prieten: deocamdată totul merge bine. Şi aici este ceva nou: nu-mi mai este teamă de întâlnirile noastre, teamă că nu sunt frumoasă (chiar dacă, obiectiv, încă nu mă plac), că îl decepţionez prin conversaţia mea. Fiecare dintre întâlnirile noastre nu mai este, ca altădată, un examen de trecere. Mi se întâmplă chiar să fiu *naturală* cu el: nu am mai simţit niciodată asta înainte cu un bărbat. Aceste progrese se însoţesc cu noi temeri: mi-e teamă adesea ca relaţia noastră să nu se încheie, dar asta este altfel decât în trecut, când adesea eu eram cea care provoca rupturile.

Iată, sper că noutăţile mele v-au făcut plăcere: ştiu că stima dumneavoastră de sine depinde, de asemenea, de progresele persoanelor pe care le îngrijiţi! Mi se pare că sunt pe calea cea bună şi că avansez pe zi ce trece. Este întotdeauna prea lent pentru gustul meu, dar am în sfârşit sentimentul că mă *construiesc* prin intermediul experienţelor zilnice, acolo unde altădată aveam impresia că mă *distrug*.

Vă mulţumesc că m-aţi ajutat să realizez aceste eforturi.

Toate cele bune.

Anexa 1

REZULTATELE CHESTIONARULUI 1 DE LA PAGINA 53

„NIVELUL STIMEI DUMNEAVOASTRĂ DE SINE"

CE MĂSOARĂ ACEST CHESTIONAR?

Acest chestionar este traducerea franceză a unuia dintre instrumentele de evaluare a stimei de sine cele mai utilizate în cercetarea din psihologie şi psihiatrie: scala Rosenberg[1], tradusă în franceză de confratele şi prietenul nostru Olivier Chambon.

CUM SĂ VĂ CALCULAŢI REZULTATELE

1. Calculaţi-vă punctajul după următoarele indicaţii:
   - Pentru întrebările 1, 3, 4, 7, 10:
   — dacă aţi răspuns „total de acord", aveţi 4 puncte
   — dacă aţi răspuns „de acord", aveţi 3 puncte
   — dacă aţi răspuns „dezacord", aveţi 2 puncte
   — dacă aţi răspuns „total dezacord", aveţi 1 punct
   - Pentru întrebările 2, 5, 6, 8, 9;
   — dacă aţi răspuns „total de acord", aveţi 1 punct
   — dacă aţi răspuns „de acord", aveţi 2 puncte
   — dacă aţi răspuns „dezacord", aveţi 3 puncte
   — dacă aţi răspuns „total dezacord", aveţi 4 puncte
2. Faceţi suma tuturor punctelor

CUM SĂ VĂ INTERPRETAŢI REZULTATELE?

Notele ce se pot obţine la acest chestionar se situează între 10 (cea mai scăzută notă posibilă a stimei de sine) şi 40 (cea mai ridicată notă posibilă a stimei de sine).

- Un scor cuprins *între 10 şi 16* tinde să indice o stimă de sine mai degrabă scăzută. Corespunde aceasta cu propria dvs. impresie?
- Dacă scorul dumneavoastră este cuprins *între 34 şi 40*, aparţineţi fără îndoială grupului de persoane cu înaltă stimă de sine. Acest rezultat poate să vă crească încă stima de sine...
- *Între 17 şi 33*, sunteţi în grupul subiecţilor cu stimă de sine medie. Chestionarul nu diferenţiază, dar poate că puteţi să o faceţi dumneavoastră: cărui grup aveţi sentimentul subiectiv că aparţineţi? Înaltă sau scăzută stimă de sine?

OBSERVAŢIE

Cifrele sunt teoretice, pentru că ideal ar fi ca rezultatele la acest chestionar să se compare cu cele obţinute de zeci de alte persoane (de exemplu, toţi profesorii sau elevii unei şcoli). Odată culese toate scorurile, subiecţii ar fi clasaţi în două categorii: înaltă stimă de sine (cei 25% care ar obţine cele mai ridicate scoruri) şi scăzută stimă de sine (cei 25% care ar obţine cele mai scăzute scoruri).

Anexa 2

REZULTATELE CHESTIONARULUI 2 DE LA PAGINA 275

„CUM SĂ TE SCHIMBI"

CE MĂSOARĂ CHESTIONARUL?

Acest chestionar evaluează în ce măsură sunteți interesat de efortul de a vă schimba şi vă indică în ce domenii să îl întreprindeți.

CUM VĂ CALCULAȚI REZULTATELE?

Acest chestionar vă permite să obțineți patru note: o notă pentru „nevoia generală de schimbare" şi trei note pentru „domeniile schimbării".

- Nevoia generală de schimbare: acordați fiecărui răspuns „mai degrabă adevărat" 1 punct şi faceți totalul punctelor.
- Domenii de schimbare:
  - Nevoie de schimbare în *raportul cu tine-însuți*: însumați punctele obținute la întrebările 1, 4, 7, 10, 13, 16, 19
  - Nevoie de schimbare în *raportul cu acțiunea*: însumați punctele obținute la întrebările 2, 5, 8, 11, 14, 17, 20
  - Nevoie de schimbare în *raportul cu ceilalți*: însumați punctele obținute la întrebările 3, 6, 9, 12, 15, 18, 21.

CUM VĂ INTERPRETAŢI REZULTATELE?

1. Nota dumneavoastră la „nevoie generală de schimbare" poate fi cuprinsă între 0 şi 21 de puncte
   - *De la 0 la 7* puncte, nevoia dumneavoastră de schimbare este limitată. Puteţi să vă mulţumiţi să fructificaţi capitalul stimei dumneavoastră de sine.
   - *De la 8 la 15* puncte, nevoia dumneavoastră de schimbare este medie. Aveţi cu siguranţă de întreprins unele eforturi în materie de stimă de sine.
   - *De la 16 la 21* de puncte, se pare că aveţi interesul să întreprindeţi eforturi de schimbare. Vorbiţi despre aceasta persoanelor de încredere din anturajul dumneavoastră pentru a le obţine părerea.
2. Nota dumneavoastră pentru fiecare din „domeniile de schimbare" poate fi cuprinsă între 0 şi 7 puncte:

Cu cât nota este mai ridicată, cu atât ea vă arată că acesta este domeniul în care va trebui să depuneţi cu prioritate eforturi.

Şi aici vă sfătuim să confruntaţi sistematic rezultatele obţinute la acest chestionar cu propria dumneavoastră părere şi cu cea a persoanelor apropiate cu care veţi vorbi despre aceasta.

Note

CAPITOLUL 1
CEI TREI STÂLPI AI STIMEI DE SINE

1. B. CYRULNIK, *Les Nourritures affectives*, Paris, Odile Jacob, 1993.
2. B. CYRULNIK, *Sous le signe du lien*, Paris, Hachette, 1989.
3. J. FANTE, „1933 fut une mauvaise année“, în *L'Orgie*, Paris, Christian Bourgois, 1987.

CAPITOLUL 2
STIMĂ SAU NESTIMĂ DE SINE
STIMA DUMNEAVOASTRĂ DE SINE ESTE ÎNALTĂ SAU JOASĂ?

1. J.D. CAMPBELL, „Self-esteem and the clarity of the self-concept“, *Journal of Personality and Social Psychology*, 1990, 58, pp. 538–549.
2. J.D. CAMPBELL, B. FEHR, „To know oneself is to like oneself: self-certainty and self-affect“, *Journal of Personality and Social Psychology*, 1990, 58, pp. 122-133.
3. D. BOORSTIN, *Les Créateurs*, Paris, Seghers, 1994.
4. A.H. BAUMGARDNER, „Self-esteem and the clarity of the self-concept“, Journal of Personality and Social Psychology, 1990, 58, pp. 1062-1072.

5. R. HYMAN, „Cold reading: how to convince strangers that you know all about them“, în K. FRAZER (ed), *Paranormal Borderland of Science*, New York, Prometheus Books, 1981.
6. M. GAUQUELIN, citat de J. Sadoul în *L'Énigme du Zodiaque*, Paris, J'ai lu, 1973.
7. T.F. HEATHERTON, J. POLIVY, „C'hronic dieting and eating disorders : a spiral model“, în J.H. CROWTHER *et al.* (ed.), *The Etiology of Bulimia*, Washington DC, Hemisphere, 1992.
8. G.I. METALSKY *et al.* , „Depressive reactions to failure in a naturalistic setting : a test of the hopelessness and self-esteem theories of depression“, *Journal of Abnormal Psychology*, 1993, 102, pp. 101-109.
9. American Psychiatric Association, DSM IV. *Manuel diagnostique et statistique des troubles mentaux*, ediția a 4-a, traducere în limba franceză de J.-D. Guelfi *et al.*, Paris, Masson, 1996.
10. R.B. GIESLER *et al.*, „Self-Verification in Clinical depression: the desire for negative evaluation“, *Journal of Abnormal Psychology*, 1996, 105, pp. 358-368.
11. S.J. SPENCER, R. A. JOSEPHS, C.M. STEELE, „Low self-esteem: the uphill struggle for the self-integrity“, în R.F. BAUMEISTER (ed.), *Self Esteem*, New York, Plenum Press, 1993.
12. J.S. SHRAUGER, „Response to evaluation as a function of initial self-perceptions“, *Journal of Personality*, 1975, 43, pp. 94-108.
13. J.S. SHRAUGER, S.E. ROSENBERG, „Self-esteem and the effects of succes and failure feedback on performance“, *Journal of Personality*, 1970, 38, pp. 404-417.
14. B.BLAINE, J.CROCKER, „Self-esteem and self-serving biases in reactions to positive and negative events“, în R.F. BAUMEISTER (ed.), *op. cit.*
15. R.A. JOSEPHS și alții, „Protecting the self from the negative consequence of risky decisions“, *Journal of Personality and Social Psychology*, 1992, 62, pp. 26-37.
16. T.H. HOLMES, R.H. RAHE, „The social readjustment rating scale“, *Journal of Psychosomatic Research*, 1967, 11, pp. 213-218.
17. C.ANDRÉ, F.LELORD, P.LÉGERON, *Le Stress*, Toulouse, Privat, 1998.

18. J.M. BURGER, „Need for control and self-esteem", în M.H. KERNIS (ed), *Efficacy, Agency and Self -Esteem*, New York, Plenum Press, 1995.
19. N. BRANDEN, *The Six Pillars of Self-Esteem*, New York, Bantam Books, 1994.
20. C. ANDRÉ, P. LÉGERON, *La Peur des autres, trac, timidité et phobie sociale*, Paris, Odile Jacob, coll. „Opus", 1998.
21. J.D. BROWN, „Motivational conflict and the self", în R. F. BAUMEISTER (ed.), *op. cit.*

CAPITOLUL 3
STIMA DUMNEAVOASTRĂ DE SINE NU ESTE ÎNALTĂ? NU DISPERAȚI!

1. J. BROCNER, „Low self-esteem and behavioral plasticity", *Review of Personality and Social Psychology*, 1983, 4, pp. 237-271.
2. *La Règle de saint Benoit*, Éditions de l'abbaye de Solesmes, 1988.
3. R.F. BAUMEISTER, D.M. TICE, D.G. HUTTON, „Self-presentional motivations and personality differences in self-esteem", *Journal of Personality*, 1989, 57, pp. 547-579.
4. E. MAYR, *Darwin et la pensée moderne de l'évolution*, Paris, Odile Jacob, 1993.
5. JUVENAL DES URSINES, citat de G. DUBY în *Histoire de la France*, Paris, Larousse, 1971.
6. L'*Equipe*, 12 juillet 1998.
7. *Le Monde*, 20 mai 1998.
8. D.B. McFARLIN, R.F. BAUMEISTER, J. BLASCOVICH, „On knowing when to quit: task failure, self-esteem, advice and non-productiv persistence", *Journal of Personality*, 1984, 52, pp. 138-155.
9. L.E. SANDELANDS, J. BROCNER, M.A. GLYN, „If at first you don't succeed, try, try again: effects of persistence-performance

contingencies, ego-involvment, and self-esteem on task persistence“, *Journal of Applied Psychology*, 1988, 73, pp. 208-216.
10. N. LANEYRIE-DAGEN, *Les Grandes Batailles*, Paris, Larousse, 1997.
11. B. W. PELHAM, „On the highly positive thougts of the highly depressed“, în R. F. BAUMEISTER (ed.) *Self Esteem*, *op. cit*.

CAPITOLUL 4
STABILĂ SAU INSTABILĂ ? TESTAȚI TĂRIA STIMEI DUMNEAVOASTRĂ DE SINE

1. M.H. KERNIS, B.D. GRANNEMANN, L.C. BARCLAY, „Stability and level of self-esteem as predictors of anger arousal and hostility“, *Journal of Personality and Social Psychology*, 1989, 56, pp. 1013–1023.
2. A. REMOND, „La leçon du pianiste“, *Télérama*, 23 septembre 1998.
3. C. LLOYD *et al.*, „The relationship of parental style of highly depression and self-esteem in adulthood“, *Journal of Nervous and Mental Disease*, 1997.
4. E.M. CIORAN, *De l'inconvénient d'être né*, Paris, Gallimard, 1973; *Syllogismes de l'amertume*, Paris Gallimard, 1952.

CAPITOLUL 5
DE UNDE PROVINE STIMA DE SINE? CE SĂ FACI CU BEBELUȘUL?

1. S. HARTER, „Comprendre l'estime de soi de l'enfant et de l'adolescent“, în M. BOLOGNINI, Y. PRETEUR (ed.), *Estime de soi: perspectives développementales*, Lausanne, Delachaux et Niestlé, 1998.

2. J. FANTE, *Le vin de la jeuneusse*, Paris, Christian Bourgois, 1986.
3. Vezi, de exemplu, filmul lui Claire Simon, *Récréations* (1998).
4. D. RUBLE, „The development of social comparison processes and their role in achievement-related self-socialization“, în T. HIGGINS *et al.* (ed.), *Social Cognitive Developement*, Cambridge (MA), Cambridge University Press, 1983.
5. H. MONTAGNER, *L'enfant et la Communication*, Paris, Stock, 1978.
6. S. HARTER, „Causes and consequences of low self-esteem in children and adolescents“, în R.F. BAUMEISTER (ed.), *op. cit.*
7. W.W. HARTUP, „Social relationships and their developmental significance“, *American Psychologist*, 1989, 44, pp. 120-126.
8. Baromètre santé jeunes du Comité français d'éducation pour la santé (1997-1998).
9. A. BRACONNIER, D. MARCELLI, *L'Adolescence aux milles visages*, Paris, Odile Jacob, 1998.
10. S. HARTER, D. MAROLD, N.R. WHITESELL, „A model of psychological risk factors leading to suicidal ideation in young adolescents“, *Developmental and Psychopathology*, 1992, 4, pp. 167-188.
11. E. KIELSBERG, E. NEEGAARD, A.A. DAHL, Suicide in adolescents inpatients: incidence and predictive factors“, *Acta Psychiatrica Scandinavicca*, 1994, 89, pp. 235-241. Vezi şi P.M. LEWNSOHN, P. ROHDE, J.R. SEELEY, „Psychosocial risk factors for future adolescents suicide attempts“, *Journal of Counsulting and Clinical Psychology*, 1994, 62, pp. 297-305.
12. A. BRACONIER şi D. MARCELLI, *op. cit.*
13. D.P. PHILLIPS, L.L. CARSTENSEN, D.J. PAIGHT, „Effects of mass media news stories on suicide“, în : D.R. PFEFFER (ed.), *Suicide among Touth: Perspectives on Risk and Prevention*, Washington DC, American Psychiatric Press, 1989.
14. T. FIELD *et al.*, „Adolescent's intimacy with parents and friends“, *Adolescence*, 1995, 30, pp. 133-140.
15. S.T. FALBO, D.E. POLLIT, „Quantitative review of the only child literature: research evidence and theory development“, *Psychological Bulletin*, 1986, 100, pp. 176-189.

16. N. MILLER, G. NARUYAMA, „ Ordinal position and peer popularity“, *Journal of Personality and Social Psychology*, 1976, 33, pp. 123-131.
17. F.J. SULLOWAY, *Les Enfants rebelles*, Paris, Odile Jacob, 1999.
18. M. DE LEONARDIS, O. LESCARRET, „Estime de soi, practiques éducatives familiales et investissement de la scolarité à l'adolescence“, în M. BOLOGNINI, Y. PRETEU R (ed.), *op. cit.*
19. F. BARIAUD, C. BOURCET, „L'estime de soi à l'adolescence“, în M. BOLOGNINI, Y. PRÊTEUR (ed.), *op. cit.*
20. B. PIERREHUMBERT, K. TAMAGNI-BERNASCONI, S. GELDOF, „Estime de soi et alternatives pédagogiques“, în M. BOLOGNINI, Y. PRÊTEUR (ed.), *op. cit.*
21. R. MEYER, „Image de soi et statut scolaire. Influence des déterminants familiaux et scolaires chez les élèves de cours moyen“, *Bulletin de Psychologie*, 1987, 40, pp. 933-942.
22. B. PIERREHUMBERT *et al.*, „Image de soi et échec scolaire“, *Bulletin de Psychologie*, 1988, 41, pp. 333-345.
23. R. PERRON, *Les Représentations de soi*, Toulouse, Privat, 1991.
24. A. S. NEILL, *Libres Enfants de Sumerhill*, Paris, Maspero, 1970.
25. J. KELLERHALS, C. MONTANDON, *Les Stratégies éducatives des familles*, Lausanne, Delachaux et Niestlé, 1991.
26. M. DE LEONARDIS, O. LESCARRET, *art. cit.*
27. G. ACHACHE, „ Sondaje : enfants, parents, éducateurs devant l'avenir du travail“, în B. MONTELH (dir.), *C'est quoi le travail?*, Paris, Autrement, 1997.

CAPITOLUL 6
ADULȚI SUB INFLUENȚĂ: IUBIRE, CUPLU, MUNCĂ ȘI STIMĂ DE SINE

1. S. FREUD, „On narcissism“, Encyclopedia Brittanica, 54, London, 1952.
2. M. ESCANDE, *L'Hystérie aujoud'hui*, Paris, Masson, 1996.

3. C. APT, D.F. HURLBERT, „The sexual attitudes, behavior and intimate relationships of women with histrionic personality disorders", *Journal of Sex and Marital Therapy*, 1994, 20, pp. 125-133.
4. A.-L. COUVELAIRE, „Comment s'offrir un fiancé virtuel ?", *Le Nouvel Observateur*, 1er octobre 1998.
5. S. KIESLER, R. BARAL, „The search for a romantic partner: the effects of self-esteem and physical attractiveness on romantic behavior", în K.G. GERGEN, D. MARLOWE (ed.), *Personality and Social Behavior*, Reading, J. Addison-Wesley, 1970.
6. E. WALSTER, „The effect of self-esteem on romantic linking", *Journal of Experimental Social Psychology*, 1965, 1, pp. 184-197.
7. W.B. SWANN, „To be admired or to be known? The interplay of self-enhancement and self-verification", în E.T. HIGGINS, R.M. SORRENTINO (ed.), *Handbook of Motivation and Cognition*, vol. 2, Foundation of Social Behavior, New York, Guilford Press, 1990.
8. W.B. SWANN, J.G. HIXON, C. DE LA RONDE, „Embracing the bitter truth: negative self-concept and marital commitment", *Psychological Science*, 1994, 3, pp. 118-121.
9. A. BIERCE, *Le Dictionnaire du diable*, Paris, Rivages, 1989.
10. W.B. SWANN *et al.*, „The fleeting gleam of praise: behavioral reactions to self-relevant feed-back", *Journal of Personality and Social Psychology*, 1993, 12, pp. 471-494.
11. S.R.H. BEACH, A. TESSER, „The self and the extended self-evaluation maintenance model", în M.H. KERINIS, *op. cit.*
12. S.R.H. BEACH, A. TESSER, „Decision making power and marital Satisfaction", *Journal of Social and Clinical Psychology*, 1990, 59, pp. 17-26.
13. P. CORENTIN, *Papa n'a pas le temps*, Paris, Rivages, 1986.
14. C. PATRICE, „Einstein et la relativité amoureuse", *Le Monde*, 18 novembre 1996.
15. Sondage IFOP pour *L'Express*, 24 decembrie 1998.
16. G.L. OATES, „Self-esteem enhancement througly fertility", *American Sociological Review*, 1997, 62.
17. P. BAVAREL, „Pour quoi les jeunes rnères sont de plus en plus écartées du marché du travail", *Le Monde*, 21 octobre 1998.

18. F. CHANDENAGOR, *La Première Epouse*, Paris, Bernard de Fallois, 1998.
19. E. ALBEE, *Qui a peur de Virginia Woolf?*, Paris, Laffont, 1964.
20. E. MOSS, „Treating the love-sick patients“, *Israel Journal of Psychiatry and Related Sciences*, 1995, 32, pp. 167-173.
21. M.D. ROBINSON, „On the advantage of modesty: the benefits of a balanced self-presentation“, *Communication Research*, 1995.
22. D. CARNEGIE, *Comment se faire des amis*, Paris, Hachette, 1962.
23. J. GORMLY, „A comparison of predictions from consistency and affect theories for arousal during inter-personal agreement“, *Journal of Personality and Social Psychology*, 1974, 30, pp. 658-663.
24. W. GRIFFIT, R. VEITCH, „Preacquaintance attitude similarity and attraction revisited: ten days in a fallout shelter“, *Sociometry*, 1974, 37, pp. 163-173.
25. L. SIMARD, „Cross-cultural interaction: potential invisible barriers“, *Journal of Social Psychology*, 1981, 113 , pp. 171-192.
26. J. CROCKER, B. MAJOR, „Social stima and self-esteem: the self-protective properties of stima“, *Psychological Review*, 1989, 96, pp. 608-630.
27. R.E. HARLOW, N. CANTOR, „The social pursuit of academics: side-effects and spillover of strategic reassurance seeking“, *Journal of Personality and Social Psychology*, 1994, 66, pp. 386-397.
28. *Ibid.*
29. J. CONRAD, *Au coeur des ténèbres*, Paris, Flammarion, 1989.
30. V. DE GAULEJAC, N. AUBER, *Le Coût de l'excellence*, Paris, Seuil, 1991.
31. M.-F. HIRIGOYEN, *Le Harcèlement moral*, Paris, Syros, 1998.
32. S. ADAMS, *Les Misères de la vie du bureau*, Paris, Albin Michel, 1997.
33. P. BOURDIEU (dir.), *La Misère du monde*, Paris, Seuil, 1993.
34. M.-P. CAZALS, N. CASCINO, „L'estime de soi comme indicateur de la valabilité des réactions psychologiques à la privation d'emploi“, în M. BOLOGNINI, Y. PRÊTEUR (ed.), *op. cit.*

35. P. VALÉRY, *Mauvaises Pensées et autres*, Paris, Gallimard, col. „La Pléiade", 1971.
36. California Task Force to Promote Self-Esteem and Personal and Social Responsibility, *Toward a State of Self Esteem*, Sacramento, California State Department of Education, 1990.
37. K. WINEGAR, „Self-esteem is healthy for society", *Minnesota Star Tribune*, 27 novembre 1990 (citat de R.F. BAUMEISTER, *op. cit.*).
38. Réf. J. Bricard, *Dictionnaire de la mort des grands hommes*, Paris, Le Cherche Midi, 1995.
39. Citat de M. FOUCAULT în *Le Souci de soi*, Paris, Gallimard, 1984.

CAPITOLUL 7
STIMĂ DE SINE SAU IMAGINE DE SINE? SUNTEȚI PRIZONIERUL APARENȚELOR?

1. A. LAMIA, „L'estime de soi chez les enfants français de 6 à 10 ans. Différences d'appréciatian selon le sexe et l'âge", în M. BOLOGNINI, Y. PRÉTEUR (ed.), *op. cit.*
2. M. LORANGER, „Les garçons et les filles en situation d'apprentissage", în P. DRUNING, R. E. TREMBLAY, *Relations entre enfants: recherches et interventions éducatives*, Paris, Fleurus, 1988.
3. C. ANDRÉ, P. LÉGERON, *La Peur des autres, op. cit.*
4. G. MEDIONI, „Le miroir des hommes fragiles", *L'Express*, 19 noiembrie 1998.
5. J.-M. BORIS, „Ce qu'il faut savoir sur les effets pervers des diètes chez les adolescentes", *Quotidien du médecin,* 1998, 6362, pp. 20-22.
6. J. BLOCK, R.W. ROBINS, „A longitudinal study of consistency and change in self-esteem from early adolescence to early adulthood", *Child Development*, 1993, 64, pp. 909-923.
7. S. HARTER, *art. cit.*

8. A.E. FALLON, P. ROZIN, „Sex differences in perceptions of desirable body shape", *Journal of Abnormal Psychology*, 1985, 94, pp. 102-105.
9. K. TAKAOKA, „Psychiatric comorbidlty in eating disorders: psychopathological considerations", *Psychiatry and Clinical Neurosciences*, 1995, 49, pp. 25-34.
10. T.F. HEATHERTON, C.P. HERMAN, J. POLIVY, „Effects on physical threats and ego threats on eating behavior", *Journal af Personality and Social Psychology*, 199l, 60, pp. 138-143.
11. T.F. HEATHERTON, R.F. BAUMEISTER, „Binge eating as escape from self-awareness", *Psychological Bulletin*, 1991, 110, pp. 86–108.
12. H. FIELDING, *Le Journal de Bridget Jones*, Paris, Albin Michel, 1998.
13. W.J. ICKES, R.A. WICKLUND, C.B. FERRIS, „Objective self-awareness and self-esteem", *Journal of Experimental Social Psychology*, 1973, 9, pp. 202-219.
14. K.J. GERGEN, M.M. GERGEN, *Psychologie sociale*, Montréal, Études Vivantes, 1984.
15. P. BRUNEL, *Dictionnaire des mythes littéraires*, Paris, Éditions du Rocher, 1988.
16. J. LAPLANCHE, J.-B. PONTALIS, *Vocabulaire de la psychanalyse*, Paris, PUF, 1967.
17. M. SHELLEY, *Frankenstein, ou le Prométhée moderne*, Verviers, Marabout, 1964.
18. S. LOUTATY, I. DELALEU, „La taille du sexe a-t-elle une importance?", *M Magazine*, decembrie 1998.
19. H.F. ELLENBERGER, „Psychiatrie transculturelle", în R. DUGUAY, F. ELLENBERGER (ed.), *Précis practique de psychiatrie*, Paris, Maloine, 1984.
20. R. KEYES, *The Height of Your Life*, Boston, Little, Brown, 1980.
21. J.-P. SARTRE, *Les Mots*, Paris, Gallimard, 1964.
22. O. WILDE, *Une maison de grenades*, Paris, Gallimard, col. „La Pléiade", 1996.
23. K.K. DION, „Young children's stereotyping of facial attractiveness", *Developmental Psychology*, 1973, 9, pp. 183-188.
24. J. RENARD, *Poil de carotte*, Paris, Flammarion, 1965.

25. K.K. DION, E. BERSCHEID, „Physical attractiveness and peer perception among children", *Sociometry*, 1974, 37, pp. 1 -12.
26. T. UNGERER, *Le Géant de Zéralda*, Paris, L'École des Loisirs, 1971.
27. D. LANDY, H. SIGALL, „Beauty is talent : task evaluation as a function of the performer's physical attractiveness", *Journal of Personality and Social Psychology*, 1974, 29, pp. 299-304.
28. D.S. HAMERMESH, J.E. BIDLE, „Beauty and the labor market", *The American Economic Review*, 1994, 84.
29. M. DERMER, D.J. THIEL, „When beauty may fall", *Journal of Personality and Social Psychology*, 1975, 31, pp. 1168-1176.
30. H. SIGALL, N. OSTROVE, „Beautiful but dangerous: effects of offenders attractiveness and nature of the crime on juridic judgment", *Journal of Personality and Social Psychology*, 1975, 31, pp. 410–414.
31. D. KREBS, A. ADINOLFI, „Physical attractiveness, social relations and personality style", *Journal of Personality and Social Psychology*, 1975, 31, pp 245-253.
32. H.T. REIS, J. NEZLEK, L. WHEELER, „Physical attractiveness in social interaction", *Journal of Personality and Social Psychology*, 1980, 38, pp. 604—617.
33. K.K. DION, S. STEIN, „Physical attractiveness and interpersonal influence", *Journal of Personality and Social Psychology*, 1978, 14, pp. 97-108.
34. K.J. GERGEN, M.M. GERGEN, *op. cit.*
35. N. DUPUIS, S. JORIF, „L'épreuve de la cabine d'essayage", *Elle*, 1998.
36. „Le miroir", emisiunea Zinzin, France Inter, 12 ianuarie 1999.
37. D. PAQUET, *Une histoire de la beauté*, Paris, Gallimard, 1997.
38. S. MELCHIOR-BONNET, *Histoire du miroir*, Paris, Hachette, 1994.
39. M.-F. HANQUEZ-MAINCENT, *Barbie, poupée-totem*, Paris, Autrement, 1998. Referințele din paragraful despre Barbie sunt extrase din această lucrare.
40. „Votre corps, l'estime de vous-même", catalogul francez 1998 al firmei The Body Shop.

CAPITOLUL 8
TEORII

1. W. JAMES, „Prétentions et réussites", în M. BOLOGNINI, Y. PRÊTEUR (ed.), *op. cit.*
2. J. BROCKNE, A.J.B. HULTON, „How to reverse the vicious cycle of low self-esteem", *Journal of Experimental Social Psychology*, 1981, 14, pp. 564—578.
3. D.M. TICE, „The social motivations of people with low self-esteem", în R.F. BAUMEISTER, *op. cit.*
4. C.H. COOLEY, *Human Nature and the Social Order*, New York, Scribner and sons, 1902.
5. M.R. LEARY, D.L. DOWNS, „Interpersonal functions of the self-esteem motive", în M.H. KERIS (ed.), *op. cit.*
6. K.J. GERGEN, „The effects of interaction goals and personalistic feed-back on presentation of self", *Journal of Personality and Social Psychology*, 1965, 1, pp 413-425.
7. M.R. LEARY, D.L. DOWNS, *art. cit.*
8. S. TERDA, M.R. LEARY, „Self-esteem and perceived social exclusion", comunicare de la congresul Southeastern Psychological Association, Atlanta, 1990.
9. S.E. ASCH, „0pinions and social pressure", Scientific American, 1955, 193, pp. 31-35.
10. D.G. MYERS, *Psychologie*, Paris, Flammarion, 1998.
11. J. GREENBRG et col., „Terror management and tolerance: does mortality salience always intensify negative reactions to others who threaten one's worldview", *Journal of Personality and Social Psychology*, 1992, 63, pp. 212-220.
12. S.J. MORSE, K.J. GERGEN, „Social comparison, self-consistency and the concept of self", Journal of Personality and Social Psychology, 1970, 16, pp. 149-156.
13. A. BANDURA, *L'Apprentissage social*, Bruxelles, Mardaga, 1980.
14. J. LAPLANCHE., J.B. PONTALIS, *op. cit.*

CAPITOLUL 9
MALADIILE STIMEI DE SINE

1. A.R. WILSON, R.V. KRANE, „Change in self-esteem and its effects on symptoms of depression", *Cognitive Therapy and Research*, 1980, 4, pp. 419–421.
2. W. STYRON, *Face aux ténèbres*, Paris, Gallimard, 1990.
3. D.B. KANDEL, M. DAVIES, „Epidemiolgy of depressive mood in adolescents", *Archives of General Psychiatry*, 1982, 39, pp. 1205–1212.
4. D.J. TERRY *et al.*, „Depressive symptomatology in new mothers: a stress and coping perspectives", *Journal of Abnormal Psychology*, 1996, 105, pp. 220-231.
5. L.A. TERRY *et al.*, „Self-esteem as mediator of the effects of stressors and social ressources on postpartum mothers", *Nursing Research*, 1996, 45, pp. 23 l -238.
6. De exemplu, S.H. GOODMAN *et al.* au arătat că, în realitate, copiii mamelor nondeprimate au o mai bună stimă de sine decât copiii mamelor deprimate. „Mother expressed attitudes: associations wiyh maternal depression and children's self-esteem and psychopatology", *Journal of the American Academy of Child and Adolescent Psychiatry*, 1994, 33, pp. 1265-1274.
7. U. PALOSAARI, P. LAIPPALA, „Parental divorce and depression in young adulthood: adolescent closeness to parents and self-esteem as mediating factor", *Acta Psychiatrica Scandinavica*, 1996, 93, pp. 20-26.
8. D.J. NEEDLES, L.Y. ABRAMSON, „Positive life-events, attributional style and hopelesness: testing a model for recovery of depression", *Journal of Abnormal Psychology*, 1990, 99, pp. 156-165.
9. D. PARDOEN *et al.*, „Self-esteem in recovered blpolar and unipolar outpatients", *British Journal of Psychiatry*, 1993, 163, pp. 755–762.
10. A.T. BECK, *Cognitive Therapy and the Emotional Disorders*, New York, International Universities Press, 1976. Vezi şi M. BOUVARD, E. MOLLARD, „Version française de l'échelle de

sociotropie-autonomie", *Journal de thérapie comportamentale et cognitive*, 1991, pp. 25-29.
11. J.-P. OLIE, M.F. POIRIER, H. LOO, *Les Maladies depressives*, Paris, Flammarion, 1995.
12. G.A. FAVA *et al.*, „Prevention of reccurent depression with cognitive behavioral therapy", *Archives of General Psychiatry*, 1998, 55, pp. 816-820.
13. C. MIRABEL-SARRON *et al.*, „Estime de soi et dépression communication aux 25es Journées scientifiques de l'Association française de thérapie comportementale et cognitive", Paris, 1997.
14. M.-C. HARDY-BAYLE, P. HARDY, *Maniaco-dépressif*, Paris, Odile Jacob, 1996.
15. J.R. JAMISON, *De l'exaltation à la depression*, Paris, Laffont, 1997.
16. A. FRANCES, R. ROSS, *Cas cliniques*, Paris, Masson, 1997.
17. N.B. SCHIMDT, P. HARRINGTON, „Cognitive-behavioral treatment of body-dysmorphic disorder: a case report", *Journal of Behavior Therapy and Experimental Psychiatry*, 1995, 26, pp. 161-167.
18. A. DE SAINT-EXUPERY, *Le Petit Prince*, Paris, Gallimard.
19. J.G. HULL, C.F. BOND, „Social and behavioral consequences oh alcoolism consumption and expectancy", *Psychological Bulletin*, 1986, 99, pp. 347-360.
20. R.J. LIFTON, *The Nazis Doctors*, New York, Basic Books, 1986.
21. M.D. NEWCOMB, L.L. HARLOW, „Life events and substance use among adolescents: mediating effects of perceived loss of control and meaninglessness in life", *Journal of Personality and Social Psychology* 1986, 51, pp. 564-577.
22. C.M. STEELE, R.A. JOSEPHS, „Alcohol myopia: its prized and dangerous effects", *American Psychologist*, 1990, 45, pp. 921–933.
23. D.G. MYERS, *Traité de psychologie*, Flammarion médecine, 1998, *art. cit.*
24. D.A. PRENTICE, D.T. MILLER, „Pluralistic ignorance and alcohol use on campus: some consequences of misperciving

the social norm“, *Journal of Personality and Social Psychology*, 1993, 64, pp. 243-256.
25. N.S. MILLER, *Addiction Psychiatry*, New, York, Joim Wiley, 1995.
26. J. ADES, M. LEJOYEUX, *Alcoolisme et psychiatrie*, Paris, Masson, 1997.
27. R. VRASTI *et al.*, „Inter-personal dependency, self-esteern and depression in primary alcoloolism“, *Acta Psychiatrica Scandinavica*, 1988, 78, pp. 448-450.
28. S.M. SWARE *et al.*, „Internal structure of the MMPI-2 Addiction Potential Scale in alcoholic and psychiatric inpatients“, *Journal of Personality Asessment*, 1996, 66, pp. 177-193.
29. D.G. MEYERS, *art. cit.*
30. L. BENICHOU, C. ORCEL, *Groupes d'entraide et de soutien chez les alcooliques et les usagers d'autres drogues*, raport din Congrès de psychiatrie et de neurologie de langue française, Paris, Masson, 1973.
31. S.C. BUNCE, R.J. LARSEN, C. PETERSON, „Life after trauma: personality daily life experiences of traumatized people“, *Journal of Personality*, 1995, 63, pp. 165-188.
32. C. ANDRÉ *et al.*, „Étude contrôlée sur l'efficacité d'une prise en charge précoce de 132 conducteurs de bus victimes d'agression“, *L'Encéphale*, 1997, 23, pp. 65-71.
33. J. McCAULEY *et al.*, „The «battering syndrome»“, *Annals of Internal Medicine*, 1995, 123, pp. 737-746.
34. J.-M. ABGRALL, *Les Charlatans de la santé*, Paris, Payot, 1998.
35. J. DARCONDO, *La Pieuvre scientologique*, Paris, Fayard, 1998.
36. S. FORWARD, *Toxic Pacients*, New York, Bantam Books, 1989.
37. J.M. BURGER, „Need for control and self-esteem“, în M.H. KERNIS, *op. cit.*
38. S. FORWARD, *op. cit.*
39. S.A. JUMPER, „A meta-analysis of the relationship of child sexual abuse to adult psychological adjustment“, Child Abus and Neglect, 1995, 19, pp. 715-728.
40. A. WAGNER, M.M. LINEHAN, „Relationship between childhood, sexual abuse and topography of parasucide among

women with borderline personality disorder", *Journal of Personality Disorder*, 1994, 8, pp. 1-9.
41. C. ANDRÉ, „Anxieux mais groupés", *Journal de thérapie comportamentale et cognitive*, 1998, 8, pp. 41-42.

CAPITOLUL 10
MICI ARANJAMENTE CU STIMA DE SINE. CUM SĂ O PROTEJĂM PE TERMEN SCURT

1. M. MARIE-CARDINE, O. CHAMBON, *Les Bases de la psychothérapie*, Paris, Dunod, 1999.
2. D.T. MILLER, M. ROSS, „Self-serving biases in attribution of causality: fact or fiction?", *Psychological Bulletin*, 1975, 82, pp. 213–225.
3. H. TENNEN, G. AFFLEK, „The puzzles of self-esteem: a clinical perspective", în R.F. BAUMEISTER (ed.), *op. cit.*
4. D. MARTINOT, *Le Soi: approches psychosociales*, Grenoble, Presses universitaires de Grenoble, 1995.
5. *Ibid.*
6. H.R. MARKUS, S. KITIYAMA, „Culture and the self: implications for cognition, emotion and motivation", Psychological Review, 1991, 98, pp. 224-253.
7. E. JONES, citat de S. IONESCU *et al.*, *Les Mécanismes de défénse*, Paris, Nathan, 1997.
8. B.B. BLAINE, J.K. CROKER, „Self-esteem and self-serving biases in reactions to positive and negative events", în R.F. BAUMEITER, *op. cit.*
9. J.S. SCHRAUGER, A.K. LUND, „Self-evaluation and reactions to evaluations from others", *Journal of Personality*, 1975, 43, pp. 94–108.
10. R. LAFORGUE, *Psychopatologie de l'échec*, Paris, Trédaniel, 1993.
11. D. M. TICE, „Esteem protection or enhancement? Self-handicaping motives and attributions differ by trait

self-esteem", *Journal of Personality and Social Psychology*, 1991, 60, pp. 711-725.
12. S. GRASSIN, „Ava Gardner: la femme qui aimait les hommes", *L'Express*, 6 august 1998.
13. J.M. BURGER, „Desire for control: personality, social and clinical perspectives", New York, Plenum Press, 1992.
14. B.W. PELHAM, „On the highly positive thougts of the highly depressed", în R.F. BAUMEISTER, *op. cit.*
15. A. SCOPENHAUER, *L'Art d'Avoir toujours raison*, Strasbourg, Circé, 1990.

CAPITOLUL 11
MĂ IUBESC, DECI EXIST.
CUM SĂ-ȚI DEZVOLȚI STIMA DE SINE

1. B. ANDREWS, G. W. BROWN, „Stability and change in low self-esteem: the role of psychosocial factors", Psychological Medicine, 1995, 25, pp. 23–31.
2. M. MARIE-CARDINE, O. CHAMBON, *op. cit.*
3. V. DE GAULEJAC, *Les Sources de la honte*, Paris, Desclée de Brouwer, 1996.
4. C. ANDRÉ, P. LEGERON, *La Peur des autres*, *op. cit.*
5. R.A. MAROTOLLI *et al.*, „Driving cessation and increased depressive symptoms", *Journal of American Geriatric Society*, 1997, 45, pp. 202-206.
6. M. WEISER *et al.*, „Psychotherapeutic aspects ol the martial art", *American Journal of Psychotherapy*, 1995, 49, pp. 118-127.
7. M. MARIE-CARDINE, O. CHAMBON, *op. cit.*
8. J.-M. BOURGET, „On a perdu la trace d'Éric Escoffier", Paris Match, 20 august 1998.
9. A.E. ALBERTI, M.L. EMMONS, *S'affirmer*, Montréal, Le Jour, 1992.
10. N. BRANDEN, *op. cit.*

11. V.C. RAIMY, *Training in Clinical Psychology*, New York. Prentice—Hall, 1950.
12. P. KRAMER, *Prozac: le bonheur sur ordonnance?*, Paris, First, 1994.
13. M. McKAY, P. FANING, *Self-Esteem: A Proven Program of Cognitive Techniques for Assessing, Improving and Maintaining Your Self-Esteem*, Oakland. New Harbinger, 1992. Vezi şi G. LINEFELD, *Self-Esteem: Developing Self-Worth, Healing Emotional Wounds*, London, Thorsons, 1995.
14. S. COKER *et al.*, „Patients with bulimia nervosa who fail to engage in cognitive behavior therapy", *International Journal of Eating Disorders*, 1993, 13, pp. 35-40.
15. D.J. LYN, G.E. VAILLANT, „Anonymity, neutrality and confidenliality in the actual methods of Sigmund Freud: a review of 43 cases, 1907-1939", *American Journal of Psychiatry*, 1998, 155, pp. 163-171.
16. J. NORCROSS, M. GOLDFRIED, *Psychothérapie intégrative*, Paris, Desclée de Brouwer, 1998.

ANEXA 1
REZULTATELE CHESTIONARULUI

1. M. ROSENBERG, *Conceiving the Self*, New York, Basic Books, 1979.

TREI şi Gazeta Sporturilor

îţi oferă 10 cărţi de succes ca să te simţi bine!

PETER COLLETT	*Cartea gesturilor. Cum putem citi gândurile oamenilor din acţiunile lor*
FRANÇOIS LELORD CHRISTOPHE ANDRÉ	*Cum să ne purtăm cu personalităţile dificile*
DR. GÉRARD LELEU	*Cum să fim fericiţi în cuplu. Între fidelitate şi infidelitate*
TIMOTHY J. SHARP	*100 de căi spre fericire. Un ghid pentru oamenii ocupaţi*
MARIE HADDOU	*Cum să spui NU. Acasă, la serviciu, prietenilor, în viaţa de zi cu zi*
CHRISTOPHE ANDRÉ PATRICK LÉGERON	*Cum să ne eliberăm de frica de ceilalţi. Tracul, timiditatea, inhibiţiile, fobia socială*
▶ CHRISTOPHE ANDRÉ FRANÇOIS LELORD	*Cum să te iubeşti pe tine, pentru a te înţelege mai bine cu ceilalţi*
PAUL EKMAN	*De ce mint copiii. Cum pot încuraja părinţii sinceritatea*
MARIE HADDOU	*Cum să-ţi întăreşti încrederea în tine*
ANDREW LEIGH	*Charisma. Cum să faci impresie puternică şi durabilă*